LA PREUVE PAR L'ÂME

ISBN 978-2-8132-0798-2

www.editions-tredaniel.com
info@guytredaniel.fr

François de Witt

LA PREUVE PAR L'ÂME

UN POLYTECHNICIEN DÉMONTRE NOTRE IMMORTALITÉ

Troisième édition

Guy Trédaniel éditeur
19, rue Saint-Séverin
75005 Paris

INTRODUCTION

ULTIME ENQUÊTE

PROMÉTHÉE a été le grand héros de mon enfance. De la race des titans immortels, il avait aidé Zeus à terrasser ses semblables conduits par le redoutable Chronos. Mais il est surtout connu pour avoir volé le feu sacré de l'Olympe que le roi des dieux avait confisqué aux hommes dans l'un de ces gestes de colère dont il était coutumier. Prométhée était pour moi le porteur de lumière. Je lui vouais une admiration sans borne. Et je regrettais la condition horrible, infligée par Zeus : être enchaîné sur un mont du Caucase et chaque jour se voir dévorer le foie par un aigle, foie qui se régénérait chaque nuit du fait de son immortalité. Héraclès finira par le délivrer de ses tourments. On aime bien les *happy ends*. Si j'ai choisi la carrière de journaliste, c'est par analogie avec mon héros grec. Pour apporter aux hommes sinon le feu sacré de l'Olympe, du moins, plus modestement, un éclairage, celui de l'information – et, si possible de l'information que mes interlocuteurs cherchaient à me cacher. Un journaliste est nécessairement transgressif. Sinon, pourquoi choisir ce métier ? Il m'a donné de grandes satisfactions, car sa matière se renouvelle sans cesse, ce qui est pain bénit pour tout être curieux. Pendant près de trente ans, par la grâce d'hommes de presse convaincus, comme Jean Boissonnat, Jean-Louis Servan-Schreiber ou

Claude Perdriel, j'ai pu mener l'enquête, comme on dit, sur une grande variété de sujets économiques et financiers. Et j'ai eu le sentiment d'apporter à mes lecteurs un peu du feu caché par les dieux contemporains que sont les chefs d'entreprise, les grands commis de l'État et les hommes politiques.

Ce livre est le résultat d'une conviction et d'une enquête. La conviction est depuis longtemps ancrée en moi : nous sommes davantage que le produit de nos gènes et de notre culture, nous avons quelque chose qui nous appartient. D'aucuns l'ont appelé notre âme. J'ai donc entrepris d'enquêter sur l'âme, la mienne, mais aussi celles de tous les hommes et sans doute d'une bonne partie du vivant. J'ai inévitablement fait appel à mes souvenirs et aux multiples expériences qui ont consolidé ma conviction. Mais je n'ai pas perdu de vue que j'avais été un journaliste d'investigation. J'ai donc mené l'enquête en bon tâcheron. J'ai interviewé, un peu, j'ai aussi beaucoup lu : d'innombrables ouvrages fascinants sur des sujets aussi divers que la biologie, la mécanique quantique, la vie après la mort, la théologie, la philosophie, le paranormal, les neurosciences ou la théorie du Tout. Mais surtout, j'ai passé des journées entières sur cet outil spectaculaire qui ne faisait pas partie de ma panoplie de journaliste. Je pense évidemment à Internet et plus particulièrement au moteur de recherche Google, dont je reconnais pleinement l'apport inappréciable pour qui a soif de connaissance. On trouve tout sur Google, le bon, le moins bon, le délirant et le structuré, la thèse et ses critiques, souvent constructives, pas toujours convaincantes. Car la règle veut qu'un bon journaliste d'enquête ne s'en laisse pas conter : il doit se former un jugement sinon objectif, ce qui est impossible, du moins circonstancié.

La vie peut être magique. Et les pages qui suivent relèvent quelque peu de la magie. Après d'infructueux tâtonnements, aux abords de cette ultime enquête, le plan du livre s'est soudainement imposé à moi et je n'ai jamais eu à le modifier.

En revanche, chaque chapitre a été une découverte, je dirais même plus, une révélation. Qu'il s'agisse de l'intuition, du cœur, de la vision théologique de l'âme, de l'au-delà ou de la conscience, j'ai attaqué chaque sujet sans avoir la moindre idée où il me mènerait. J'avais certes quelques brins de laine sur lesquels tirer, mais de là à écrire des pages et des pages… J'ai écrit pour ainsi dire en pilote automatique, guidé par la lecture des pages de Google, par les livres qu'elles me poussaient à acheter, ainsi que par les analogies qu'elles m'inspiraient (et peut-être par un guide bienveillant). Je cite abondamment, peut-être trop, les nombreux auteurs qui m'ont ébloui, je raconte beaucoup d'anecdotes ou de souvenirs personnels. Je prie le lecteur de ne pas m'en vouloir si je me suis laissé emporter par mon sujet. Qui suis-je, d'ailleurs, pour discourir sur l'âme ? Scientifique (un peu), croyant (beaucoup), enquêteur (assurément). Est-ce suffisant ? D'aucuns affirmeront que non, tant les professionnels, les sachants, les spécialistes dominent le débat dans notre société cloisonnée et hyperspécialisée, qui se méfie des généralistes. Je prétends pour ma part qu'un journaliste d'investigation compétent doit pouvoir s'attaquer à n'importe quel sujet s'il le porte en lui. Au fil de l'écriture, ma conviction initiale est ainsi devenue une certitude : nous avons bien tous une âme, elle vient de loin et elle a un projet. En somme, les trois questions existentielles de base – d'où viens-je, où vais-je et sur quelle étagère ? – trouvent une réponse et notre passage sur terre a un sens. Voilà de quoi panser nos plaies existentielles.

J'ai aussi découvert que la clé de la compréhension de cet univers encore bien mystérieux dans lequel nous sommes apparus, c'est l'information. D'abord, elle circule partout, entre nous, entre le reste du vivant et nous, mais aussi, et de plus en plus abondamment, entre ici-bas et là-haut. Avant que l'univers n'apparaisse, il existait une entité immatérielle, impalpable, indescriptible, non née. Et, par des biais divers, cette entité nous informe de plus en plus depuis que s'ouvrent les portes de la perception. Elle nous donne sinon la clé, du moins la piste de la compréhension du sens de notre vie. Je n'ai pas choisi par hasard le métier de diffuseur d'information. Je peux avancer sur mon chemin qui me reste le pied bien assuré. J'espère vous aider à en faire autant.

N.B. : Étant de culture anglophone, j'ai lu de nombreux ouvrages cités dans leur version anglaise. Si ma transcription n'est pas nécessairement fidèle à celle de leurs traducteurs, je les prie de m'en excuser.

Chapitre 1

LA TROISIÈME COMPOSANTE

« Toute vérité franchit trois étapes. D'abord, elle est ridiculisée. Ensuite, elle subit une forte opposition. Puis elle est considérée comme ayant toujours été une évidence. »

Arthur Schopenhauer

Au printemps de 1797, des habitants de Lacaune, dans le Tarn, avaient aperçu un enfant dépenaillé d'une dizaine d'années, aux trois quarts nu et aux cheveux hirsutes rôdant autour du village. Capturé par des bûcherons et conduit à la gendarmerie, son incapacité à s'exprimer conduira ses ravisseurs à en conclure qu'il avait passé l'essentiel de sa vie dans la nature, se nourrissant tant bien que mal de racines, d'herbes ou de champignons. Il ne tardera pas à s'évader, puis se présentera spontanément, en janvier 1800, à la mairie du village de Saint-Seurin-sur-Rance dans le département voisin de l'Aveyron, d'où il sera transféré aux orphelinats de Saint-Affrique, puis de Rodez. La saga du « sauvage de l'Aveyron » était née. Elle suscitera à ce point la curiosité populaire que Lucien Bonaparte, alors ministre de l'Intérieur, demandera son transport à Paris, où il sera livré au questionnement des médecins et au voyeurisme des badauds. Pour le professeur Philippe Pinel, médecin en chef de ce que l'on appelait les asiles d'aliénés (qu'il contribuera largement à humaniser), l'enfant est « un arriéré mental incurable ». Tel n'est pas l'avis de Jean Itard, un médecin spécialiste des sourds-muets, nourri par les idées révolutionnaires selon lesquelles une société bonne et généreuse peut triompher de tout, même de la sauvagerie. Il recueille l'enfant qu'il estime victime d'un déficit éducatif avec l'ambition de le civiliser. Il se consacrera pendant cinq ans à cette tâche. Sans grand succès, celui qu'il baptisera Victor ne parvenant jamais à maîtriser que quelques mots et devant mourir, vingt ans plus tard, dans l'indifférence générale.

Cette aventure, dont François Truffaut s'inspirera pour *L'Enfant sauvage*, représente une première pièce à verser au débat toujours animé sur l'inné et l'acquis, à savoir sur l'importance relative, dans le développement de notre identité, des facteurs tenant de notre patrimoine génétique et de l'environnement dans lequel nous avons vécu. Le retard mental de Victor était-il inné, justifiant dès lors son abandon dans la forêt par ses parents, ou bien acquis, par le fait même de cet abandon ? Sa survie dans la nature était-elle due à ses facultés propres ou aux stimulants reçus de son environnement ?

Inné contre acquis, la bataille commence

Tout au long du XIXe siècle, les deux approches feront l'objet d'échanges aussi vifs qu'engagés, notamment outre-Manche. C'est sans doute le philosophe écossais John Locke qui a ouvert le feu peu avant la Révolution française en postulant que tout nouveau-né était un *clean slate* (une page vierge) dont le développement ultérieur devra tout à son environnement. John Stuart Mill, le grand philosophe et économiste libéral (lisez de centre gauche) du milieu de ce siècle, lui fera écho, convaincu que les réformes sociales et politiques ont vocation à structurer la nature humaine en modifiant son environnement. Ses thèses serviront d'inspiration à tous les courants socialistes, puis communistes naissants, et feront dire cent ans plus tard à Simone de Beauvoir qu'« on ne naît pas femme, on le devient ».

Elles se heurteront inévitablement aux vues radicalement opposées des apôtres de l'inné, au premier rang desquels figure l'explorateur-ethnologue-mathématicien Francis Galton. Cousin de Darwin, libéré des visions théistes de la destinée humaine par la lecture de *L'Origine des espèces*, Galton était convaincu de la supériorité naturelle de l'élite britannique et de la nécessité de purger la société de ses éléments indésirables, une doctrine qu'il appellera eugénisme et qui rencontrera un franc succès dans les pays anglo-saxons et nordiques, puis servira d'inspiration macabre aux nazis. C'est d'ailleurs à Galton que les anglophones doivent les termes de *nature*, l'inné, et *nurture*, l'acquis. Notre personnalité, nos maladies, nos comportements, notre quotient intellectuel relèvent-ils à 30 % de notre génétique et à 70 % de notre environnement ? Ou serait-ce plutôt l'inverse ? Cette interrogation intuitive dont la formulation n'est pas reconnue par les scientifiques n'a été qu'imparfaitement tranchée.

Nourris de tests psychologiques, d'observations sociologiques ou comportementales et de convictions sociétales, les apôtres de l'acquis ont longtemps tenu le haut du pavé. Notre environnement représente en effet un véritable océan par rapport aux ruisseaux d'un patrimoine génétique encore largement méconnu jusqu'à la découverte de la double hélice de l'ADN en 1953. L'Américain John B. Watson était un adversaire acharné des eugénistes et un admirateur des travaux de Pavlov sur les réflexes conditionnés. Il est le fondateur, il y a environ cent ans, de l'école de psychologie dite « comportementaliste ». Il a beaucoup testé ses idées sur des enfants. Aussi, dans son ouvrage phare *Behaviourism*, publié en 1930, ne craint-il pas d'affirmer : « Donnez-moi une douzaine d'enfants sains, bien formés, que j'élèverai dans mon monde spécifique et je vous garantis que j'en prendrai un au hasard et je le formerai à n'importe quelle spécialité que j'aurais choisie. J'en ferai un avocat, un artiste, un médecin, un commerçant, voire un mendiant ou un voleur, quels que soient ses talents, ses penchants, ses prédispositions, sa vocation, la couleur de sa peau ou ses ancêtres. Je reconnais que je dépasse mes limites, mais ceux qui soutiennent la démarche inverse [lisez les eugénistes], aussi, et depuis longtemps. » C'est pour dresser l'opinion publique contre les idées de Watson qu'Aldous Huxley écrira son célèbre *Meilleur des mondes*. Ce qui n'empêchera pas B. F. Skinner, élève de Watson et champion du comportementalisme « radical », de devenir une célébrité. Selon Skinner : « Un individu n'agit pas sur le monde, c'est le monde qui agit sur lui. »

Quelle qu'ait été l'aura de Watson et de Skinner, les généticiens n'abandonnaient cependant pas la partie, même si les atrocités nazies les avaient conduits à adopter un profil bas. Ils allaient être servis par les nombreuses études exhaustives réalisées notamment au cours des années 1970 par Thomas Bouchard, de l'université du Minnesota, sur les vrais jumeaux, ceux qui sont nés du même œuf et qu'on appelle les monozygotes (et qui passionnaient déjà Galton). Leur patrimoine génétique est en effet identique. Que deviennent-ils à l'âge adulte, surtout lorsqu'ils sont séparés à la naissance et placés dans des environnements complètement différents ? Eh bien, selon Bouchard, leurs habitudes, leurs comportements, leurs manières se ressemblent étrangement. La paire la plus célèbre de monozygotes avait été élevée sans le savoir, à quelques dizaines de kilomètres de distance dans l'État de l'Ohio, chaque famille adoptive ayant été informée que l'autre jumeau était mort, ce qui ne les empêchera pas de les appeler tous deux Jim. Chacun avait épousé, puis divorcé d'une Linda, pour se remarier avec une Betty. Ils habitaient tous deux la seule maison de leurs rues, ils avaient installé le même banc blanc dans leur jardin, ils buvaient la même bière légère et fumaient les mêmes cigarettes mentholées, ils fabriquaient tous deux des meubles miniatures dans leurs ateliers respectifs, ils aimaient les courses de *stock-cars*, ils détestaient le *base-ball* et, selon leurs épouses, ils étaient tous deux d'irrépressibles romantiques auteurs de mots doux. Quant à leur allure physique, elle était évidemment quasiment la même, à la coupe de cheveux près. Bon sang ne saurait mentir. Bouchard n'était pas préparé à de telles similitudes. Et de conclure : « Bien des différences entre les jumeaux sont surtout des variations sur un même thème. »

Autre trouvaille surprenante résultant des travaux de Bouchard et rapportée par le journaliste américain Lawrence Wright dans son livre *Twins* : « L'environnement familial joue un rôle modeste, voire négligeable pour ce qui concerne des caractéristiques comme l'intelligence, la personnalité et le comportement. » En somme, qu'ils soient élevés ensemble ou séparément, les jumeaux monozygotes font jeu égal dans ces domaines. Et au journaliste de se poser la troublante question : « Pourquoi les jumeaux identiques ne le sont-ils pas tout à fait ? » Serait-ce que notre psyché recèle une autre composante que l'inné et l'acquis ?

Pour les scientifiques contemporains, l'affaire est entendue : les deux influences jouent dans des proportions d'autant plus aléatoires ou mouvantes que l'environnement change d'une part en permanence et qu'il influence d'autre part nos gènes, comme le montre la science naissante de l'épigénétique. Interrogé un jour sur la contribution respective de l'inné et de l'acquis dans la détermination de la personnalité, un généticien américain des années 1940 avait botté en touche en se demandant ce qui, de la largeur ou de la longueur de ses côtés contribuait le plus à la surface d'un rectangle. Lawrence Wright livre une jolie métaphore : « Les gènes et l'environnement sont comme des frères siamois, distincts, mais inséparables. » Laissons au brillant éthologue Boris Cyrulnik cette motion de synthèse : « Nous sommes déterminés à 100 % par nos gènes et à 100 % par notre environnement. »

Interviewé sur le bonheur en 2012 par le magazine *We Demain*, le très peu orthodoxe psychothérapeute belge Thierry Janssen prend le risque d'affirmer : « Notre aptitude au bonheur est influencée à 50 % par nos chromosomes et à 10 % par des facteurs extérieurs. Les 40 % restants nous appartiennent. » Le docteur Janssen ne prétend pas que ses statistiques soient exactes, mais il déstabilise quelque peu, sur le terrain du bonheur, la dualité inné/acquis. Il admet implicitement l'existence d'une composante propre à chacun d'entre nous.

Quelque chose qui soit à moi

Et si, tout compte fait, l'approche scientifique de notre personnalité était un tant soit peu réductrice ? Je suis convaincu depuis longtemps que chaque être humain dispose de caractéristiques qui lui sont propres, qui n'appartiennent qu'à lui et qui n'entrent donc pas dans ce modèle. À l'âge de neuf ans, je me suis découvert une passion pour l'observation des oiseaux. Vivant aux États-Unis, je suis devenu un *bird-watcher* accompli, en dépit d'un handicap majeur : je suis daltonien, c'est-à-dire que j'identifie mal certaines couleurs qui permettent précisément de distinguer deux types de fauvettes ou de bécasseaux. Voilà qui paraît relever tout droit de l'acquis ! De fait, je me suis laissé entraîner sans difficulté dès six heures du matin dans les bois et les marécages de la Nouvelle-Angleterre par Mr Grant, mon bien-aimé instituteur de CM1.

Revenu en France quelques années plus tard, j'ai poursuivi mes vagabondages ornithologiques, mais avec quelque regret, car il y a moins de variété d'oiseaux sauvages chez nous, du fait – hélas ! – que nous les mangeons, moi le premier (sauf les ortolans chers à feu François Mitterrand). Puis la passion s'est éteinte. Elle reviendra cependant en force trente ans plus tard, après mon divorce. Comme si je rouvrais un livre oublié dans ma bibliothèque. Depuis vingt ans, mon goût n'a fait que croître et embellir. J'ai observé les oiseaux dans le monde entier, et j'ai trente-deux guides sous la main, qui vont de l'Argentine à Bornéo en passant par le sud-est africain et les îles Seychelles. Mes oiseaux m'appartiennent, ils font partie de ma vie, ils ne me quitteront jamais. Sont-ils réductibles à un simple caractère acquis ?

J'ai la chance d'avoir quatre enfants, ce qui représente l'amorce d'une statistique. Or, bien qu'ayant hérité chacun de 50 % du patrimoine génétique de leurs parents, bien qu'ayant été élevés sensiblement de la même manière par ces derniers (une grosse erreur, au demeurant, que tout le monde commet !), bien qu'ayant fréquenté la même école primaire, je les ai vite trouvés profondément dissemblables dans leur démarche, leur sensibilité, leurs goûts et leur rapport à la vie. Il est vrai que leur inné n'est que partiellement commun. Quant à leur acquis, on m'objectera qu'il dépend de multiples et complexes facteurs – le réseau d'amis, les professeurs, les lectures et plus généralement les êtres qui ont marqué tel ou tel d'entre eux. Les supporters de l'acquis font d'ailleurs un distinguo subtil entre « l'environnement partagé » – lisez l'éducation – qui joue un rôle mineur comme nous l'avons vu avec les jumeaux et « l'environnement non partagé », les copains, les lectures, les expériences personnelles, qui paraît déterminant.

J'ai suivi il y quelques années une formation dispensée par Franck Jaotombo, docteur en psychologie et spécialiste du développement personnel, dont l'enseignement s'appuie sur ce qu'il est convenu d'appeler l'ennéagramme, soit une grille d'analyse en neuf types psychologiques. Séduit par sa démarche, qui m'a permis de faire une impressionnante avancée dans la connaissance de moi-même, je me suis empressé de passer ma famille au crible de l'ennéagramme. À ma grande surprise, mes quatre enfants et leur mère appartenaient à cinq types différents. Et un seul d'entre eux, pas celui que j'imaginais, avait le même type que moi ! Ce n'est certes pas une statistique et je peux m'être trompé sur eux, mais tout de même, il y a de quoi être troublé.

Je connais une jeune mère de triplées âgées d'une dizaine d'années. N'étant pas nées du même œuf, leur patrimoine génétique n'est qu'à 50 % commun. Elles sont comme des sœurs ordinaires. Quant à leur environnement, elles ont été élevées de la même manière même si elles ne fréquentent pas toutes la même école. « Les trouves-tu différentes ? » me suis-je tout de même permis de demander à leur mère. « C'est le jour et la nuit, m'a-t-elle répondu. Non seulement elles n'ont pas les mêmes couleurs d'yeux et de cheveux, mais leurs caractères sont très dissemblables. C'est d'ailleurs celle qui nous a créé le plus de souci à la naissance – elle pesait moins d'un kilo – qui a le plus fort appétit de vie » !

D'où vient cet appétit, sinon de ce que cette petite fille de dix ans porte au plus profond d'elle-même ? On me fera difficilement croire qu'il était naturellement inscrit dans ses gènes (sans être dans ceux de ses sœurs) ou bien qu'il ait été inconsciemment transmis par des parents longtemps sur le qui-vive. C'est pourtant un compromis entre ces deux hypothèses qui fournira la base de toute analyse « scientifique » de son comportement.

J'ai aussi la chance de connaître deux paires de jumelles monozygotes. Les plus âgées approchent de la soixantaine. Laurence et Alice ont été élevées ensemble dans un milieu bourgeois parisien jusqu'au décès accidentel de leurs deux parents, lorsqu'elles avaient quinze ans. Inné commun, acquis de base commun et donc de nombreux traits physiques et psychologiques partagés. Elles ont d'ailleurs vécu un certain temps en symbiose étroite, comme un couple, puis l'une s'est mise à voguer vers d'excitantes destinations inconnues tandis que l'autre restait au port en femme de marin. Et aujourd'hui ? Divorcée deux fois, mère de quatre enfants, Alice a exercé de multiples métiers avant de s'installer il y a vingt ans à la campagne au milieu des plantes médicinales et dans l'exaltation spirituelle. Quant à Laurence l'agnostique, après un premier mariage décevant et la mise au monde d'un enfant lourdement handicapé à la suite d'une erreur d'accoucheur, cette décoratrice occasionnelle et talentueuse se consacre à ses trois enfants et suit avec une pointe d'angoisse la carrière en dents de scie de son mari « serial entrepreneur ». Un œuf, deux destins.

Julie et Valérie ont quarante-huit ans. Même visage lunaire, même regard doux, même port, même voix chaude et caressante.

Heureusement que Julie se teint les cheveux, sinon, à quelques rondeurs près, elle serait impossible à distinguer physiquement de sa sœur. Et pourtant. Elles ont beau s'être échappées ensemble à vingt-deux ans d'une nombreuse famille ouvrière de l'est de la France, elles ont beau vivre seules et sans enfant, la comparaison s'arrête là. Établie à Nouméa depuis vingt ans, Julie la bosseuse est une femme d'affaires accomplie, qui creuse son sillon tandis que Valérie la rêveuse, en dépit d'une maîtrise de gestion à Paris-Dauphine, a navigué entre le commercial, pour lequel elle est naturellement douée, la comptabilité, qu'elle maîtrise bien et la formation aux techniques de la programmation neuro-linguistique, qu'elle affectionne. Une touche-à-tout qui éprouve quelque difficulté à trouver sa place. Encore une fois, un œuf, deux destins.

Un corps, deux âmes

Deux êtres ne peuvent pas être davantage en symbiose que des siamois, aujourd'hui appelés jumeaux « conjoints ». Abigail et Britanny Hensel sont nées en mars 1990. Chacune possède un bras, une tête, un cœur. Elles partagent un bassin, un tube digestif, des organes sexuels et une paire de jambes. L'une peut finir une phrase ou un e-mail que l'autre a commencés, leur coordination physique est exceptionnelle (elles ont passé toutes les deux leur permis de conduire et pratiquent le *softball* comme le vélo). En revanche, selon l'un de leurs professeurs : « Elles ne pensent pas de la même manière. » D'ailleurs, l'une est meilleure en anglais et l'autre en maths. « Nous sommes des personnes totalement différentes », affirment-elles avec un sourire si communicatif qu'elles ont désormais leur émission de téléréalité. De fait, Abby est extravertie, bavarde, parfois soupe au lait tandis que Brit est plus timide, douce, effacée et aimante. Abby dévore sa nourriture, Brit picore et elles ont des goûts bien différents en matière vestimentaire, ce qui ne fait pas l'affaire de leur mère, condamnée à leur acheter le même *sweat-shirt*. Voilà donc deux êtres issus du même œuf, partageant le même corps et donc destinés (condamnés ?) *ad vitam* au même environnement. Avec un inné et un acquis en tous points communs, Abby et Brit représentent un défi pour la science. Comment expliquer que ce qui est distinct en « elles » puisse afficher des propriétés si différentes ? Le magazine *Life* leur a consacré une enquête titrée : « Un corps, deux âmes ». Et s'il s'agissait d'une bonne piste ?

Je flânais un jour d'hiver, sous un ciel limpide, au bord du ravissant port de plaisance de San Diego, en Californie, lorsqu'un livre présenté sur un étal de bouquiniste m'a sauté aux yeux. J'en connaissais un peu l'auteur, James Hillman, un psychologue américain élève de l'immense Carl Gustav Jung (qui reviendra plusieurs fois dans ces pages). Nous étions en 1998 et Hillman devait avoir environ soixante-dix ans bien tassés. Je crois aussi aux signes apparemment sans cause, mais qui font sens pour celui qui les reçoit et que Jung appelait les synchronicités. J'achète donc ce livre au titre étrange – *The Soul's Code*, curieusement devenu *Le Code caché de votre destin* – sans avoir la moindre idée de son contenu. Que pouvait bien raconter Hillman au soir de sa vie ?

Je savais qu'il n'était pas un psychologue conventionnel. Je savais aussi que ses recherches sur les archétypes de l'inconscient collectif lui avaient valu un respect teinté de méfiance, la pensée de son mentor étant déjà jugée déviante par une bonne partie de la communauté des thérapeutes. J'ai appris plus tard qu'il s'était éloigné de ses pairs, convaincu que les longues séances consacrées à l'exploration de la petite enfance ou de la relation parentale représentaient le plus souvent une perte de temps et d'argent, car elles restaient sans effet. Pour lui, un bon thérapeute devait chercher ailleurs la clé de nos tourments. Mais où ? La réponse ne pouvait que se trouver dans cette composante subtile, évanescente de nous-mêmes que nous appelons l'âme et que les Grecs appelaient la psyché. D'ailleurs, sur cette base, la psychologie ne serait autre chose que « l'étude de l'âme » et la psychopathologie celle de « l'étude des souffrances de l'âme ».

La vérité est que le mot psyché a été revisité par la science... psychologique, qui se veut rationnelle et expérimentale, même si sa matière première est quelque peu insaisissable. Une visite à la version française de Wikipédia l'illustre parfaitement. Le terme « psychologie » comporte plus de cent mille signes typographiques et de nombreuses rubriques – parmi lesquelles d'ailleurs l'inné et l'acquis – suivis d'une véritable débauche de références et de liens. En revanche, le texte sur la psyché se réduit grosso modo à : « Mot grec souvent traduit par âme », suivi de quelques références. Et chez les Anglo-Saxons ? Un tiers de signes en moins pour la psychologie et un petit effort pour la psyché dont on apprend qu'elle « représente la totalité de l'esprit humain, qu'il soit conscient ou non ». À quoi s'ajoute : « Le mot anglais *soul* (âme chez nous) est parfois employé comme synonyme, surtout dans les anciens textes. » Une relique en somme. Que les chrétiens sachent en tout cas que dans les Évangiles, psyché est systématiquement traduit par âme. Il est vrai que Freud et consorts étaient encore bien loin de naître lorsque ces textes furent rédigés et traduits.

Si la psyché des psys n'est pas celle des évangélistes, ce n'est pas sans raison. Non seulement travailler sur « l'esprit » peut satisfaire une démarche qui se veut scientifique, mais imaginez un instant un thérapeute s'adressant ainsi à son patient : « Chère madame, je me propose de soigner votre âme. » « Mais vous n'êtes pas curé, que je sache ! »

À 70 ans, Hillman n'a pas peur de mettre les pieds dans le plat. Pour lui, l'inné et l'acquis représentent une vision réductrice et incomplète de notre nature. Comme il l'écrit dès les premières pages de son livre : « Le présupposé de base pour comprendre une vie humaine, à savoir l'interaction entre la génétique et l'environnement, omet un paramètre essentiel, à savoir la particularité de sentir notre identité propre. » Comme le ressentent Abby et Brit, Valérie et Julie, Laurence et Alice. Et il insiste : « Plus ma vie est décrite par ce que je porte dans mes chromosomes, par ce que mes parents ont fait ou non et par mes jeunes années depuis longtemps révolues et plus ma biographie est l'histoire d'une victime. Je vis un scénario écrit par mon code génétique, par mon lignage, par des expériences traumatisantes, par l'inconscience de mes parents, par des accidents sociétaux. » Voilà qui nous donne bien peu de prise sur notre destinée – où peut se nicher notre libre arbitre ? – tout en générant de substantiels revenus pour ceux qui ont la charge de gérer nos angoisses existentielles.

Le mythe d'Er

Hillman vise à réhabiliter l'âme, observant que « le sujet de base de la psychologie, à savoir la psyché ou l'âme, est totalement absent des livres consacrés à son étude et à ses soins ». Pour asseoir sa démonstration, il s'appuie sur la pensée de Socrate, transcrite par Platon, que l'on retrouvera sous diverses formes dans les pages qui suivent. Il se réfère en particulier à l'extraordinaire « mythe d'Er » du dernier chapitre de *La République*. Fils d'Arménios et vaillant guerrier, Er meurt au combat. Au bout de dix jours, son corps, resté intact, est porté chez les siens pour les funérailles. Or le douzième jour, gisant sur son bûcher funéraire, à la stupéfaction générale, il revient à la vie pour raconter aux siens sa visite au pays des morts. Le mythe d'Er commence.

Sa première rencontre le conduit devant une vaste assemblée d'âmes en attente de leur jugement devant un tribunal qui offre à Er l'insigne privilège de devenir son « messager de l'au-delà auprès de vivants ». Le tribunal va ensuite opérer un tri entre les âmes des hommes justes, dirigées vers la droite pour monter au ciel et celles des injustes, condamnées à de longues souffrances sur le chemin de gauche « vers la région inférieure », où leur « peine sera décuplée », comme d'ailleurs la rétribution des justes. En pratique, une fois le jugement rendu, la durée de la vie humaine étant estimée par Socrate à environ 100 ans, le retour des âmes attendra mille ans. Rappelons qu'il s'agit d'un mythe…

À leur retour, les âmes vont choisir leur sort dans leur future vie, c'est-à-dire de leur place naturelle dans l'ordre général du monde. Elles passent alors entre les mains des trois filles de la déesse Nécessité, les Moires, ou Parques chez les Latins. Lachésis, Klotho et Atropos chantent respectivement le Passé, le Présent et l'Avenir en tissant les fils du destin. Lachésis, dont le nom grec évoque la « part » (sous-entendu de Fortune) a, disposées sur ses genoux, des bobines de fil représentant des vies parmi lesquelles les âmes auront à choisir la leur. Le maître de cérémonie les ramasse et les jette aux âmes rassemblées, qui s'empressent souvent de les ramasser. Pour Er, qui n'a pas à choisir, car son destin est de revenir sur terre, « le spectacle était à la fois pitoyable, drôle et surprenant. Dans la plupart des cas les choix découlaient des habitudes de la vie antérieure. » Il vit le poète Orphée choisir la vie d'un cygne « parce qu'il détestait le sexe féminin qui avait été l'instrument de sa propre mort et qu'il voulait éviter d'avoir à s'unir à une femme pour engendrer ». Le roi Agamemnon, que les souffrances avaient conduit à haïr la race humaine, choisit l'âme d'un aigle. Quant à l'âme du sage Ulysse, lassée des honneurs passés, elle n'aspirait qu'à une vie d'homme simple, vouée au travail.

Une fois les choix faits, les âmes passent devant Lachésis, la première des fileuses qui a le privilège d'aider chaque âme à choisir un *daïmon*, esprit protecteur et gardien fidèle de sa nouvelle vie. Elle conduit ensuite l'âme à Klotho, la « retordeuse » au sens propre du terme, qui serre les fils du destin ; la dernière tâche, celle qui consiste à créer la trame définitive d'une nouvelle vie étant confiée Atropos, littéralement l'inflexible. Son nouveau destin scellé, l'âme rend hommage à la déesse Nécessité, puis plonge dans l'oubli des eaux du fleuve Léthé. Sa nouvelle enveloppe charnelle ne doit pas se souvenir de ses vies passées.

Qualifié de génie par les Romains, d'ange gardien dans la chrétienté, le daïmon est la clé de voûte de la démonstration d'Hillman. Selon lui, avec son aide, nous entrons dans chaque vie avec un projet, un appel, souvent visible dès le très jeune âge, puis un temps étouffé par les conventions, les règles et les méandres de notre parcours. Le fameux environnement cher aux comportementalistes est à l'œuvre… Mais comment distinguer, entre la petite musique de nos gènes et le fracas de notre environnement, le message de ce daïmon invisible ?

Pour démontrer son existence, Hillman s'appuie sur une véritable débauche d'extraits de biographies de célébrités aussi diverses que Colette, Picasso, Judy Garland, Winston Churchill, Lyndon Johnson, Gustav Mahler, Manolete, le général George Patton et j'en passe. Manolete était un enfant chétif et souffreteux, accroché aux basques de sa mère. Il jouait rarement avec ses petits camarades. Jusqu'au jour où, vers onze ans, il se prit d'une passion pour les taureaux, qui finira par le perdre. Pour ses quatre ans, le futur violoniste prodige Yehudi Menuhin réclama un violon. Il reçut un jouet qu'il brisa aussitôt en mille morceaux. Il lui en faillait un « vrai ». Ella Fitzgerald s'est présentée, à seize ans, à un concours de danse. Une fois sur scène elle a brusquement changé d'avis et elle a chanté. Golda Meir a organisé à l'âge de onze ans une manifestation pour financer l'achat de livres scolaires, trop coûteux pour les élèves des parents pauvres de son école. Commentaire d'Hillman : « N'était-elle pas déjà un Premier ministre travailliste ? » Plus surprenant encore, elle a n'a pas rédigé son premier discours car, selon sa biographie : « Il m'a paru préférable de dire ce que je voulais dire, un discours dans ma tête. » Inspiré sans nul doute par son daïmon.

De fait, pour Hillman : « Comme pratiquement toutes les vies extraordinaires le montrent, il y a une vision, un idéal qui appelle. Cet appel est de nature transcendante. Il est aussi nécessaire à la vie d'une personne sur terre que l'était la scène pour Garland, le combat pour Patton ou la peinture pour Picasso. »

Mais que dire des gens plus ordinaires, comme vous et moi, qui ne sont ni de grands créatifs, ni des hommes d'État, ni des stratèges de la guerre ou du business ? Un chapitre du livre s'intitule tout simplement « Médiocrité ». Ce mot résonne très fortement en moi, car, aux alentours de mes vingt ans, je m'étais fait l'idée que le monde était divisé en deux catégories, les Génies et les Médiocres. Ma définition des Génies était somme toute assez large, comprenant aussi bien les artistes qui m'exaltaient, les tribuns qui m'impressionnaient, les inventeurs qui me faisaient rêver, les champions sportifs que j'adulais, les romanciers que je dévorais ou les séducteurs que j'enviais. Mes succès scolaires, sportifs ou sentimentaux me paraissaient dérisoires dès lors que je ne me trouvais aucun trait de génie particulier. Aussi mon destin me paraissait-il de figurer jusqu'à la fin de mes jours dans les rangs des Médiocres, ce qui était difficilement supportable. J'en souffrais au point de vouloir sinon m'éliminer – j'y ai pensé –, du moins quitter mon pays pour me fondre dans la foule anonyme des fourmis de… Hong Kong, où, en dépit de mes efforts, j'aurais été immédiatement repéré !

Fausse modestie ? Manque de réalisme ? Ego surdimensionné ? Peu importe : cette vision du monde m'a longtemps inhibé, dans ma vie aussi bien professionnelle que sentimentale. Avec le temps, je me suis consolé en me disant qu'à défaut de génie, j'avais sans doute un certain talent qui pansait mes plaies existentielles. Mon ambition ultime devait être de fonder une famille et de bien faire mon travail dans le respect des autres. D'être en somme un Médiocre supérieur. Ce trait de caractère n'étant difficilement attribuable ni à mon inné ni à mon acquis, il reste par élimination la petite voix de mon daïmon, à laquelle

Hillman – évidemment un Génie, on l'aura compris – apporte sa caution. « La personnalité, écrit-il, comme pour rassurer les gens ordinaires, ne tient pas à ce que nous faisons, mais à la manière dont nous le faisons. » Et, un peu plus loin : « Elle donne sa forme à une vie, si obscure soit-elle et si peu éclairée soit-elle par les étoiles. Il s'agit d'un appel à la vie, d'un appel à l'honnêteté plutôt qu'au succès. Le daïmon accorde de l'importance à chacun, pas seulement aux Importants. » Et de citer *Les Ailes du désir*, le film de Wim Wenders (autre Génie !) dans lequel les anges aspirent à la banalité de la condition humaine. On pourrait y ajouter le choix d'une vie d'homme ordinaire fait par l'âme d'Ulysse dans le mythe d'Er.

Hillman n'était plus de ce monde lorsque, le 27 octobre 2013, la petite Amira Willighafen, neuf ans, s'est présentée aux éliminatoires de l'émission musicale de télévision *Holland's Got Talent*. Avec un aplomb digne d'un professionnel chevronné, elle a expliqué que son frère étant violoniste, elle avait voulu apporter elle aussi sa contribution en chantant pour l'anniversaire de la reine Beatrix. Elle avait écouté de nombreuses chansons pop sur You Tube, mais avait opté pour… l'opéra. Elle n'a jamais pris la moindre leçon de chant, et pourtant, elle entonnera sans une faute l'une des plus belles arias de Puccini devant un jury et un public à la fois médusés et émerveillés. Elle emportera aisément la finale de l'émission le 28 décembre suivant. Amira veut devenir cantatrice ou… sportive olympique. Elle a certes de la voix (son inné) et elle a été élevée dans une famille musicienne (son acquis), mais cette explication est-elle suffisante ? L'un des membres du jury a lâché ce cri du cœur : « C'est une vieille âme. »

Sans atteindre les hautes sphères du génie, les vocations, quelles qu'elles soient, ne sont-elles pas la preuve de l'existence d'une composante propre à ceux qui les suivent ? Ma fille Valentine s'amusait toute petite à deviner les divers arômes du coffret *Le Nez du vin* de Jean Lenoir. À douze ans, elle était fascinée par les fioles que la petite amie de son frère Nicolas rapportait de ses cours de parfumerie. Elle venait aussi de découvrir *Angel*, de Thierry Mugler, qui semblait exalter sa mère. « Je veux faire du parfum », affirmait-elle avec beaucoup d'aplomb. De fait, à quinze ans, elle faisait son « stage écolier » chez un parfumeur ami de ses parents, tandis qu'un autre proche, de la profession, lui prédisait qu'ils travailleraient un jour ensemble. Elle volera ensuite de ses propres ailes, de stage en stage, de licenciée en chimie à diplômée en cosmétique. Elle est aujourd'hui chargée de clientèle chez un grand parfumeur qui l'a embauchée dès la fin de ses études. Elle est dans son élément. Heureuse. Que l'environnement-acquis ait joué un rôle dans son destin, certes, mais on peut tout aussi bien penser que le daïmon de Valentine a semé plusieurs rencontres « providentielles » sur son chemin…

Corps, âme, esprit

Si nous voulons avancer dans la connaissance de nous-mêmes et de notre rôle dans nos vies, n'est-il pas préférable de nous raccrocher à des hypothèses à la fois dérangeantes, stimulantes et plausibles, plutôt qu'à des pseudo-vérités au mieux incomplètes, mais au pire trompeuses ? Il reste que le terme « âme » est sans doute d'une trop grande généralité et donc susceptible d'être mésinterprété. Une confusion des plus courantes consiste à en faire, depuis la nuit des temps, un synonyme du terme « esprit ». Les deux sont utilisés de manière interchangeable dans de nombreux textes. À commencer par *Le Livre des esprits* rédigé en 1867 sous forme de questions-réponses par le maître du spiritisme Allan Kardec. En fait d'esprits, ce manuel définit l'âme comme « un Esprit incarné dont le corps n'est que l'enveloppe ». En somme, l'âme fait partie intégrante de nous-mêmes. Mais où se situe notre esprit ? Descartes, comme d'ailleurs Aristote et Thomas d'Aquin, des gens plutôt sérieux tout de même, ne faisaient pas de distinction entre l'esprit et l'âme, ce qui ne nous avance guère. Les recherches étymologiques ne sont pas d'un grand secours, les deux termes se traduisant peu ou prou par « souffle » que ce soit en grec, en hébreu ou en arabe ! Il n'y a guère que les Latins pour distinguer l'*anima*-âme de l'*animus*-esprit. D'ailleurs, quand l'apôtre Paul annonce aux Thessaloniciens « que votre être tout entier, l'esprit, l'âme et le corps soit gardé sans reproche à l'Avènement de notre Seigneur Jésus-Christ », il opère bien une distinction. Un peu plus loin, dans l'épître aux Hébreux, il est question de la parole de Dieu « plus incisive qu'un glaive à deux tranchants » et susceptible de pénétrer « jusqu'au point de division de l'âme et de l'esprit, des articulations et des moelles ». On en frémit d'angoisse, mais les deux termes sont bien distingués. Que dire enfin de l'énigmatique réponse de Jésus à Nicodème, dans l'Évangile selon saint Jean : « Ce qui est né de la chair est chair et ce qui est né de l'Esprit est esprit » ? Et l'âme dans tout cela ?

Risquons une hypothèse sur la dérangeante confusion entre l'âme et l'esprit. Le mythe d'Er peut nous éclairer. Les fameuses « âmes » de Platon passées de l'autre côté du rideau « ramassent » dans le tréfonds de l'Hadès leurs futurs destins. Cette vision d'identités poursuivant une vie dans l'au-delà correspond à de multiples observations faites dans la seconde moitié du XIXe siècle, dans le contexte de grande curiosité qui s'était fait jour à la suite des expériences spirites, dont il sera largement question au chapitre 5. Savants et bourgeois sentaient, écoutaient et voyaient parfois des âmes/esprits justement. Les techniques plus récentes de communication avec les défunts et surtout les nombreuses expériences de mort imminente tendent à confirmer le vécu de leurs prédécesseurs.

Quand le Nouveau Testament nous parle de l'esprit, sous la plume de Paul ou de l'Esprit, avec une majuscule, sous celle de Jean, ne faut-il pas y voir le souffle de l'Esprit-Saint, dit en anglais *Holy Spirit* ou *Holy Ghost* (Saint Fantôme), un terme qui a perturbé mon enfance américaine ? D'une certaine manière, car rien n'est simple dans ce domaine, l'esprit serait externe à nous-mêmes tandis que l'âme nous serait propre et donc sujette à ces « états » particuliers qu'on lui prête bien souvent. Cette distinction a le mérite d'être cohérente avec celles de la psyché/âme et de l'esprit/daïmon de Socrate : l'une vit en nous et l'autre nous accompagne.

Selon Socrate, son daïmon est cette « voix qui, lorsqu'elle se fait entendre, me détourne toujours de ce que je propose de faire de mal, mais ne m'y pousse jamais. Voilà ce qui s'oppose à ce que je me mêle de politique. » Et de poursuivre, à l'occasion de son procès : « Bien souvent elle m'a fait taire, mais aujourd'hui, au cours de l'affaire, pas un instant elle ne m'a empêché de faire ou de dire quoi que ce soit. C'est que, sans doute, ce qui m'arrive est bon. Nous nous trompons lorsque nous nous figurons que la mort est un mal. »

Le philosophe platonicien Apulée, qui a vécu au IIe siècle de l'ère chrétienne est surtout connu pour ses *Métamorphoses*. Il a aussi écrit un traité sur le *Démon de Socrate*, dans lequel il nous livre une envolée lyrique, dont voici quelques extraits : « Ce démon dont je parle, gardien privé, garde du corps familier, garant intime, observateur infatigable, témoin inévitable [...] si nous l'honorons pieusement comme Socrate l'a honoré, avec un esprit de justice et d'innocence, nous offre sa prévoyance dans les situations incertaines, son assistance dans la détresse [...] et il peut, par des songes, par des signes et même par sa présence quand le besoin s'en fait sentir, détourner le mal, faire triompher le bien... » Cette définition d'une présence protectrice animée par le Bien, mais que nous imaginons volontiers extérieure à nous-mêmes ne correspond-elle pas à ce que les chrétiens appellent leur ange gardien ? Pour les croyants des trois religions du Livre, il s'agirait du fameux « souffle divin » cher aux musulmans ou de « l'étincelle divine » placée dans le cœur des hommes auquel croient non seulement les hindouistes, mais nombre de chrétiens, alors qu'elle n'est pas reconnue par l'Église catholique. N'est-ce pas cette lumière, car il s'agit bien de cela, qui pousse la plupart d'entre nous à pressentir et à rechercher plus ou moins fortement le Bien ? Notre âme est comme une bougie dont notre esprit allumerait la mèche.

Que devenons-nous après la mort physique ? Pour les athées et les agnostiques, notre cœur cesse de battre, notre corps se décompose, il ne reste rien. En revanche, pour les croyants, au sens le plus large du terme, dont je fais partie, la vie ne s'arrête pas au tombeau et une partie de nous-mêmes, communément appelée âme, est promise à un autre destin (et dans les trois religions du Livre à la réunion ultime avec notre corps). Comme nous le verrons au cours des chapitres suivants, cette partie immatérielle, mais immortelle, est susceptible de se manifester, de toucher la conscience des vivants et de communiquer avec eux de multiples manières, par des messages, voire des échanges que l'on pourrait qualifier comme étant tout naturellement « d'âme à âme ». La mort physique ne représente alors que le passage d'une forme de vie à une autre et ce sont nos âmes qui font le lien. De manière individuelle, dans la plupart des traditions, sauf chez les bouddhistes, qui ne croient pas à l'existence d'âmes différenciées, mais plutôt à celle d'une âme universelle.

Amour, quand tu nous tiens

Ce chapitre a commencé sur un questionnement : sommes-nous davantage qu'un compromis entre les influences de notre génétique et de notre environnement ? J'ai tenté de démontrer que oui, en m'appuyant sur des exemples nécessairement imparfaits ainsi que sur la vision d'un grand psychologue de l'école jungienne, toujours contestable. J'ai fait quelque incursion dans le domaine théologique, ce qui est de nature à froisser très légitimement certaines... âmes. James Hillman consacre cependant un chapitre de son livre à un sujet qui nous fascine tous, quelles que soient nos croyances. Ce sujet, c'est l'amour romantique. Par quel mécanisme se fait-il que nous soyons soudain emportés par un torrent d'images, un tourbillon de vibrations, une surcharge d'énergie et un sentiment unique, limpide, irrépressible : « Cette personne est mon destin » ? Comme l'a écrit le poète : « Un seul être nous manque et tout est dépeuplé » quand l'être aimé est absent, tandis que notre vie nous apparaît parée de mille feux en sa présence. « Ma moitié d'orange », « ma bonne étoile », « ma vie n'est rien sans toi » : tous les clichés, tous les superlatifs servent à décrire de tels instants.

J'ai connu un tel amour lorsque je suis entré à l'École polytechnique, qui est militaire comme on sait. Comme j'étais souvent absent à l'extinction des feux, j'étais victime de « contre-appels » nocturnes. Une affichette était alors déposée sur mon lit vide, me signifiant que dès le lendemain, je devais prendre mon paquetage et m'installer dans la « prison » de l'école, un boyau de sept cellules et de commodités d'usage situé sur le campus et dont on ne sortait que pour assister aux cours. Il m'est arrivé de cumuler vingt-deux jours d'arrêt. Le colonel commandant les trois cents élèves de ma promotion s'en est ému et m'a convoqué. « De Witt, vous battez les records, ça ne peut pas continuer ! » m'a-t-il indiqué, l'air réprobateur. À quoi je lui ai répondu, sans une seconde d'hésitation : « J'en conviens, mon colonel, mais sachez que je vis une affaire sentimentale très forte, mais un peu complexe, avec une jeune fille de dix-sept ans. Je ne peux pas me permettre de rester vingt-deux jours en prison. Si tel doit être le cas, je déserterai l'armée française. » Déserter ! Je ne sais pas ce qui m'a poussé à une telle audace, sinon un amour romantique exacerbé, alors que je suis tout sauf audacieux. Ma conviction – et surtout la crainte d'un beau scandale médiatique – l'ont emporté, car, dès le lendemain, je bénéficiais d'une levée de punitions tout à fait exceptionnelle négociée entre le colonel et mon ami René, président des élèves de ma promo !

Voilà jusqu'où l'amour romantique peut nous conduire… Mais d'où nous vient-il ? Inutile de dire qu'il s'explique mal par la génétique (n'en déplaise à Freud, on ne tombe pas amoureux d'un clone de sa mère ou de son père) et difficilement par l'environnement, tant il s'agit d'un phénomène atypique, exceptionnel, auquel nos expériences précédentes ne nous ont nullement préparés. Dans notre imaginaire, l'objet de notre amour est unique, irremplaçable, sublimé, sans égal, et donc sans référence. Pour Hillman, «s'il nous fallait une seule preuve de l'existence de notre daïmon, et de son appel, il nous suffirait de tomber une fois amoureux. Les sources rationnelles de l'hérédité et de l'environnement ne suffisent pas à provoquer les torrents de l'agonie romantique. Jamais vous ne vous sentez plus submergé d'importance, ni plus marqué par le destin. » Une affaire d'âme, assurément !

Ajouter à l'inné et à l'acquis cette troisième composante qu'est l'âme permet d'éclairer bien des comportements. Aussi doit-on regretter que les spécialistes des sciences dites « molles » – car ne disposant pas de lois mathématiques pour expliquer les phénomènes observés – aient évacué l'âme de leur terrain d'exploration, de peur, bien entendu, de passer pour des non-scientifiques. Or, étymologiquement, le terme « psychanalyse » ne se traduit-il pas, selon la jungienne Marie-Laure Colonna, par « la dissolution des nœuds de l'âme » ? Et si l'on s'occupait davantage de ces nœuds et un peu moins des remontées attribuées à l'inconscient ? Sans doute bien des névroses, voire des psychoses pourraient être dénouées si une telle démarche était adoptée. Elle suppose évidemment que les psychologues aient l'audace de postuler, comme Hillman, que nous ne sommes pas uniquement des composés matériels, mais aussi des êtres spirituels, comme nous le laisse entrevoir l'usage de cette faculté étrange et déconcertante que l'on appelle l'intuition.

CHAPITRE 2

CES INTUITIONS VENUES D'AILLEURS

« Le savoir dont nous disposons à un instant donné est, je le pense, bien supérieur à ce que nous savons savoir. »
AGATHA CHRISTIE

« PARCE QUE VOUS ÊTES INTUITIF. » La scène se passe en juin 1961. J'ai dix-sept ans et je me sens tout petit dans le bureau du père Lesage, le très impressionnant préfet de l'école Sainte-Geneviève. Je viens de terminer une année pénible de préparation à l'École centrale, où je m'étais vu relégué, au bout de trois mois, au quarante-troisième rang d'une classe de quarante-neuf élèves. Une belle leçon d'humilité pour un premier de classe au lycée (dans une école au demeurant peu compétitive). Alors que, découragé, j'avais finalement choisi d'abandonner les prépas scientifiques au profit d'une inscription à Sciences Po. Mais voilà que le père Lesage me propose tout simplement de me surclasser en m'offrant d'intégrer la prestigieuse classe de maths spé réservée aux candidats à l'École polytechnique. Et pourquoi ? « Vous ne réussirez sans doute pas à Centrale, car vous n'avez pas un profil d'ingénieur. En revanche, vous pouvez être admis à l'X parce que vous êtes intuitif. » Bien que ne comprenant guère le sens de son analyse, ni même du mot intuition, mon ego n'a pas hésité longtemps avant d'accepter son offre. Les jésuites avaient la réputation de ne pas se tromper dans leurs surclassements. Et, puis, au moins en classe de maths, je venais de terminer un trimestre à lever le bras, car j'avais subitement l'impression de tout comprendre.

Mais pourquoi l'intuition ? Les maths sont réputées affaire d'analyse et de déduction. A entraîne B qui entraîne C et ainsi de suite jusqu'à ce que la solution saute (ou non) aux yeux. Eh bien, pas du tout. Le processus est un peu plus compliqué. J'ignorais à l'époque la belle formule prêtée à Henri Poincaré, sans doute le plus grand mathématicien français de tous les temps : « C'est avec la logique que nous prouvons et avec l'intuition que nous trouvons. » De fait, même pour le polytechnicien moyen que je deviendrai, cette phrase explique tout. Lorsque vous avez un problème de maths à résoudre, vous disposez d'une grosse boîte à outils pleine de formules, de postulats et de théorèmes. Reste à savoir lequel de vos outils est le mieux à même de vous faire avancer. Et c'est là qu'intervient l'intuition. Un élève peu doué pour les maths restera perplexe : faut-il prendre la clé de 13 ? Ou la pince plate ? Ou le cutter ? Et il perdra un temps précieux en hésitations stériles. En revanche, l'élève doué pour ce genre d'activité de nature purement cérébrale, du moins en apparence, aura l'intuition de choisir d'emblée le bon outil. Et tout s'enchaînera naturellement, comme les jésuites de Ginette le savaient d'expérience.

L'intuition est certainement la composante la plus mystérieuse de notre psyché définie au sens contemporain du terme comme l'ensemble de notre mental. Le Larousse la présente soit comme « un pressentiment, une vision » (« prendre la prochaine rue à droite », « il va pleuvoir », « je vais bien travailler avec cette personne ») soit surtout comme « une connaissance directe et innée qui ne nécessite pas le recours au raisonnement ». Le prototype de cette connaissance en question, nous le devons au grand Descartes. Sa formule mythique – « Je pense, donc je suis » – est sortie tout droit de la tête de ce logicien éprouvé. Descartes est d'ailleurs à l'origine d'une remarque tout aussi définitive que celle de Poincaré : « Il n'y a d'autres voies qui s'offrent aux hommes pour arriver à une connaissance certaine de la vérité que l'intuition évidente et la déduction nécessaire. »

Quant à l'Autrichien Kurt Gödel, autre mathématicien de génie et célèbre pour avoir démontré qu'aucune théorie mathématique n'était complète, selon son confrère britannique John D. Barrow : « Il considérait que l'intuition, qui nous permet de "voir" la vérité des maths et de la science, était un outil qui serait un jour valorisé avec le même formalisme et la même révérence que la logique. » Gödel n'a guère été entendu pour le moment. C'est sans doute qu'il dérange.

Quelle femme contestera que l'intuition se présente comme une évidence ? Un homme, qui fait davantage confiance à son raisonnement, ne manquera pas de se demander d'où vient donc cette évidence. Jung avait un jour conçu une typologie à quatre entrées de nos outils de perception, dont se servent encore certains psychologues. Chacun de nous possède selon lui un type dominant et un type secondaire, à choisir entre la pensée, la sensation, le sentiment et l'intuition. Or autant nous n'éprouvons aucune difficulté à concevoir la pensée (nos idées), la sensation (ce que nous dictent nos cinq sens) et le sentiment (ces émotions que nous ressentons plus ou moins violemment), autant l'intuition nous échappe comme le pot d'or au bout de l'arc-en-ciel. Quelle est sa nature, sa consistance, sa réalité ?

Les tâtonnements des psychologues

La science avance à pas prudents dans les sables mouvants de l'intuition. Les sciences dures se limitant à ce qui est observable par nos cinq sens, leurs représentants ne se sentent pas concernées par le sujet. Enfin, presque tous, car, outre le susmentionné Descartes, le grand Albert Einstein, un producteur d'aphorismes autant que de théorèmes, n'a pas hésité à affirmer :

« Le mental intuitif est un don sacré et le mental déductif est un serviteur fidèle. » Que de grands esprits se penchent au chevet de l'intuition est d'autant plus réjouissant qu'Einstein ajoute, avec amertume : « Nous avons créé une société qui honore le serviteur et qui a oublié le don. » « Don de qui ? » aurait-on envie de lui demander, mais il est trop tard.

Les spécialistes de la psyché situent évidemment l'intuition dans l'inconscient. Commode, mais n'est-ce pas botter en touche ? À quel étage du bâtiment la rechercher ? Dans la cave de nos pulsions refoulées ou dans les hauteurs de l'inconscient collectif cher à Jung ? Une rapide consultation de l'information disponible sur Google laisse le curieux sur sa faim. Le grand Sigmund, champion du rationalisme, n'y va pas par quatre chemins. Sur le plan purement psychologique, il écrit, dans une correspondance : « L'intuition, de quelque nature qu'elle soit, ne peut nous montrer rien d'autre que des notions et des attitudes primitives, proches de la pulsion, très précieuses pour une embryologie de l'âme [*sic*] si elles sont comprises, mais inutilisables pour nous orienter dans le monde extérieur qui nous est étranger. » Et l'intuition prêtée aux philosophes ? Freud n'est guère plus tendre. S'il reconnaît à ces derniers « une intuition pénétrante » – il avait une grande admiration pour Nietzsche –, il s'empresse d'ajouter que « leurs conclusions sont hors du domaine scientifique » dont il se réclame et donc que « la philosophie s'égare en acceptant d'autres sources de connaissance comme l'intuition ». Freud est d'autant plus sincère que l'inconscient n'est pas sa grande… intuition. Il a emprunté ce concept révolutionnaire à Eduard von Hartmann, auteur en 1869 d'une *Philosophie de l'inconscient*.

On serait bien en peine de trouver la moindre référence sur Google aux réflexions possibles sur l'intuition d'éminents psychologues comme Adler, Klein ou Lacan. Jung a évidemment son idée, sinon il n'aurait pas conçu sa typologie. Écoutons-le donc. « L'intuition est la perception *via* l'inconscient, qui nous parvient à travers les couches subliminales de notre être. » Voilà au moins une définition qui a le mérite d'être explicite et à laquelle de nombreux psychologues souscrivent. Encore faut-il s'interroger sur la nature de ces fameuses « couches subliminales ». Renvoient-elles à des éléments de notre « esprit » évoqué au précédent chapitre ? Sur un ton plus poétique, le grand Carl Gustav ajoute à propos de cette fonction qu'il qualifie de « mystérieuse » : « Nous devons être reconnaissants au ciel de posséder une fonction qui nous octroie quelques lumières sur ce qui est par-delà des choses. » « Reconnaissants au ciel » ? « Par-delà des choses » ? Voilà de bien curieuses formules. Renverraient-elles au couple âme-daïmon cher à Platon ? Elles ont contribué au rejet de la pensée et de la démarche de Jung par la communauté scientifique, en France notamment.

Les introspections des philosophes

À défaut de trouver de la matière chez les psys, que nous disent les philosophes brocardés par Freud ? À cet effet, je vous propose un petit de voyage en remontant le temps. Trouvé dans *L'Être et le Néant* de Jean-Paul Sartre, ce cri du cœur : « Il n'est d'autre connaissance qu'intuitive. La déduction et le discours, improprement appelés connaissance, ne sont que des instruments qui conduisent à l'intuition. » Voilà qui a le mérite de la radicalité et qui peut surprendre de la part de cet existentialiste. Quelques décennies auparavant, Henri Bergson, qui s'intéressait beaucoup au sujet, distingue l'instinct de l'intellect et de l'intuition, laquelle serait, selon lui, « un instinct qui se serait solidifié et dilaté jusqu'à devenir conscient ». Et de valoriser cette « sympathie intellectuelle par laquelle on se transporte à l'intérieur d'un objet pour coïncider avec ce qu'il a d'unique ». Un peu cryptique tout de même.

Bergson n'en est pas moins un fervent supporter de Baruch Spinoza, juif du XVIIe siècle mis au ban de sa communauté confessionnelle dès l'âge de vingt-trois ans et dont l'influence a été aussi grande que l'œuvre a été succincte. Spinoza distinguait trois voies de la connaissance : l'opinion, la raison et l'intuition. Il insistait sur le fait que « la plus grande vertu de l'esprit et la plus grande perfection humaine consistent à comprendre les choses par la connaissance intuitive ». C'est par cette voie que l'homme accède à Dieu, qui représente, selon lui, l'unique réalité.

Deux siècles plus tard, le provocateur Friedrich Nietzsche ne désavoue pas Spinoza tout en affirmant que Dieu est mort. « L'intellect libéré est guidé non par des concepts, mais par l'intuition », affirme-t-il dans *Le Livre des philosophes*. Ce qui le conduit à glorifier l'artiste, homme d'intuition, capable de fulgurances par rapport au savant, homme de raison, empêtré dans ses raisonnements stériles. Sans oublier le philosophe, qu'il décrit avec une certaine emphase : « Quand un homme d'intuition, comme ce fut le cas dans la Grèce antique, fourbit ses armes plus puissamment et plus victorieusement que le contraire, alors, sous certaines conditions, une culture peut prendre forme. » Nietzsche était un grand admirateur des philosophes dits « sophistes ».

Un peu avant son époque, Georg Hegel définissait l'intuition comme le font aujourd'hui les dictionnaires : « Ce qui devient conscience de manière immédiate » et admettait qu'elle pouvait être à la fois « sensible » (dictée par nos sens) et « intellectuelle » (dictée par la raison), contrairement à son prédécesseur Immanuel Kant. Ce dernier, convaincu que si l'esprit humain pouvait appréhender le monde des « phénomènes » relevant des sens (on y revient toujours), le monde qu'il a qualifié, par opposition, de « nouménal », celui des « choses en soi », comme il le disait, lui resterait à jamais inconnaissable. Kant rejoignait en cela John Locke, philosophe dit « empirique » qui distinguait trois formes de connaissance : sensitive (provenant de nos sens) déductive (tirée d'un raisonnement) et, tout de même, intuitive (s'imposant d'emblée). Locke admettait que « tout être vivant a une connaissance intuitive de son existence ». On ne saurait le contredire... Pour la petite histoire, il citait les mathématiques comme illustration évidente de la connaissance déductive. Il se trompait comme beaucoup de monde... sauf les mathématiciens eux-mêmes, à commencer par Descartes.

Bien que peu d'entre eux soient prêts à l'admettre ouvertement, histoire de ne pas passer pour des mystiques, les grands mathématiciens, des intuitifs supérieurs, sont la plupart du temps convaincus de l'existence d'une réalité indépendante de l'homme et donc située au-delà du monde de nos cinq sens. Bienvenue au monde des formes, sous-entendu parfaites, immuables et éternelles, cher à Platon, qui croit non seulement que ce monde existe, mais qu'il est accessible à l'homme dans certaines conditions. Aussi, lorsqu'il énonce un théorème, une identité, une équation, le mathématicien a le sentiment non pas d'inventer, mais plutôt de redécouvrir car il ne fait qu'ouvrir une porte sur le monde platonicien des formes.

Voilà ce qu'en dit le Britannique Sir Roger Penrose, sans doute le plus grand mathématicien vivant, dans l'un de ses plus modestes ouvrages (*Les Deux Infinis et l'Esprit humain*) : « Il est difficile pour bien des gens de concevoir qu'un tel monde puisse exister en soi. Ils préfèrent voir dans les concepts mathématiques une simple idéalisation du monde physique. En fait ce n'est pas la façon, à ce qui me semble, dont la plupart des mathématiciens et des théoriciens de la physique pensent le monde. Ils le voient comme une structure que des lois mathématiques intemporelles gouvernent avec précision. Ainsi croient-ils qu'il convient de concevoir le monde physique comme émergeant d'un monde mathématique lui-même intemporel. » Et d'ajouter : « À mesure que s'accroît notre compréhension du monde physique et que nous pénétrons les lois de la nature plus profondément, il semble que le monde physique s'évapore davantage pour ne presque plus nous laisser que les mathématiques. » Penrose plaide logiquement pour sa chapelle. Non sans un certain courage, car peu de mathématiciens avouent une telle filiation.

« Nul n'entre ici s'il n'est pas géomètre » était-il inscrit sur le fronton de l'Académie de Platon, tant son inspirateur était convaincu de l'existence de ce fameux monde transcendant, c'est-à-dire dépassant le monde immanent, celui qui est perceptible par nos sens. Comme il l'écrit dans la célèbre allégorie de la caverne : « Nous sommes comme des êtres enchaînés au fond d'une grotte qui ne voient que les ombres dessinées par la projection des formes vraies sur les murs. » Seuls les esprits libérés peuvent appréhender, selon lui, le monde « idéel ».

Élève de Platon, Aristote contestera cette vision, ne reconnaissant que la réalité de nos sens. Pour lui, la forme était inséparable de la matière. Dès lors, le monde observable était non pas transcendant, mais immanent et aucune forme ne pouvait prétendre à l'universalité. Par sa puissance d'observation et la rigueur de ses classifications, Aristote, le botaniste, l'entomologiste, le biologiste est considéré comme le vrai père de la science telle qu'elle s'est exprimée jusqu'au XXe siècle. Traduits par un musulman, le philosophe de Cordoue Averroès, les fragments de sa pensée ont permis au très pieux, mais aussi très brillant saint Thomas d'Aquin de braver le veto mis par l'Église aux recherches scientifiques. Sa tâche a été facilitée par le fait qu'Aristote prêtait une « cause ultime » au mouvement de la Nature, à savoir un « moteur immobile ». Si ce moteur avait été doué de mouvement, en effet, son mouvement aurait lui-même été imprimé par un autre moteur et ainsi de suite. Il n'était guère difficile à un chrétien d'appeler Dieu ce moteur immobile. À partir de ce moment, la démarche aristotélicienne s'est imposée à la Chrétienté, qui avait été très influencée au moins jusqu'à saint Augustin par la vision platonicienne, comme nous le verrons au chapitre 4.

Quel rapport entre le match Aristote-Platon et l'intuition ? C'est que le premier admettait implicitement l'intuition comme mode d'accès au monde des formes tandis que le second y voyait surtout, comme Locke ou Kant par la suite, un moyen de valider spontanément une expérience sensorielle. Je suis persuadé, et j'y reviendrai à plusieurs reprises, que la vision platonicienne du monde est plus proche de la réalité que celle de son brillant élève. Ce rapide examen de la manière dont les psys, les philosophes et les mathématiciens envisagent l'intuition nous permet simplement de constater que nombre d'entre eux reconnaissent l'existence de cette faculté sans bien savoir d'où elle vient. Pour reprendre la typologie de Jung, la sensation vient clairement des sens, la pensée du cerveau, le sentiment aussi (ou serait-ce du cœur ? voir chapitre 3) et l'intuition, faute de mieux, de l'inconscient, dont jusqu'à la fin du XIXe siècle les philosophes ignoraient l'existence.

Les fulgurances des mystiques

Les mystiques ont peut-être davantage à nous dire sur le sujet. Ils n'ont pas les résistances méthodologiques des explorateurs de la psyché ni les raffinements discursifs des philosophes. Mais, étant par définition mystiques, c'est-à-dire empreints de transcendance, ils donnent sans doute aux êtres raisonnables que nous sommes le sentiment de délirer quelque peu. En particulier lorsqu'ils s'appellent Helena Blavatsky, personnage au demeurant très contesté et fondatrice en 1875 de la Société théosophique, dont la doctrine se voulait un compromis heureux entre l'enseignement chrétien et les spiritualités orientales. Dans son œuvre majeure, *Isis dévoilée*, en hommage à la grande déesse égyptienne, elle n'y va pas par quatre chemins : « L'intuition est l'instinct de l'âme. Elle se développe en fonction de l'usage que nous en faisons. Elle nous permet de percevoir et de comprendre des faits réels et absolus avec plus de certitude que ne le fait l'usage de nos sens ou de notre raison. » Voilà qui a le mérite de la clarté. Dans le même ouvrage, Blavatsky cite Plotin, un grand mystique du IIIe siècle de l'ère chrétienne très inspiré par les idées de Platon : « La connaissance humaine procède de trois marches ascendantes : l'opinion, la science et l'illumination. L'outil de l'opinion, ce sont les sens et la perception, celui de la science, la dialectique (lisez la raison) et celui de l'illumination, l'intuition ou l'instinct divin. » Et de rendre aux femmes un hommage inattendu pour l'époque : « La raison est le pouvoir de l'homme, l'intuition est la prescience de la femme : l'un rampe et l'autre vole. »

Les foules du monde entier se sont longtemps bousculées pour assister, captivées, aux conférences de Jiddu Krishnamurti. Sa réputation est restée intacte. Il a pourtant été découvert au début du XXe siècle par… les théosophes, dont il s'est par la suite séparé. Écoutons-le : « Le noble guide dont nous disposons tous, c'est cette voix, ce tyran, cette intuition. Et c'est en cultivant, en ennoblissant et en perfectionnant cet outil que nous pouvons atteindre notre but, la Vérité ultime. L'intuition est la voix de votre Soi profond, le murmure de votre âme. »

Rudolf Steiner, autre dissident de la théosophie, fondateur de l'école « d'Anthroposophie », considérait lui aussi l'intuition comme « une voie spirituelle ». Il avait conçu dès son plus jeune âge une typologie voisine de celle de Jung, les quatre interactions qu'il imaginait avec le monde étant la perception, le sentiment, la pensée et l'intuition, qu'il rapprochait de la pensée. Au bout du bout, les grands esprits se rencontrent…

Puisque les trois mystiques précités tirent tous en partie leur savoir des doctrines orientales, autant remonter à la source. Que nous disent les mystiques orientaux ? Voici quelques fragments de leurs réflexions sur le sujet. Le Persan Avicenne, connu aussi sous le nom d'Ibn Sina, vécut au XIe siècle. C'était sans conteste l'un de plus brillants esprits de tous les temps. On dit qu'il avait maîtrisé à l'âge de 20 ans tout le savoir de son époque. Esprit universel, il a écrit sur à peu près tout, la psychologie, l'art, la logique, les mathématiques, la musique. Son *Canon de la médecine* a servi de référence pendant sept siècles. Avicenne situe l'intuition comme intermédiaire entre l'observation et la recherche, avec pour effet de « permettre à l'intelligence de saisir la vérité des choses à laquelle l'esprit humain peut accéder ».

Un autre esprit universel, le penseur indien du XXe siècle Aurobindo Ghose, plus connu sous son seul prénom, a consacré de nombreuses pages à une faculté qu'il considérait comme « notre premier maître », bien au-delà de la raison, qu'il estimait « incapable de juger correctement l'intuition, car appartenant à un autre ordre ». Il regrettait cependant que nos intuitions soient « estompées par des impuretés accumulées depuis notre naissance ». Aurobindo a même créé un « yoga de l'intuition ».

On pourra aisément reconnaître une certaine unité de pensée parmi ces mystiques d'origines diverses. Dernier exemple, plus récent, celui d'Osho Rajneesh, célébrissime gourou indien mort en 1990, dans de troubles conditions bien éloignées de sa pensée, qui reste encore très apprécié, en Inde notamment (il a même été retenu par un journal local comme l'un des dix Indiens les plus influents de tous les temps, aux côtés de Gandhi, Nehru et le Bouddha). Parmi ses nombreux écrits, généralement transcrits de ses conférences, on trouve même un petit ouvrage non traduit en français : *Intuition, knowing beyond logic* (la connaissance au-delà de la logique). Comme Plotin et Bergson, Osho distingue trois facultés de perception que sont l'instinct, l'intelligence et l'intuition. Selon lui, l'instinct gouverne très efficacement nos fonctions vitales, comme la respiration, la circulation du sang ou la digestion. Si cette faculté assure notre survie, elle ne donne selon lui aucun sens à notre vie. Le sens nous est donné par l'intuition, notre source de créativité, de sagesse, de joie et de compréhension du monde. Entre ces deux fonctions se situe notre intellect, notre outil mental à résoudre les problèmes, à fabriquer aussi bien les objets que les concepts. Pour Osho, il s'agit d'un outil faillible, car c'est « un nouveau venu dans le paysage », qui puise ses racines non pas dans l'expérience, comme l'instinct, mais dans les croyances, les philosophies, les idéologies inventées par les hommes et, à ce titre sujettes à caution. « L'intellect, écrit-il, est aveugle. Il apporte toujours de vieilles réponses à de nouvelles questions. » Sa fonction est selon lui de servir de pont entre l'apport de l'instinct au corps et l'apport de l'intuition à la conscience. « Or, écrit-il, des millions de gens restent assis sur le pont en imaginant être rentrés chez eux. Ils ont encore du chemin à faire. » Et de livrer cette mise en garde : « La science s'est arrêtée à l'intellect. D'où son incompréhension de la conscience. Or cultiver l'intellect sans éveiller l'intuition représente un grave danger. Le monde a besoin d'une révolte qui lui fasse dépasser l'intellect pour accéder aux silences de l'intuition. »

Aux sources de l'intuition

D'où viennent les intuitions, qu'elles soient petites et grandes, tout est là ? Première hypothèse, la plus naturelle chez les Occidentaux rationalistes que nous sommes la plupart du temps : l'inconscient. Mais où dans notre inconscient ? Les pulsions sexuelles du Ça chères au grand Freud seraient bien en peine de nous faire éviter un danger, de nous faire sentir que nous allons bien travailler avec un candidat à l'embauche ou de nous pousser à composer une chanson au saut du lit. On comprend l'embarras de Freud vis-à-vis de cette faculté qui ne collait pas du tout avec sa définition de l'inconscient. Regardons du côté de Jung. Sa vision de l'inconscient était plus sophistiquée que celle de son mentor, puisqu'il y distinguait d'abord l'ombre, la face cachée de notre conscient, que nous tentons de dissimuler, ensuite notre inconscient contra-sexuel – l'*anima* des hommes et l'*animus* des femmes –, enfin l'inconscient collectif, à savoir la somme des images primordiales, les archétypes, qui ont de tout temps marqué la psyché et de la culture humaines – le héros, la mère, l'enfant divin, le vieux sage, etc. Ces archétypes sont-ils de nature à expliquer comment une idée nous vient ? Ou, pour évoquer des intuitions plus fondamentales, comment Alexander Fleming a-t-il découvert la pénicilline dans un champignon, comment Pasteur a-t-il eu l'intuition de la vaccination, comment Léonard de Vinci a-t-il pu concevoir des engins de combat et des armes qui verraient le jour des siècles plus tard ? Nombre des intuitions qui vont nous éviter un danger ou sympathiser avec une personne relèvent sans doute de l'instinct, dont Osho affirme qu'étant en nous depuis la nuit des temps, « il ne se trompe jamais ». Cette conviction a sans doute conduit le gourou à sa perte du fait de l'extrême permissivité sexuelle qui régnait dans son ashram. L'inconscient gardien de notre survie, pourquoi pas ? D'autres intuitions nous parviennent sans doute de l'utilisation optimale de la boîte à outils de notre intellect. Enfin, ne perdons pas de vue le fait que certaines intuitions sont susceptibles de nous égarer, comme nous en faisons régulièrement l'expérience.

Il reste les grandes intuitions, ces inspirations qui façonnent les destins. Sont-elles intellectuellement explicables ? J'ai fait en 1993 une expérience qui a changé ma vie. Je venais de déjeuner avec ma mère dont j'ai longtemps douté, à tort, de l'affection. Il est des remarques parentales qui ne s'oublient pas. « Tu es un diable ! » m'a-t-elle plusieurs fois jeté à la figure avec des accents qui ne trompent pas. Il est vrai que j'ai beaucoup consacré de temps dans mon adolescence à l'étude de l'occulte et de la démonologie. Mais ce n'était pas une boutade. Et je souffrais de ce que je percevais comme un rejet. En 1993, la blessure était depuis longtemps refermée et je savais que ma mère avait plus que de l'admiration pour moi. Elle était devenue ma première « groupie », découpant mes articles pour les renvoyer à ses copines. En sortant du restaurant, je reprends ma voiture pour rejoindre mon bureau, à quelques pas de là. Et voilà que je ressens une immense vague de chaleur m'envahir, je suis comme sur un nuage, mon corps est parcouru de frissons et je reçois un message très bref, mais ô combien émouvant : « Dieu t'aime. » Tout simplement. D'où pouvait bien venir ce message ?

Quelques temps auparavant, à l'occasion d'une crise de couple de plusieurs années, j'avais suivi une thérapie jungienne. Aussi était-il tout naturel d'imaginer que mon inconscient (mais lequel ?) avait imprimé ces mots dans ma tête. L'hypothèse était d'autant plus défendable que j'étais croyant, bien que peu pratiquant à cette époque. Dieu volant à mon chevet dans mon désarroi, voilà qui pouvait bien venir d'une partie souterraine de mon être. Et pourtant, depuis lors, il m'est arrivé de recréer cet instant de totale félicité. Spontanément, dans des circonstances un peu particulières sur lesquelles je reviendrai au chapitre suivant.

« Le message provient sans aucun doute de votre inconscient. Il est désormais intégré à votre conscient », m'affirmerait sans broncher n'importe quel psychologue orthodoxe. « Quand vous dites "Dieu m'aime", c'est qu'une partie de vous vous aime », affirme le thérapeute original Alain Forget dans son ouvrage *Vivant*. Il ajoute tout de même que « cette partie est déjà au-dessus de l'ombre. C'est la voie de l'amour, la voie appelée *bhakti* en Inde. » Voilà qui est déjà plus réconfortant. Je préfère penser que mon court message intuitif a été voulu. Par qui ? Je n'en savais rien à l'époque. Mais j'ai désormais la conviction d'avoir reçu une puissante information « venue d'ailleurs ». Je me suis finalement rendu compte que ce n'était pas la première et que ce ne serait sûrement pas la dernière. Et si nos intuitions les plus puissantes étaient des idées, des sentiments, des sensations, des attitudes vis-à-vis des autres, communiquées à notre cerveau ou, comme nous le verrons, à notre cœur au-delà du temps et de l'espace, par des esprits bienveillants, sinon par le fameux daïmon accompagnateur de notre âme ? Que dire des « traits de génie », ces intuitions qu'ont pu éprouver les plus puissants des savants, les plus pénétrés des poètes, les plus inspirés des peintres ? Dans *Le Rire*, un petit ouvrage plein de saveur et de sagesse, Bergson décrit l'artiste comme capable de « soulever le voile » qui nous empêche, à nous autres humains, de voir la réalité telle qu'elle est. D'où lui vient ce talent, sinon de son intuition, c'est-à-dire de sa capacité à voir le tout là où nous n'apercevons que des fragments... ou du flou ?

Le génie mérite d'être étudié bien davantage qu'il ne l'est. Car il est empreint de mystère. D'où vient-il ? Comment se manifeste-t-il ? Quelle est sa nature profonde ? L'explication conventionnelle selon laquelle il s'agirait d'une forme d'intelligence supérieure me paraît peu satisfaisante. Il faut écouter les génies décrire leurs moments de fulgurance. Le chimiste allemand August Kekulé était un savant reconnu lorsqu'en 1865, après de longues années de recherche infructueuse, il découvrit, un jour, la structure effective de la molécule de benzène, dont la formule – C_6H_6 – est pourtant d'une spectaculaire simplicité. Encore fallait-il imaginer que cette molécule avait la forme d'un hexagone régulier. L'idée lui est venue à la suite d'une rêverie où lui est apparu un serpent qui se mord la queue, le fameux *ouroboros*, mythique symbole de sagesse. Inutile de dire que Jung y a vu la parfaite illustration d'un archétype de l'inconscient collectif !

Johann Wolfgang von Goethe, l'un des esprits les plus inspirés de tous les temps, reconnaissait avoir écrit des poèmes « qui se manifestaient spontanément » à lui et « qui insistaient pour être composés immédiatement ». William Blake, poète peintre inspiré lui aussi, constatait qu'une de ses plus grandes œuvres avait été écrite « sous la dictée de douzaines de lignes d'un seul tenant, et parfois davantage ». Il arrivait au danseur George Balanchine de travailler « comme un somnambule », sans savoir quels pas il allait exécuter. Le prodige mathématique indien Srinivasa Ramanujan voyait des équations dans ses rêves et les dédiait à sa divinité familiale. Jean-Sébastien Bach craignait de se réveiller tardivement, de peur de ne pas avoir le temps de noter les compositions qui lui étaient « venues » dans son sommeil. « La peinture est plus forte que moi. Elle me fait faire ce qu'elle veut » a un jour admis Picasso. « Quand je commence un tableau, quelqu'un travaille avec moi. » Henri Poincaré a découvert à vingt-huit ans la manière de résoudre les énigmatiques fonctions fuschiennes en montant sur le marchepied d'un omnibus à Coutances. Il décrira plus tard plusieurs de ses fulgurances, si bien que l'on voit ce qui se passe dans l'âme même du mathématicien. Dans un sondage effectué auprès de quatre-vingt-trois lauréats de prix Nobel scientifiques, soixante-douze d'entre eux ont admis que l'intuition avait joué un rôle dans leur succès. Commentaire de l'un d'entre eux : « À certains moments, une main semblait presque nous guider. »

Ces exemples et d'autres ont pu faire dire à Nietzsche, dans son œuvre majeure *Ainsi parlait Zarathoustra* : « Il est difficile de rejeter complètement d'idée selon laquelle nous serions l'incarnation ou le porte-voix ou le lien avec une toute-puissance. » Frederic Myers, professeur britannique de lettres classiques contemporain de Nietzsche, dont nous aurons souvent l'occasion de reparler, émettait l'hypothèse selon laquelle « la vie d'un homme, quelle que soit son orientation, est susceptible d'être perméable à des impulsions subliminales ». Freud n'avait pas encore exploré l'inconscient à l'époque où ces propos furent tenus. Et puis Myers était convaincu que le surnaturel (qu'il appelait plus simplement le surnormal) était une réalité qu'il appartenait à la science d'étudier comme il le fit. Après avoir connu le succès (voir chapitre 5), et acquis le respect de très grands psychologues comme l'Américain William James, Myers est tombé dans l'oubli. Il en a été tiré récemment par une équipe de psychologues pas tout à fait orthodoxes de l'université de Virginie, qui lui rendent un vibrant hommage dans leur ouvrage collectif *Irreducible Mind*. Le propre du génie est son immense pouvoir de créativité, qu'elle s'exprime par des objets matériels, comme les armes de Vinci ou immatériels, comme le calcul différentiel conjointement conçu par Newton et Leibniz, ou la musique polyphonique de Monteverdi. Je déborde d'admiration pour le grand Jung, mais comment l'inconscient, même collectif, peut-il nous adresser des messages, nous fournir des informations sur des sujets qui n'existent pas dans notre monde ? Leur source se trouve manifestement ailleurs.

Les rôles respectifs de nos deux lobes cérébraux

Les remarques de Nietzsche et de Myers ont de quoi réconforter les gens comme vous et moi qui ne sommes pas des génies, précisément. Serions-nous susceptibles d'accéder aux impulsions subliminales, voire à une compréhension claire du sens de notre vie ? Il n'est pas interdit d'en faire l'hypothèse. Nous disposons tous en effet d'un outil puissant, mais sans doute sous-utilisé dans une société aussi rationnelle que la nôtre : le lobe droit de notre cerveau. Notre masse cérébrale est composée de deux hémisphères reliés par un réseau de fils neuronaux que l'on appelle le corps calleux, celui des femmes étant d'ailleurs plus dense que celui des hommes. C'est sans doute un atout, mesdames. En 1861, le chirurgien anthropologue Paul Broca découvrit que le siège de la parole était situé dans une aire du cerveau gauche qui porte désormais son nom. Un peu plus tard, son collègue allemand Karl Wernicke observa que la motricité du langage était elle aussi située dans le cerveau gauche. Nos deux hémisphères auraient-ils des fonctions distinctes ? La thèse de la symétrie prévalait jusqu'alors. Logique, car elle s'applique à nos yeux, nos oreilles, nos membres, etc. À ceci près que l'on découvrit par la suite que notre cerveau gauche commandait le plus souvent le côté droit du corps des droitiers, notamment du sexe masculin, tandis que, pour les gauchers, c'était un peu moins simple. Puis, dans les années 1970, les travaux du chercheur américain Roger W. Sperry sur les cerveaux d'épileptiques dont on avait sectionné le fameux corps calleux parurent consacrer la thèse de la « latéralisation » des fonctions cérébrales, c'est-à-dire la prééminence de chaque hémisphère dans certaines fonctions. Les épileptiques analysés par Sperry paraissaient en effet se comporter comme s'ils avaient deux cerveaux distincts. Ainsi le cerveau gauche, siège bien confirmé du langage, serait mieux à même de raisonner, d'analyser, de formuler des pensées objectives tandis que le cerveau droit, qui s'exprime en images et en métaphores serait plus sensible, subjectif et... intuitif. Ce qui nous ramène tout naturellement à notre sujet. Au cerveau gauche une vision plutôt locale et au cerveau droit une vision plus globale des choses. Il est ainsi permis de penser que le « réaliste » Aristote, le disséqueur, le classificateur, qui valorisait plus que tout l'apparence des choses, passerait avec cette grille comme un champion du cerveau gauche tandis que son maître, « l'idéaliste » Platon, convaincu d'une réalité ultime au-delà de l'observable, serait perçu comme l'avocat du cerveau droit.

L'hypothèse de la latéralité cérébrale fait le bonheur des concepteurs de tests psychologiques – Êtes-vous plutôt cerveau gauche ou cerveau droit ? – tout en divisant encore les scientifiques. Normal, car, pour y voir clair, il faudrait entrer dans nos crânes en fonctionnement, ce que l'éthique médicale nous interdit. Broca, par exemple, a trouvé son aire en disséquant le cadavre d'un patient qui n'arrivait pas à s'exprimer vivant, puis en constatant une carence dans son lobe gauche.

Une rarissime expérience vécue par une spécialiste du cerveau pourrait bien mettre fin à la querelle qui oppose les scientifiques. À l'âge de trente-sept ans, Jill Bolte Taylor est devenue une neuro-anatomiste accomplie. Elle travaille en milieu hospitalier et s'occupe notamment de recueillir les dons de cerveaux susceptibles d'être disséqués aux fins d'étudier l'encéphale et ses rapports avec la schizophrénie. Elle a choisi cette spécialité pour aider son frère bien-aimé à distinguer entre la réalité et les fantasmes que lui fait subir cette pathologie encore mystérieuse. Le matin du 10 décembre 1996, Jill se réveille en ressentant de vifs élancements derrière son œil gauche « aussi désagréables que la première bouchée d'une crème glacée ». Elle se traîne à son « rameur » pour faire ses exercices matinaux. Elle s'aperçoit alors que ses membres fonctionnent quasi mécaniquement, comme si le lien entre son corps et son esprit était rompu. Elle lâche alors son rameur pour prendre une douche. Un vacarme épouvantable lui emplit les oreilles comme si elle n'arrivait pas à traiter les données auditives provenant de son environnement. D'ailleurs, elle n'entend plus la rumeur de la ville sous les fenêtres de son appartement. Elle réussit néanmoins à s'habiller pour partir au travail. C'est alors que, lâchée par son bras droit, qui pendouille lamentablement, elle prend conscience qu'elle est en train de subir un accident vasculaire cérébral, un AVC. Elle apprendra par la suite qu'un caillot de sang gros comme une balle de tennis était en train de noyer progressivement le lobe gauche de son cerveau. Elle parviendra tant bien que mal à se souvenir du numéro de téléphone de l'hôpital et à appeler un collaborateur alors que son langage intelligible se réduit à une émission de borborygmes. Elle aura tout de même la lucidité de se répéter, comme elle l'écrit dans son récit *Voyage au-delà de mon cerveau* : « Combien de scientifiques ont-ils l'occasion d'étudier la dégradation de leurs propres facultés mentales ? »

Si son lobe gauche s'anesthésie progressivement, son lobe droit reste intact. Et que lui dit-il ? C'est en prenant sa douche qu'une information capitale lui parvient. Écoutons-la : « Je me suis sentie touchée par la grâce dans le silence de mon cerveau droit soudain indifférent à tout ce qui composait mon quotidien. Ma conscience était parvenue à une sorte d'omniscience où je ne faisais désormais plus qu'un avec le reste de l'univers, ce qui m'a d'ailleurs beaucoup plu. Je suis le génie libéré de sa bouteille. Je suis un océan prisonnier d'une membrane. Je suis la vie cellulaire à l'état pur. Non ! J'incarne une forme de vie moléculaire pourvue d'une dextérité manuelle et de facultés cognitives. » Puis, un peu plus loin : « Le silence subit de ma petite voix intérieure m'offrait un répit à ce que je tenais désormais pour d'insignifiantes péripéties de mon existence sociale. Je ne me concentrais plus que sur les milliers de milliards de cellules qui contribuaient ensemble au maintien de mes constantes vitales. J'ai alors atteint le comble de la félicité. » Ce moment d'extase, Jill l'appellera *lalaland*. Elle le vit comme si elle avait lu cette phrase tirée de *L'Art du calme intérieur*, de l'ésotériste Eckhart Tolle, qui sera publié dix ans plus tard : « À travers l'appréciation désintéressée du monde des choses, le monde qui vous entoure s'animera d'une manière que votre mental ne peut pas appréhender. » Sauf à débrancher votre cerveau gauche. Pas facile…

Jill mettra huit ans pour retrouver ses facultés cognitives, mais sa vie sera à jamais marquée par cet aperçu des impressionnantes facultés de son cerveau droit, qui lui feront écrire : « Adieu au langage et à la notion du temps, bienvenue à la pensée par images » et faire cette préconisation : « Accorder à notre cerveau une oreille exempte de préjugés, qui nous délivrera du regrettable penchant de notre petite voix intérieure à tout dramatiser. » Autant dire que, pour Jill, l'ego, réputé être la conscience du « moi » paraît bien avoir son siège dans notre cerveau gauche tandis que notre cerveau droit serait le siège de la conscience du « nous », de notre rapport intime avec l'univers.

Le *trip* d'Huxley

Dans *Les Portes de la perception*, le grand romancier essayiste britannique Aldous Huxley décrit une expérience initiatique vécue au printemps de 1953. Alors âgé de cinquante-neuf ans, Huxley vit depuis une vingtaine d'années en Californie où il va découvrir l'enseignement hindouiste et bouddhiste. Il accepte volontiers de jouer les cobayes pour un chercheur concerné par les effets psychologiques de la consommation de mescaline, cette substance hallucinogène tirée du peyotl et susceptible de provoquer des « états modifiés de conscience », comme on les appelle depuis les remarquables travaux du psychiatre Stanislav Grof. Huxley s'installe dans son bureau après avoir absorbé 0,8 gramme de mescaline dans un verre d'eau. Et que se passe-t-il ? Il prévient d'emblée le lecteur qu'il n'est pas très doué pour les exercices de visualisation. Il manie en revanche les concepts et les mots avec une évidente dextérité. Un cerveau gauche en quelque sorte. Voilà que les trois fleurs du vase placé sur la table devant lui, et dont les couleurs juraient, lui paraissent subitement en parfaite harmonie et brillant de mille feux. De même, les livres qui tapissent les murs de son bureau deviennent-ils si lumineux qu'ils lui semblent sur le point de « quitter leurs étagères pour attirer son attention ». Les murs de la pièce ne se rencontrent plus à angle droit, la table, le bureau et la chaise placés devant lui se fondent dans une composition digne d'un tableau cubiste de Braque ou de Juan Gris, dépourvus de profondeur de champ. Sans aucun souci de réalisme en quelque sorte. « Je ne regardais plus les objets de manière fonctionnelle, mais comme un pur esthète préoccupé uniquement de leur formes et de leur relation à l'espace visuel. Indifférent au temps et à l'espace, j'étais entré dans un monde où tout brillait d'une lumière intérieure, où tout était infiniment signifiant. Je voyais ce qu'Adam avait vu le jour de sa création – le miracle, instant par instant, de l'existence toute nue. » Et, pour la première fois de sa vie, Huxley est convaincu de comprendre avec précision le sens des trois mots de la trilogie sacrée sanskrite *sat-chit-ananda* – l'existence, la conscience et la félicité. Huxley qualifiera son expérience de *Mind at Large*, d'Esprit au Grand Large, libéré des restrictions que nous imposent notre cerveau et notre système nerveux dans le but de notre survie. Il ignorait manifestement la latéralité de notre cerveau, mais il vécut une expérience d'une troublante similitude avec celle de Jill Bolte Taylor.

Notre cerveau paraît bien avoir deux modes d'appréhension de la réalité, dont les scientifiques qui observent ses circonvolutions affirment qu'ils fonctionnent de manière parfaitement synchrone. Est-ce bien exact ? La découverte par Jill Bolte Taylor de son *lalaland* comme celle du *sat-chit-ananda* par Aldous Huxley montrent à l'évidence que, dans la vie de tous les jours, notre lobe droit est notoirement sous-utilisé, mais qu'il est capable d'une existence autonome. Heureusement qu'il y a encore les poètes, les musiciens, les peintres (et les mathématiciens !) pour nous convaincre qu'une communication avec le Tout est possible (encore que l'art contemporain puisse paraître relever davantage du marketing que de l'inspiration). En fait, au fil des derniers siècles notre cerveau droit s'est rouillé faute de servir, comme un outil devenu inutile. La plupart des hommes du XXIe siècle ne croient plus en Dieu, ni même en une Source plus abstraite, parce que nous n'avons besoin ni de Dieu ni de la Source pour chercher un travail, pour acheter un logement, pour trouver un compagnon. En revanche, notre intellect-cerveau gauche paraît démontrer une formidable capacité d'absorption de données utiles à notre aventure humaine. Et si nous consacrions un temps abusif à remplir notre tête plutôt qu'à la vider ? Huxley s'est vidé volontairement le cerveau gauche tandis que Taylor y a été contrainte par son AVC. Mais avec quel bonheur, avec quelle joie !

Enthousiasmé par son expérience, Huxley mènera même campagne, en plein essor du mouvement hippie, pour que la consommation médicalement surveillée de substances réputées « ouvrir l'esprit », comme le peyotl ou le LSD, soit non seulement autorisée, mais encouragée par les pouvoirs publics, dans le but de sortir notamment la jeunesse de « l'ornière de la perception ordinaire, de montrer pendant quelques heures le monde extérieur et intérieur non pas tels qu'ils apparaissent à l'animal obsédé par sa survie ou à l'être humain obsédé par les mots et les concepts, mais tels qu'ils apparaissent à l'Esprit au Grand Large.

Le raisonnement systématique est une qualité dont ne peuvent se passer ni chacun d'entre nous ni l'espèce humaine. Mais si nous voulons rester sains d'esprit, nous ne pouvons pas nous passer non plus de la perception directe du monde. »

Son initiative courageuse se heurtera au scepticisme des scientifiques et aux craintes des politiques, qui interdiront purement et simplement la consommation d'hallucinogènes à la suite d'expériences dramatiques, car incontrôlées. Les portes de la perception seront fermées à clé, du moins pour le grand public. Il est grand temps de les ouvrir, de manière à convaincre chacun d'entre nous qu'il est davantage que ce que lui enseigne la science conventionnelle et notamment que ses intuitions peuvent et doivent tenir en laisse son intellect surdéveloppé.

Quel rapport entre l'intuition et l'âme ? Avant qu'une certaine science d'origine relativement récente ne réussisse à convaincre nombre d'entre nous que notre matérialité expliquait tout, comme l'affirme le neurologue Jean-Pierre Changeux dans son célèbre *Homme neuronal*, il était communément admis que nous étions un composite de corps, d'âme et d'esprit, comme on l'a vu. Autant il nous était loisible d'examiner la matérialité de nos corps, vivants ou morts, ainsi que tous leurs mécanismes, autant la nature profonde des deux autres composantes de notre être nous échappait du fait de leur immatérialité. Existent-elles vraiment ? J'en suis convaincu. D'où viennent-elles et à quoi servent-elles ? Je risque une hypothèse, légèrement différente de celle du chapitre précédent. Notre âme est le fil conducteur invisible de notre vie et nous renvoie assez naturellement à une Source, appelée Dieu par certains, dont elle serait issue. Quant à l'esprit, ou la conscience, le fameux *mind* des Anglo-Saxons, qui n'a pas de traduction française satisfaisante, il dépasse très largement les frontières de l'intellect tel que nous le percevons généralement, car il peut se libérer des circuits neuronaux de notre cerveau, comme le montrent de nombreuses expériences récentes, à commencer par celles d'Aldous Huxley et de Jill Bolte Taylor. L'âme et l'esprit sont nos deux liens avec le Tout cosmique. Je pense même que l'âme communique non verbalement avec nous par l'intermédiaire de notre cœur tandis que la conscience est intimement liée à notre cerveau et s'exprime, donc, selon les cas, « en gros » par des images ou en détail par l'intermédiaire des chiffres et des lettres.

Il m'a récemment été recommandé de lire les *Cinq méditations sur la mort* du philosophe d'origine chinoise François Cheng dont la jaquette indique qu'il s'agit « d'une parole à la fois humble et hardie », ce qui n'était pas pour me déplaire. L'académicien nous rappelle que d'après la tradition chinoise, tout être humain est constitué de trois composantes : le *jing* (sperme), le *qi* (souffle) et le *shen* (divin). Sans que l'équivalence soit parfaite, il rapproche le jing du corps, le qi de l'esprit et le shen de l'âme. Et il enchaîne : « Si l'âme est intimement personnelle, l'esprit a, lui, un aspect plus général, plus collectif ; c'est lui qui permet le langage et le raisonnement. Le rôle de l'esprit est central : il contribue à former l'individu et à le situer au cœur du réseau social. L'âme participe de l'essence de chaque être, *elle est là*, entière, *dès avant sa naissance* [les italiques sont de moi] et elle l'accompagne, toujours entière, jusqu'à son état ultime, même si l'esprit s'altère ou défaille. C'est elle qui, absorbant patiemment tous les dons et toutes les épreuves du corps et de l'esprit, est l'authentique fruit conservant intact ce qui fait l'unicité de chacun. » James Hillman (voir chapitre 1) applaudirait cette vision s'il était encore de ce monde.

Cheng poursuit : « Sur le plan concret, l'esprit fait appel au cerveau, l'âme opère à partir du cœur. L'esprit appréhende par l'intellect, l'âme se saisit par l'intuition. » Et de livrer un jeu de mots empreint de sagesse : « L'esprit se meut, l'âme s'émeut ; l'esprit raisonne, l'âme résonne. » Nous verrons au chapitre 6 ce qu'il faut penser de l'esprit/conscience. Mais voyons d'abord comment l'âme se sert du cœur pour transmettre son message.

Chapitre 3

L'ÂME ET LE CŒUR

« Il n'y a de vrai et de solide esprit
que celui qui prend sa source dans le cœur. »
Vauvenargues

« Quel est ton conte d'enfant préféré ? » La scène se passe dans les années 1970. De sept ans mon aînée, ma sœur Elaine, qui m'interroge, est pétrie de psychologie. Nourrie d'analyse transactionnelle et de *gestalt therapie*, elle accompagne depuis plusieurs années des couples à la recherche d'une meilleure harmonie conjugale. Je n'ai aucune difficulté à répondre à sa question : « *Le Prince heureux*, d'Oscar Wilde. » Ce conte a profondément marqué mon enfance. Il s'agit de l'histoire d'une statue et d'une hirondelle. La statue du prince trône au-dessus de la ville, majestueuse sur son piédestal de marbre. Le maire et son conseil municipal sont particulièrement fiers du gros rubis au pommeau de l'épée du prince, de ses yeux de saphir et des feuilles d'or dont est parée sa tunique. Quant à l'hirondelle, amoureuse d'un roseau, elle a tardé à reprendre le chemin de sa migration annuelle vers l'Égypte. Lorsqu'elle s'y décide enfin, elle se pose pour une nuit au pied de la statue. Alors qu'il n'y a pas un nuage dans le ciel, voilà qu'une première goutte d'eau, puis une deuxième, puis une troisième tombent sur ses plumes. Le prince heureux pleure. Et pourquoi donc ? Il s'en explique : « Quand j'étais vivant et que j'avais un cœur humain, je ne savais pas ce qu'étaient les pleurs, car je vivais dans le palais de Sans-Souci, sans me préoccuper de ce qu'il y avait au-delà. Et maintenant que je suis mort, on m'a mis ici à une hauteur telle que je peux voir toute la laideur et toute la misère de ma ville et, bien que mon cœur soit de plomb, je ne peux m'empêcher de pleurer. » Et d'indiquer à la petite hirondelle qu'au loin, dans une modeste maison, un petit garçon malade réclame des oranges à sa mère qui, couturière aux doigts piqués de coups d'aiguille, ne peut lui offrir que de l'eau de rivière. « Ne peux-tu lui apporter le rubis du pommeau de mon épée, car mes pieds sont attachés à ce piédestal et je ne peux pas bouger ? » « On m'attend en Égypte, sur les bords du Nil », lui répond l'hirondelle. Mais devant l'insistance du prince, elle finit par accepter de livrer le rubis et de passer une nuit de plus à ses pieds. Et ainsi, jour après jour, elle dépouille le prince de ses yeux de saphir, puis des feuilles d'or de sa tunique pour apporter un peu de bien aux nécessiteux. Mais, au fil des allers-retours de l'oiseau, le froid et la neige finissent par s'installer. L'hirondelle sait alors qu'il est trop tard et qu'elle ne fera plus jamais le voyage vers les lotus, les temples, les ibis et les crocodiles du Nil. Dans un dernier effort, elle embrasse les lèvres du prince, puis son petit corps tombe mort à ses pieds. À cet instant, un craquement se fait entendre dans le corps du prince, comme si quelque chose s'était brisé. Son cœur de plomb s'est fendu en deux.

Le lendemain matin, entouré de ses conseillers municipaux, le maire passe devant la statue à laquelle il trouve bien triste mine. Sa démolition est décidée ainsi que la fonte du métal pour fabriquer une nouvelle statue à la gloire de l'élu. Curieusement, le cœur de plomb brisé résiste au feu. Il est alors jeté à la décharge municipale avec le corps de l'hirondelle. Réputé agnostique et amoral, Oscar Wilde aurait pu lever là sa plume. Eh bien, non, puisqu'il propose même une morale. « Apporte-moi les deux choses les plus précieuses de la ville », dit Dieu (!) à l'un de ses anges. Et l'ange lui apporte le cœur de plomb brisé et l'oiseau mort. « Tu as choisi juste », dit Dieu, « car dans le jardin de mon Paradis ce petit oiseau chantera à jamais, et dans ma ville d'or le prince heureux me louera. »

« Je l'ai fait à contrecœur » ; « cœur d'artichaut » ; « une conversation à cœur ouvert » ; « mon cœur est pris » ; « dis-moi ce que tu as sur le cœur » ; « un cœur gros comme ça » ; « merci de tout cœur » ; « aimer à cœur perdu » ; « j'en ai gros sur le cœur », etc. Toutes ces expressions relèvent d'une même intuition : de tout temps, l'inconscient collectif ou la sagesse populaire ont associé le cœur à nos émotions les plus profondes. Le sentiment amoureux est réputé faire battre notre cœur plus violemment, tandis que la peur ou la colère lui impriment des mouvements plus désordonnés. Quand nous prononçons le mot amour, notre premier réflexe n'est-il pas de désigner notre cœur ? Comme l'a écrit le sage hindouiste Ramana Maharshi : « Le cœur est le centre dont tout jaillit. »

Tout est dans la tête

Il semblerait que nous soyons tous égarés. « N'en déplaise aux poètes », affirmait le grand biologiste Claude Bernard, « le cœur n'est qu'une pompe », justifiant en cela qu'on le transplante d'un corps à un autre depuis cinquante ans et même que l'on greffe le premier cœur artificiel total le 18 décembre 2013 à l'hôpital Georges-Pompidou de Paris. Sans succès d'ailleurs. La science a mis fin depuis longtemps à ce qui lui a paru relever de la croyance et plus précisément depuis que William Harvey, médecin des rois d'Angleterre, a décrit en 1628 les mille méandres de la circulation sanguine dans son ouvrage fondateur *De motu cordis*. Harvey a beau avoir écrit avec un certain lyrisme que le cœur était « la fondation de la vie, le prince de tout, le soleil du microcosme dont coule toute force », la fonction du muscle cardiaque a perdu par la suite toute symbolique pour être limitée à celle d'une pompe vivante chargée de recycler, puis d'oxygéner *via* les poumons, le sang usé de nos artères pour le distribuer tout au long des millions de kilomètres de notre système veineux. Désormais, l'omnipotent cerveau, qui règne en seigneur et maître sur nos fonctions tant vitales que cognitives, décide de tout. Le cœur n'est plus que son vassal.

Et si cette vision était un tant soit peu réductrice ? Et si le cœur était en mesure de se libérer de cette tutelle pesante pour acquérir une certaine autonomie, voire un rôle prépondérant dans l'expression de nos émotions ? Et si, de ce fait, le cœur pouvait légitimement retrouver une fonction que les sagesses aussi bien orientales qu'occidentales lui prêtent depuis toujours, celle d'être le siège de l'âme ? Il y a peut-être une bonne raison au fait que le cœur soit le seul organe de notre corps à être immunisé contre le cancer.

Avec ses milliards de neurones dont les synapses terminales échangent en permanence des informations *via* des molécules appelées neurotransmetteurs, comme l'adrénaline ou la dopamine, le cerveau représente à l'évidence la principale machine à gérer notre organisme aussi bien que nos facultés mentales. Il le fait par l'intermédiaire du vaste réseau de notre système nerveux central (ou cérébrospinal) et de nos systèmes nerveux dits autonomes (sous-entendu par rapport à lui), le sympathique qui accélère et le parasympathique, qui freine. Nous devons au neurobiologiste américain Paul MacLean la division, dans les années 1950, du cerveau en trois « couches » qui seraient apparues successivement au cours de l'évolution et qui collaborent désormais comme trois ordinateurs en réseau. À la base et en contact direct avec notre système nerveux central se situe notre cerveau reptilien. Il commande les muscles, la circulation sanguine, l'alimentation et la reproduction. Il doit son nom bizarre au fait qu'il est prédominant chez les reptiles. C'est notre cerveau primitif, celui qui dirige nos instincts. Le cerveau des sportifs de haute compétition. Deuxième couche cérébrale, notre cerveau ou système « limbique » (du latin

« au bord ») a été ainsi nommé la première fois par Paul Broca (voir chapitre 2) car il est situé au bord de la troisième et plus importante couche, appelée cortex ou néocortex. Le système limbique est réputé contrôler notre sens olfactif, nos pulsions sexuelles et, plus généralement, nos émotions *via* l'amygdale et l'hypothalamus en particulier. Il classe ces émotions en deux catégories, l'agréable, que nous sommes poussés à rechercher, et le désagréable, que nous cherchons bien entendu à éviter. C'est le cerveau des publicitaires, qui vivent de nos insatiables désirs de consommation. Quand nous « pétons les plombs », c'est qu'il est surchargé. Enfin, troisième couche, la plus noble, qui occupe les deux tiers de notre espace cérébral, le néocortex, beaucoup plus développé chez l'homme que chez les mammifères réputés les plus évolués, est le siège de nos facultés cognitives. Notre cerveau pensant. « La mère de l'inventivité et le père de la pensée abstraite », selon MacLean.

C'est cependant le système limbique qui nous intéresse tout particulièrement ici. Son rôle s'est imposé à la suite des travaux du neurochirurgien canadien d'origine américaine Wilder Penfield, considéré comme « le Canadien le plus célèbre de son époque ». Dans les années 1930, Penfield opère en effet sous anesthésie locale des cerveaux d'épileptiques. Il en tire une carte du cerveau longtemps restée sans concurrence. Il note en outre que la stimulation électrique de l'amygdale produit une gamme impressionnante d'émotions, comme la peine, la colère, la joie, accompagnée de réactions physiologiques correspondantes comme le rire, les larmes ou l'accélération du rythme cardiaque. Environ à la même époque, le physiologiste américain Walter Cannon explore toutes les fonctions du nerf dit « vague » ou pneumogastrique qui, partant du cerveau, étend ses ramifications jusqu'au cœur, au foie, au tube digestif, aux poumons, aux organes sexuels en passant par les pupilles des yeux et les glandes salivaires. En stimulant le nerf vague par des électrodes implantées dans l'hypothalamus,

Cannon observe des modifications du fonctionnement physiologique des principaux organes cohérents avec ce dont le corps pourrait avoir besoin pour assurer sa survie dans des circonstances adverses. Les muscles sont subitement suralimentés en sang pris aux organes de la digestion, comme si ces derniers pouvaient attendre, tandis que le foie produit une surabondance de sucre, assurant au système le supplément d'énergie nécessaire à sa survie. Pour Cannon, il est évident que l'hypothalamus est l'initiateur de tout processus émotionnel.

La première victime de sa trouvaille sera l'un de ses professeurs, le très célèbre William James, considéré comme le père de la psychologie aux États-Unis. Au début de sa carrière, dans les années 1880, James avait émis l'hypothèse selon laquelle la source des émotions ne serait pas cérébrale, mais viscérale. Nous percevons d'abord des sensations corporelles qui secouent notre imagination puis, après coup, nous qualifions d'émotions leurs effets : le cœur battant, les paumes moites, l'estomac noué, les muscles contractés. L'émotion ne serait qu'un sous-produit de l'impulsion initiale. James admettait que son hypothèse allait contre le sens commun. À la vue d'un ours, la peur nous saisit et nous prenons nos jambes à notre cou. Selon lui, nous nous mettons d'abord à trembler, une réaction physiologique, puis la peur nous fait déguerpir. Mais c'est la réaction physiologique qui vient en premier. « Les réactions instinctuelles et les expressions émotionnelles se fondent progressivement les unes dans les autres », écrivit-il.

Les travaux scientifiques de son élève Cannon semblaient régler son compte à cette intuition aussi définitivement que l'électricité avait fait disparaître la bougie. En expérimentant sur des chats dont le nerf vague avait été sectionné, Cannon avait observé qu'ils continuaient à réagir tout aussi émotionnellement aux aboiements des chiens, preuve, selon lui, que l'émotion n'était pas générée par les viscères, mais bien par le cerveau. Et si l'un et l'autre avaient en partie raison ? C'est cette idée saugrenue qui sauta à l'esprit de la neurobiologiste Candace Pert un jour de 1984. Exposée en détail dans *Molecules of Emotion*, la thèse très originale de Pert est que nos émotions sont générées par des molécules appelées neuropeptides « réceptrices », qui ont la singulière propriété d'ouvrir, comme le ferait une clé, les portes de la cellule à d'autres molécules « transmettrices » d'informations émises par l'environnement de la cellule. À sa grande surprise, Pert découvre que ces neuropeptides, abondants dans le cerveau, sont aussi présents « dans virtuellement tous les emplacements du corps humain où de l'information de l'un des cinq sens pénètre le système nerveux. Nous ne pouvons plus affirmer, conclut-elle, que le cerveau émotionnel est confiné aux emplacements de l'amygdale, de l'hippocampe et de l'hypothalamus. » Le système limbique perdait de ce fait son monopole.

La voix du cœur

En ouvrant ainsi une brèche, Pert libérait des énergies. Les viscères chers à James étaient en droit de prétendre à une certaine autonomie par rapport au cerveau. C'est ainsi que sont apparus presque simultanément, dans le courant des années 1990, le « cerveau des tripes » (*gut brain*) et, ce qui nous intéresse davantage ici, le « cerveau du cœur » (*heart brain*). Concernant le premier, les travaux du neurobiologiste Michael Gershon ont montré la capacité de nos intestins truffés de neurones à contrôler notre digestion indépendamment de notre cerveau. Une vraie révolution conceptuelle ! Boutade de Gershon : « Le cerveau ne veut pas se salir les mains avec la digestion. » Selon ses observations, le tube digestif est capable de calculs importants indépendamment du cerveau et du système nerveux. Il l'a vérifié en faisant fonctionner très correctement en laboratoire des tubes digestifs d'animaux dont le système nerveux central avait été sectionné.

Et que dire du cœur ? Au cours des années 1960, deux psychophysiologistes américains, John et Beatrice Lacey, ont observé que le cœur paraissait disposer d'une logique propre (et donc libre du système nerveux). Non seulement il était capable d'envoyer des ordres au cerveau, mais il ne réagissait pas de manière systématique aux ordres venus d'en haut. Ses réponses aux stimuli étaient sélectives. De l'eau au moulin de William James. Très discutées, leurs découvertes seront en partie confirmées par les travaux réalisés en 1973 par deux chercheurs français, Denise Vigier et Yves Gahéry. Expérimentant sur des chats, ils se sont aperçus que leur cerveau ne répondait qu'à 50 % aux impulsions envoyées par le cœur *via* le nerf vague. En somme, le cœur paraissait avoir ses propres mots d'ordre. Un pavé dans la mare de Cannon ! En 1991, le neurocardiologue canadien John Andrew Armour pousse le bouchon un peu plus loin, en introduisant le concept de « petit cerveau » du cœur, qu'il développe dans son ouvrage *Neurocardiology*. Il découvre que nos cœurs disposent d'un réseau important de neurones, émettent des neurotransmetteurs, comme ceux de Constance Pert, mais aussi des hormones comme l'ocytocine, celle de la lactation, souvent appelée l'hormone de l'amour. Le cœur aurait-il donc sa raison que la raison ne connaît point, comme le veut le célèbre aphorisme de Blaise Pascal ? Pour Armour, le succès des transplantations cardiaques démontre à l'évidence l'autonomie du « cerveau du cœur ». Les connexions d'un cœur transplanté avec le système nerveux, et donc avec le cerveau, prennent en effet un certain temps à se mettre en route. Mais le cœur fonctionne tout de suite. De manière même parfois troublante, comme nous le verrons...

Ces diverses trouvailles scientifiques poussent Doc Childre, un spécialiste du stress, à créer une fondation au nom étrange, l'Institute of HeartMath. Son objectif : aider les gens à réguler leurs émotions par un travail sur leur cœur. La démarche originale est fondée sur le constat selon lequel « le cerveau sait, mais le cœur comprend », comme il l'a écrit dans son livre *HeartMath Solutions*. Que ce soit par la voie biochimique des hormones, par la voie biophysique de la pression artérielle, par la voie neurologique des circuits nerveux, et sans doute par la voie plus mystérieuse de son champ électromagnétique cinq mille fois supérieur à celui du cerveau, le cœur communique avec le reste du corps. Mais comment enregistrer, puis décoder ses messages ? Il s'agit d'aider à « sentir » nos émotions plutôt que de les « penser ». En partant du principe établi que nos états émotionnels conditionnent nos rythmes cardiaques, puis en examinant notamment la variabilité de ces rythmes. La colère ou la peur, par exemple, génèrent des schémas chaotiques, le stress des rythmes désordonnés tandis que les « bons sentiments » comme la compassion ou la joie se traduisent, on ne s'en étonnera pas, par des rythmes harmonieux et réguliers. Encore cette vision est-elle trop réductrice. Il se peut que le message vienne de ce que Childre appelle notre cœur « inférieur » encore sous la coupe des schémas préétablis de notre cerveau, et non de notre cœur « supérieur », libéré de cette tutelle. La sympathie pour une personne en détresse, par exemple, peut nous inciter à lui prêter une attention de principe qui, mal gérée, peut drainer notre énergie et nous laisser vidés, abattus, sans l'avoir réellement aidée. C'est alors notre cœur inférieur qui est à l'œuvre. Manifester en revanche de la compassion pour cette personne relève du cœur supérieur : nous sommes en empathie avec elle sans abandonner notre authenticité. Nous pouvons dès lors nous comporter de manière constructive vis-à-vis d'elle.

« Notre rôle est de remettre le cœur au centre de la vie professionnelle et personnelle », indique une plaquette de HeartMath. A été conçue à cet effet toute une batterie de tests et d'exercices destinés à aider tout un chacun à réduire les effets du stress, à stabiliser ses rythmes cardiaques, à fortifier ses défenses immunitaires et à renforcer sa créativité, en se fondant sur les messages reçus du cœur. Même si l'institut pratique un marketing intensif, à l'américaine, même s'il diffuse des analyseurs cardiaques à 199 dollars l'unité, il est salutaire qu'une telle structure existe. En dépit des dizaines de milliers d'Américains qui ont suivi ses stages, elle n'a pas suscité pour le moment la moindre contestation. On lui doit même un exercice très révélateur. L'équipe de Childre a soumis des volontaires bardés d'électrocardiogrammes et d'électroencéphalogrammes à une série d'images à fort contenu émotionnel, comme des victimes d'accidents de la route, des scènes de guerre, des paysages romantiques ou des couples en pleine extase sexuelle. Et ils ont constaté que le cœur réagissait à ces images la plupart du temps *avant* le cerveau.

Le grand neurologue Antonio Damasio raconte l'anecdote suivante dans son célèbre livre *L'Erreur de Descartes*. L'immense chef d'orchestre Herbert von Karajan avait accepté un jour de laisser des chercheurs autrichiens enregistrer ses rythmes cardiaques dans une série de circonstances, et notamment lors de l'atterrissage à Salzbourg de son avion privé (Karajan était un pilote chevronné) ainsi que de l'enregistrement en studio, puis de l'écoute de l'ouverture *Léonore III* de *Fidelio* de Beethoven. L'atterrissage sera sportif, la tour de contrôle de l'aéroport ayant contraint Karajan à redécoller une fois touché le sol. Aucune modification du rythme cardiaque du pilote ne sera observée. En revanche, pendant l'enregistrement, son rythme cardiaque s'est accéléré, bien davantage lors des passages à fort contenu émotionnel que lors des passages les plus techniques. Le même phénomène a été enregistré lors de l'écoute du morceau. « Son cœur était évidemment dans la musique », commente Damasio. On comprendra qu'il s'agit d'une métaphore, Damasio ne partageant pas les idées de James sur le rôle des viscères dans la perception des émotions (ce qui ne l'empêche pas de considérer que sa compréhension de la psychologie humaine n'a été égalée que par… Shakespeare et Freud).

Peut-on conclure de ces diverses observations que le cœur possède les attributs d'un mini-cerveau, et notamment une capacité à mémoriser, voire à intellectualiser les messages émotionnels qu'il reçoit ? Si le bon peuple est naturellement réceptif à l'« intelligence du cœur », la communauté scientifique témoigne encore d'un grand scepticisme sur ce sujet. L'Arabie saoudite a pourtant pris le risque de sponsoriser quatre conférences internationales successives sur le thème du « Cœur, roi des organes ». Il semblerait que le royaume wahhabite veuille capitaliser sur toutes les découvertes qui confirment les propos du Prophète tels qu'ils figurent dans le Coran. Le géologue égyptien Zaghloul El Naggar a même consacré sa vie à repérer les intuitions scientifiques dictées à Mohammed par l'archange Gabriel. Côté cœur, il relève les phrases suivantes : « Dans le corps humain, il existe un petit bout de chair – le cœur – qui, s'il est à la bonne place, permet au reste du corps de fonctionner correctement. » Autant dire qu'El Naggar apprécie au plus haut point les travaux de l'institut HeartMath ! Quatre siècles après Mohammed, le sage persan Avicenne (voir chapitre 2) affirmera déjà qu'« il existe un organe qui, en bonne santé, met tout le corps en bonne santé, mais, malade, transmet la maladie à tout le corps. Cet organe, c'est le cœur. » Les grands esprits se rejoignent.

Certaines observations de caractère non scientifique confirment ces affirmations. Elles proviennent des expériences vécues par les bénéficiaires de cœurs transplantés. L'actrice Charlotte Valandrey soulève le voile dans *De cœur inconnu*. Après avoir constaté que ses habitudes alimentaires avaient changé depuis sa transplantation (elle s'est mise à adorer le vin et les tartes au citron), elle a vécu une véritable histoire d'amour avec un certain Ivan venu la voir jouer soir après soir au théâtre. Quelle n'est pas sa surprise de découvrir, en fouillant dans ses papiers, qu'il était le mari d'une accidentée de la route morte la veille de son opération et dont elle apprendrait par la suite qu'elle avait hérité du cœur. Un cas parmi mille ? Ce type de témoignage est d'autant plus rare que les greffés du cœur meurent souvent rapidement. Ceux qui survivent sont d'autant moins loquaces que le passé du donneur leur est soigneusement caché pour des raisons d'éthique médicale. Et puis, ont-ils vraiment envie de savoir que leur donneur était un névrosé ou un assassin ?

Bon sang (bon cœur ?) ne saurait cependant mentir. De nombreux témoignages recueillis outre-Atlantique, où l'information circule plus librement que chez nous, montrent qu'un cœur transplanté peut conserver bien plus que des traces du donneur. À quarante-sept ans, souffrant d'une maladie cardiaque irréversible, le professeur d'art dramatique américaine Claire Sylvia a subi une double transplantation cœur-poumons. Une première pour l'hôpital de New Haven, dans le Connecticut. Aux journalistes qui se pressent à son chevet dès son cinquième jour d'hospitalisation et qui lui demandent ce qu'elle ressent, elle répond tout de go : « Je rêve d'une bière. » Elle n'en avait jamais bu de sa vie ! Elle développera aussi un goût tout aussi immodéré pour les manchons de poulet de McDo et les poivrons sautés. Et pour des couleurs de vêtements – le bleu et le vert – à l'opposé de celles qu'elle portait. Un peu plus tard, elle rencontre dans un rêve un jeune homme aux initiales T.L. qu'elle embrasse au point, selon elle, de « l'absorber totalement ». Par l'intermédiaire d'un médium, elle découvre qu'un jeune homme de dix-neuf ans habitant dans l'État proche du Maine est mort la veille de son intervention d'un accident de moto. Il s'appelait Tim Lamirande. Le fameux T.L. Sylvia contactera sa famille et la boucle sera bouclée. Tim avait dans sa poche des manchons de poulet le jour de son accident. Faut-il ajouter que Sylvia est devenue une fana de moto ? « Je vous jure que le cœur est plus qu'une pompe », affirme-t-elle. Elle va même plus loin dans son livre *A Change of Heart* : « Je crois que Tim m'a conduite à la découverte de sa famille, pour rester à leur contact et peut-être pour régler des dossiers laissés en suspens de son vivant. » Sylvia est désormais convaincue de l'existence de ce qu'il est convenu d'appeler la mémoire cellulaire, concept auquel adhèrent nombre de thérapeutes dits « alternatifs » mais que la médecine classique observe avec une certaine suspicion. Sans vouloir ouvrir cette porte, son expérience paraît indiquer que le cœur a bien une mémoire. Et s'il était doué aussi d'intelligence ? C'est ce que paraît montrer également l'histoire d'une jeune Américaine de dix ans, qui aurait reçu le cœur d'une enfant assassinée. Non seulement elle a pu reconstituer en rêve les circonstances de sa mort tragique, mais elle a identifié son assassin qui, une fois arrêté, a avoué son crime.

L'aventure dramatique vécue par le cardiologue Paul Pearsall est sans doute encore plus probante. Pearsall a collectionné jusqu'à sa mort, en 2011, les témoignages souvent surprenants de plus de deux cents greffés du cœur (dont celui de la jeune fille précitée). Son intérêt pour le sujet lui était venu vingt ans plus tôt, dans des circonstances dramatiques. Victime de nausées, de sueurs nocturnes et de maux de tête récurrents, parfois réduit à se mettre à genoux sous l'effet d'une douleur lancinante dans l'aine et pressentant qu'un drame imminent se prépare, Pearsall consulte. « C'est comme si mon cœur pleure », dit-il à sa famille. Ses collègues médecins n'ont aucune difficulté à lui faire admettre que « tout est dans sa tête ». Pendant plusieurs mois, raisonnable, Pearsall écoute leur point de vue, alors que son cœur paraît lui adresser un tout autre message : « Tu meurs d'un cancer. » Au bout de quatre mois de débat entre son cœur et son cerveau, il finit par persuader son médecin traitant de le passer au scanner, qui révélera une tumeur grosse comme une balle de *baseball* dans sa hanche droite et des cellules cancéreuses dans son cerveau. Le diagnostic ? Un lymphome au stade IV. « J'aurais pu éviter deux années de terribles souffrances si j'avais eu davantage confiance dans le code de mon cœur et si les docteurs avaient bien voulu écouter ses messages », conclut-il dans l'introduction de son best-seller, The *Heart's Code* précisément.

Pendant sa maladie, Pearsall a eu le loisir d'écouter attentivement son cœur. « Il se comporte généralement, écrit-il, comme un enfant tirant de manière insistante sur les jupons de sa mère occupée pour capter son attention. Son message est subtil. » Puis, pendant la phase de traitement de son cancer, son cœur lui paraît ressembler à « un grand-parent attentif et bienveillant » plutôt qu'à « un professeur sévère ». Il l'accompagne sans le juger, il lui indique même parmi le personnel soignant ceux qui « ont bon cœur » et, chez ses proches, comment leurs propres cœurs sont susceptibles de lui envoyer une part de l'énergie nécessaire pour vaincre sa maladie. « Quand je me concentrais sur mon cœur en transcendant la peur de mourir imprimée dans mon cerveau, je sentais l'énergie de ma famille m'envelopper, m'apaiser et me guérir », écrit-il. Pearsall s'en est sorti, convaincu que « le cœur est le principal centre énergétique du corps et le diffuseur d'un code qui représente l'âme ». Il consacre les quelque deux cents pages suivantes de son livre à démontrer avec une passion retenue cette conviction.

Il rejoint en cela la tradition hindouiste, qui veut que le cœur soit le siège de l'âme (voir chapitre 1). Les Égyptiens lui attribuaient les mêmes vertus, eux qui embaumaient les corps après en avoir retiré le cerveau, réputé inutile dans l'après-vie, par le nez. Les observateurs du monde occidental ont cru au fil des siècles avoir localisé l'âme dans de nombreuses parties du corps, dont l'estomac, le corps calleux (qui sépare nos deux lobes cérébraux), ou la glande pinéale chère à Descartes et réputée pour sa mobilité. L'avènement de la science fera taire toutes ces spéculations, Diderot décrétant péremptoirement dans son *Encyclopédie* que « dans les organes naturels, nous ne pouvons percevoir aucune disposition qui détermine l'un plutôt que l'autre à être le siège de l'âme ». Aujourd'hui, le sujet paraît avoir perdu tout intérêt. De ce côté-ci du monde, peu nombreux sont les scientifiques qui cherchent encore, à l'exception d'oiseaux rares comme les animateurs de HeartMath ou

Paul Pearsall (que ses explorations et ses certitudes n'ont pas empêché d'être emporté par le cancer).

Dans la vallée du Gange, l'histoire ne va pas aussi vite et les progrès de la science n'ont pas encore remis en cause les croyances millénaires. Les hindous, mais aussi les bouddhistes, croient en l'existence d'un « souffle vital », d'une énergie appelée *prana* qui se manifeste non pas dans notre corps physique, mais dans notre corps subtil, qui lui est lié. Nous aurions accès au prana par l'intermédiaire de sept centres énergétiques virtuels, les fameux *chakras* ou roues situés dans notre corps subtil. Ils tournent à grande vitesse lorsqu'ils sont activés et disposés verticalement du périnée au sommet du crâne en passant par le nombril, le plexus solaire, le cœur, la gorge et le milieu du front.

Au centre de ce dispositif figure le chakra dit « du cœur », situé près du muscle cardiaque. Il fait le pont entre nos trois premiers chakras dits « de terre » ou de la matière et les trois chakras supérieurs dits « du ciel » ou de l'esprit. Chakra de l'amour, certes, mais de l'Amour universel, celui qui se donne aux autres et non de l'amour humain, pulsionnel et désirant, dont le siège se situe un peu plus bas, au niveau du nombril, dans le troisième chakra. Celui du cœur est réputé réguler notre système circulatoire et respiratoire. Il est aussi associé au thymus, une glande située au niveau du sternum et productrice des fameuses « cellules T » qui se battent vaillamment contre les envahisseurs de notre système immunitaire. Il gère nos émotions fortes (amour/haine, joie/tristesse) et nos prédispositions aux cancers du poumon et du sein ainsi qu'aux infarctus. Le chakra du cœur s'appelle *Anahata*, littéralement « non frappé » comme le son d'une note de musique non encore jouée par un instrument.

QUAND L'ÂME RONRONNE

Ainsi la musique s'en mêle. Depuis ma plus tendre enfance, j'ai passionnément aimé la musique, toute la musique. J'étais exalté quand, tout jeune, je pouvais entonner les cantiques à l'église, en particulier les cantiques de Noël. Adolescent, j'ai chanté avec enthousiasme dans la chorale de mon école les *Requiem* de Mozart et de Fauré, ainsi que le *Magnificat* de Bach (j'ai souffert en revanche du *Roi David* d'Honegger). À quatorze ans, j'étais aussi devenu résolument « pop » (ou « rock », peu importe) et j'écoutais chaque nuit sur mon transistor Pizon Bros les hits diffusés par Radio Luxemburg (anglais). Le premier disque que j'ai acheté s'appelait *My True Love*, et je l'ai payé à prix d'or à un jeune camarade de pension américain dont le père militaire travaillait sur la base d'Évreux. Cet achat inoubliable me vaudra néanmoins les seules heures de « colle » de toute ma vie d'écolier, un prof ayant surpris la transaction et s'étant persuadé qu'élève de seconde, j'avais forcément abusé de la confiance d'un gamin de cinquième (au demeurant plus âgé que moi !). J'ai collectionné pratiquement toute ma vie de la musique pop, folk et country, avec une préférence marquée pour les slows romantiques ou déchirants, surtout, comme je l'ai découvert, lorsqu'ils ressemblaient un tant soit peu aux cantiques de Haendel et de Bach que je chantais à l'église. Au cours des années, j'ai enregistré environ deux cent cinquante minicassettes, celles dont je suis le plus fier étant des pots-pourris de musique populaire et de musique sacrée. En toute immodestie, j'ai même appelé « sublimes » les plus achevées de ces compilations.

La musique, comme tout art, fait d'abord appel à nos émotions : elle est ressentie par notre cœur, avant d'être enregistrée et analysée par notre cerveau. Je me suis aussi aperçu qu'une certaine musique, le lyrique en particulier, provoquait chez moi des accès de chair de poule exquis et pénétrants.

Pendant quelques secondes, parfois davantage, mon corps est littéralement envahi de la tête aux pieds par de petits monticules de joie pure. Le phénomène est non seulement imprévisible, mais non répétitif. Peu importent les notes ou les paroles qui parviennent à mes oreilles, il me semble qu'un souffle universel est à l'œuvre, qu'un instant magique ouvre les portes, toutes les portes, et que plus rien ne compte (je précise que je n'ai consommé qu'une fois du cannabis !). La musique est le massage de mon âme. Elle ronronne…

Mais revenons un instant sur terre. Et restons rationnels. Mon fidèle Wikipédia m'indique que la chair de poule est « une réaction de l'organisme face à certaines situations comme le froid, la peur ou la jouissance. Il s'agit d'un mécanisme réflexe entraînant la contraction des muscles horripilateurs [*sic*] reliant les poils à la peau. » Je ne renie pas cette définition sèche comme une signature. Il est clair qu'une fois éliminés le froid et la peur, c'est bien une certaine forme de jouissance qui me saisit. J'ai au moins une bonne raison de penser qu'elle m'est inspirée par mon âme. Il s'agit en effet de la même sensation/émotion que celle ressentie ce fameux jour de 1993 lorsqu'en quittant ma mère après un déjeuner très affectueux, j'ai reçu le message de l'amour de Dieu (voir chapitre 2). Mais plusieurs causes peuvent provoquer un même effet aussi banal que la chair de poule. À moins que la relation puisse être vérifiée expérimentalement.

Cette expérience, je l'ai vécue. En 2003, à l'occasion de mon départ de la presse écrite, Michel Polacco, le directeur de la rédaction de France Info, où je sévissais cinq fois par semaine sur des « Questions d'argent », a eu la gentillesse de m'accorder un congé sabbatique de six mois. J'ai passé plus de la moitié de ce temps en Inde, un pays qui m'attire et me fascine depuis longtemps. Accompagné de mon fidèle sac à roulettes, sautant d'un *rickshaw* à un autobus à un train à une voiture avec chauffeur, j'ai exploré de fond en comble les forts moghols du Rajasthan, j'ai médité intensément dans les ashrams bruyants de Rishikesh, j'ai flâné toute une journée au Taj Mahal, j'ai gravi péniblement le (petit) mont Arunachala de Tiruvannamalai où Shiva est réputé s'être transformé en *linga* de feu, j'ai fait du rafting dans les rapides du Gange supérieur, j'ai négocié – âprement – des bracelets de *bangles* à Cochi et des tableaux naïfs à Puri, j'ai été massé consciencieusement par quatre mains vigoureuses dans un centre ayurvédique d'Allepey, j'ai réalisé des *pujas* (offrandes) dans les temples de Madurai et de Haridwar, j'ai jeté des pétards à la fête des Lumières de Delhi et j'ai dévoré aussi bien le *butter chicken* du nord que les *thalis* végétariens du sud. J'ai appris au moins une dizaine d'attributs et une vingtaine de sobriquets du grand Shiva, j'ai repéré plus d'une centaine d'espèces d'oiseaux, j'ai visité le seul temple de Brahma, à Pushkar, où les prêtres m'ont fait cher payer un bracelet en fil de coton – le *Pushkar passport*, selon mon chauffeur –, je me suis doré la pilule sur les plages sauvages au nord de Goa et j'ai prêté mes jumelles d'ornithologue amateur à au moins cinq cents badauds souriants et émerveillés par cette (ancienne) prouesse technologique. Bref, je me suis rempli les sens et le cœur des odeurs, des couleurs, du bruit, des sourires et de la crasse de ce pays immense, délirant, passionné et magique.

À LA RECHERCHE DE MON ÂME

Mais pourquoi étais-je venu passer quatre mois en Inde ? Avant mon départ, j'ai raconté un peu emphatiquement à mes proches que le but de mon voyage était « la recherche de mon âme ». Je n'étais à vrai dire pas tout à fait certain que tel était le cas, ni que je parviendrais à mes fins. J'avais en tout cas envie de retrouver, loin de chez moi, dans un environnement qui respirait autant la spiritualité que le vacarme, l'intense émotion provoquée par le « Dieu t'aime » de mon épiphanie.

À ma grande surprise, la tâche fut aisée. Que ce soit au bord du Gange, sur les flancs du mont Arunachala ou sur la plage de Varkala, le Saint-Tropez indien, il suffisait de me mettre en position de méditation, puis de répéter une phrase clé, ce que les Indiens appellent un *mantra*, en l'occurrence « Que la lumière de Dieu brille en moi » pour que je sente au bout de quelques minutes les picotements de la chair de poule de nouveau prendre possession de mon corps. J'arrivais à reconstituer, quasiment en laboratoire et à ma guise, le moment qui avait tant marqué ma vie. Mon âme se mettait à ronronner de contentement. Alléluia ! Qu'il soit déclenché par la musique ou la méditation, le frisson était le même. C'était donc qu'il était provoqué par la même source. J'avais l'impression d'avoir Dieu en moi. Mais au fait, était-ce Lui ou mon âme que je rencontrais ainsi ? La question me taraudait. Jusqu'au moment où j'ai franchi la porte d'une charmante église chrétienne de Cochi, la première à être construite, en 1520, sur le sol indien. Ses fondateurs avaient eu le bon goût de l'appeler Saint-François, le maître des oiseaux, dont je ferais volontiers mon saint patron si je n'étais pas protestant. Au bout de quelques instants seulement, alors qu'il fait plus de 30° dans l'église, je sens ce qui me paraît être l'Amour de Dieu si fort, si doux, si total, que les frissons m'envahissent comme auparavant, comme lorsque j'en appelais à mon âme. Je suis chez moi dans Sa maison. Je le remercie de Son accueil. Et je me promets de revenir. Je m'assieds alors, je ferme les yeux et je lance, surpris par ma témérité : « Seigneur, parle-moi puisque tu m'aimes. » Silence. À ceci près que, d'un arbre situé à côté de l'église, un petit oiseau s'est mis à piailler « Tou-ite, tou-ite ». Ou n'était-ce pas « de-ouite, de Witt » ?

Mon dilemme âme-Dieu n'était pas résolu pour autant. Curieusement, l'hindouisme allait me fournir une ébauche de réponse. Son message de base, le plus fondamental qui soit, est que chaque être possède au fond de son cœur (*where else* ?) une parcelle du divin Brahman, que l'on appelle Atman. Le but de la démarche spirituelle hindouiste est, par le détachement et le renoncement aux illusions de ce monde, de fusionner de nouveau les deux pièces du dispositif que la vie humaine paraît avoir séparées. Il s'agit de la quête du Soi tant vantée par les textes sacrés hindouistes que l'on appelle les Upanishads. Contacter Dieu et contacter son âme revient au même.

Écoutons la pure poésie du Chandogya Upanishad : « Dans la cité de Brahman se trouve une demeure secrète, celle du lotus du cœur [...] Aussi vaste que l'espace au-delà est l'espace au sein du lotus du cœur. Il contient à l'intérieur de lui-même le ciel et la terre, l'air et le feu, le soleil et la lune, la foudre et les étoiles. N'ayez crainte que la vieillesse n'envahisse cette demeure, ni que ce trésor intérieur qui englobe toute réalité ne se fane ou ne se décompose. Elle ne connaît ni l'usure lorsque le corps vieillit, ni la mort lorsque le corps disparaît. C'est la vraie cité de Brahman, le Soi libre de l'âge, de la mort, de la peine, de la soif et de la faim. Le Soi satisfait tous les désirs. »

J'ai beaucoup relu les Upanishads pendant ce séjour en Inde. Je les pratique encore pour leurs vertus apaisantes, leurs fulgurances, leur sagesse et même leur sens de l'humour. Mais, étant d'une culture judéo-chrétienne, autant j'admets volontiers que mon âme est une parcelle divine aspirant, comme E.T., au retour à la maison, autant je suis (encore ?) peu disposé à ce que mon Atman/âme se fonde, au-delà du monde de la vie terrestre, dans les bras d'une divinité abstraite, indifférente, comme Brahman. Car il ne faut pas s'y tromper. Les désirs que satisfait le Soi ne sont pas de ce monde auquel je compte appartenir encore quelque temps. Sinon pourquoi écrire ce livre ? On verra après...

Je n'ai jamais tenu un journal. Peut-être est-ce parce que j'ai su très tôt que je serai journaliste et que ma plume vagabonderait au gré de mes découvertes professionnelles. Toujours est-il qu'en quittant la presse écrite, en l'occurrence le magazine

Mieux vivre votre argent que je dirigeais, mes collaborateurs m'ont offert un beau cahier de notes signé Hermès. Je l'ai à peu près rempli au cours de mon voyage. En voici un court extrait, rédigé à Kumarakum, au bord d'un lac paisible du Kerala : « Quand j'évoque la lumière divine ou que je traque mon âme, j'obtiens le même résultat : un frisson intense de bien-être autant que la conviction d'être bien là où je dois, l'émotion d'être sur le chemin qui se déroule (se dévoile ?) progressivement sous mes pieds. L'âme est un implant divin. » Et, ce que j'ignorais à l'époque, elle est implantée dans notre cœur.

L'ÂME RÈGNE, MAIS NE GOUVERNE PAS

Comment communiquer avec elle, comment percevoir le message que nous adresse notre compagne silencieuse ? Le grand penseur indien Aurobindo et sa compagne dite « Mère » ont longuement exploré les voies de la psyché. Leur pensée est cependant réputée ardue et souvent rébarbative. Lors d'un passage à Pondichéry il y a une quinzaine d'années, j'ai flâné pendant une matinée dans leur célèbre ashram réputé propriétaire d'une bonne partie de la ville coloniale. J'ai acheté – comment faire autrement ? – l'interprétation aurobindienne touffue de la Bhagavad Gita, un texte fondateur de l'hindouisme. J'avoue n'avoir fait que l'entrouvrir. J'ai ramassé en revanche un tout petit opuscule intitulé *Emergence of the Psychic* contenant des morceaux choisis de leurs réflexions sur l'âme et sous-titré *La gouvernance de la vie par l'âme*. Ce n'était évidemment pas un hasard. J'ai pourtant attendu 2014 pour le parcourir. Et j'y ai découvert des trésors. Pour les deux célèbres méditants, notre vie paraît obéir aux trois entités que sont le physique, le vital et le mental. Comme l'écrit Aurobindo, « l'homme vit le plus souvent dans son vital dont le corps est l'instrument et dont, sauf exception, le mental sert de conseiller et de ministre ». Or ces trois entités sont non seulement mutables, mais périssables. L'objectif de nos vies est, selon lui, qu'elles cèdent le pouvoir au psychique, à l'âme, qui est éternelle, immutable. Pourquoi ? Selon Aurobindo, « l'âme est immaculée et lumineuse. De ce fait, elle est intimement et directement consciente du Beau, du Bon et du Vrai, car sa nature profonde leur est liée. » On croirait lire Platon ! Il poursuit : « L'âme est tout aussi consciente de ce qui contrecarre ces valeurs, comme la fausseté, le mal, la laideur ou le malséant. » Mère abonde dans ce sens : « Votre être psychique est un aspect particulier de la Conscience divine qui a pris forme en vous. Votre conscience psychique ne possède pas ce sens de la séparation entre l'individuel et l'universel qui affecte les autres composantes de votre nature. » À titre d'exemple, pour Aurobindo, si tout le monde dit « Il n'y a pas de Dieu », le psychique se rebiffe. Il dit « je sais, car je le sens ». Jung, à qui un journaliste de la BBC demandait à la fin de sa vie s'il croyait en Dieu, a simplement répondu, avec un petit sourire : « Je sais. Je n'ai pas besoin de croire. »

Aurobindo compare l'âme à un témoin secret, mieux encore à un « monarque constitutionnel » déléguant ses pouvoirs à ses ministres, n'intervenant que sporadiquement tout en les laissant maîtres de leurs décisions. Elle exerce son influence et non son pouvoir. Mais lui qui croit fermement à l'ouverture de notre conscience et de ce fait, au progrès de l'humanité par le triomphe de l'âme sur les exigences du mental, du physique ou du vital, formule dans une de ses œuvres poétiques le vœu suivant :

Une âme secrète soutenant tout
Est le maître et le témoin de notre ignorance,
Acceptant notre apparence et le rôle de la Nature.
Mais une fois les portes cachées grandes ouvertes
Alors le roi voilé se manifeste devant la Nature
Une lumière descend vers l'Ignorance
Dont l'emprise se dénoue :
Le mental devient un instrument sous contrôle
Et la vie un reflet et une représentation de l'âme.
Tout tend alors vers la connaissance et la béatitude.

Comment faire sortir notre âme de sa cachette, située, selon Aurobindo, dans la grotte du « cœur mystique », placé derrière le cœur physique, par référence au quatrième chakra ? Partant du principe que peu de gens sont conscients d'avoir une âme, le sage hindou évoque un chemin long et difficile, fait d'exercices de yoga et de méditation, de manière à éviter les chausse-trappes ou les fausses pistes que le mental et le vital jettent sur notre chemin.

Les pratiques religieuses sont-elles de nature à nous ouvrir des pistes ? Dans la mesure où elles font partie de notre culture, voire de notre inconscient collectif, il ne paraît pas inutile d'examiner ce qu'elles ont à dire sur notre éveil à l'âme.

CHAPITRE 4

LA RELIGION AU DÉFI DE L'ÂME

« L'âme est créée comme un lien entre le temps
et l'éternité qu'elle touche l'un et l'autre. »
MAÎTRE ECKHART

PEU D'HOMMES ont autant inspiré la pensée chrétienne que le Berbère Augustin d'Hippone – l'Annaba algérienne actuelle – où il passa l'essentiel de sa longue vie (354-430). C'est à lui que nous devons l'encombrant concept du péché originel, à savoir que l'humanité tout entière, à l'exception de la Sainte Vierge – mais le dogme de son Immaculée Conception attendra encore quatorze siècles – porterait en elle la faute d'Adam et Ève, qui ont croqué le fruit défendu de l'arbre de la Connaissance. D'une grande érudition et d'une extrême curiosité, Augustin sera d'abord attiré par le manichéisme, une religion fondée sur le combat entre les forces du Bien et du Mal représentées par des divinités distinctes qui ont choisi la Terre pour se mesurer. Puis, lors d'un séjour en Italie, il sera séduit par la pensée de Platon telle qu'elle avait été diffusée, un siècle plus tôt par Plotin, un penseur d'Alexandrie très influent dont le but était d'atteindre par la raison l'union mystique avec l'Un, le nom attribué par lui à Dieu. Il attendra la trentaine pour se convertir au christianisme déjà pratiqué avec ferveur par sa mère Monique.

L'EMBARRAS DE SAINT AUGUSTIN

Canonisé en 1298, saint Augustin laissera une œuvre impressionnante, parmi laquelle figurent ses très respectées *Confessions* et les vingt-deux volumes de la *Cité de Dieu*, dont l'influence dans le monde chrétien sera déterminante jusqu'à l'arrivée de Thomas d'Aquin, au XIIIe siècle. Un sujet déroutera cependant toute sa vie cet esprit universel, ce champion de la rhétorique nourri de la pensée aussi bien philosophique que théologique. Ce sujet, c'est la nature de l'âme. Dans l'un de ses ouvrages les moins diffusés, le *Traité du libre arbitre*, il propose quatre hypothèses :

1/ l'âme individuelle provient de celles des parents et remonte la filière jusqu'à Adam ;

2/ l'âme est créée par Dieu au moment de la conception ;

3/ existantes par ailleurs, les âmes sont envoyées par Dieu pour occuper des corps humains ;

4/ les âmes descendent dans les corps de leur propre chef.

Et d'ajouter : « Il sied qu'aucune de ces hypothèses ne soit affirmée sans bonne raison. » Mais il ne tranche pas. Dans un ouvrage tardif, *Les Rétractations*, en réponse aux propos tenus par le jeune intellectuel Vincentius Victor, natif d'une ville voisine, il fait preuve d'une modestie peu habituelle en déclarant : « Concernant mon âme, je n'ai aucune connaissance certaine de la manière dont elle est entrée dans mon corps, car je ne me la suis pas donnée. » Et un peu plus loin, il enfonce le clou : « Celui qui me l'a donnée sait s'il l'a prise de mon père ou s'il l'a créée de toutes pièces pour moi comme il l'a fait pour le premier homme. Je n'ai pas de réponse et je ne suis pas gêné de confesser mon ignorance. » Aveu surprenant de la part d'un homme qui avait réponse à tout.

Les quatre hypothèses de saint Augustin étaient toutes dans l'air de son temps. Les deux premières faisaient l'objet de vifs débats dans les milieux chrétiens entre les « traducianistes », partisans de la transmission paternelle de l'âme par le sperme (les femmes n'étaient guère à l'honneur en ces temps-là) et les « créationnistes », sans doute inspirés par la vision d'Aristote, dont les travaux s'étaient néanmoins perdus et ne retrouveront toute leur aura que sous Thomas d'Aquin, neuf siècles plus tard. Quant aux deux dernières hypothèses, elles supposent que l'âme préexiste au corps et sont à ce titre fondamentalement platoniciennes (voir chapitre 1). L'évêque d'Hippone avait néanmoins une absolue conviction : si l'âme était certes un don de Dieu, elle ne pouvait pas être de nature divine car, s'incorporant au corps humain, elle portait de ce fait le sceau du péché originel. Imaginer le contraire relevait selon lui du blasphème.

Il est tout de même troublant de penser qu'un homme aussi érudit et introspectif que saint Augustin ait pu envisager une seule seconde que l'âme puisse préexister au corps. Ce concept avait été développé environ deux cents ans auparavant par Origène, un érudit natif d'Alexandrie et qualifié plus tard par saint Grégoire de Nysse, Père de l'Église comme lui, de « prince de l'enseignement chrétien au IIIe siècle » et, plus récemment, par le cardinal Daniélou, de « plus grand génie du christianisme antique, avec saint Augustin ». Origène est donc paré de tous les attributs de l'être inspiré. Seulement voilà : en dépit de la vie ascétique qu'il pratique au point de s'émasculer, en dépit de l'ampleur et de la qualité de son œuvre (et dont il reste, semble-t-il moins du quart), il s'est convaincu de la « transmigration des âmes », ce qui lui vaudra de n'être jamais canonisé. Origène est taraudé par le problème du Mal, abondamment évoqué par ses contemporains, à commencer par les gnostiques, pour lesquels la vie humaine n'est qu'une longue souffrance imposée aux âmes. Pourquoi les uns naissent-ils bons par nature et d'autres méchants ? Un aveugle pourrait bien être quelqu'un qui a fauté. Mais quand ? C'est qu'il a existé avant cette naissance et donc que son âme flétrie a pu migrer. Et pourquoi pas plusieurs fois ? Comme il l'écrit dans son ouvrage fondamental *Des principes* : « *Chaque âme a existé depuis l'origine* (les italiques sont de moi). Elle est donc passée par plusieurs mondes et passera par d'autres avant sa disparition finale. Elle arrive dans ce monde renforcée par les victoires ou affaiblie par les défaites de sa vie précédente. Sa place dans ce monde, celle qu'on honorera ou que l'on méprisera, est déterminée par ses mérites et ses démérites antérieurs. Son action dans ce monde détermine de la même façon sa place dans le monde qui suivra celui-ci. » Voilà qui rappelle étrangement la loi hindouiste du karma, qui veut que nous transportions les valises de nos actes de vie en vie.

Origène est sans doute plus proche de Pythagore, qui voulait que l'âme subisse des « purgations » terrestres avant de retourner à la source. Mais il est avant tout chrétien et il veut donner un sens aux Saintes Écritures qu'il lit tous les jours. Il considère clairement l'âme comme d'essence divine. Le cycle de ses vies peut l'éloigner ou la rapprocher du divin. Mais Dieu, dans son infinie bonté, accueillera les âmes en son Royaume lorsqu'elles auront accompli le chemin nécessaire à leur rédemption. Précisons par honnêteté intellectuelle qu'aucune de ces affirmations ne se trouve dans les textes fondateurs du christianisme, à commencer par la Bible, du moins telle que nous la connaissons. Aurait-elle été expurgée ? Certains le pensent, mais rien ne le prouve, sinon des passages d'évangiles dits « apocryphes », dont l'origine peut paraître discutable.

L'âme cocher ailé de Platon

Même s'il estimait que la philosophie ne pouvait avoir raison contre la Bible, Origène connaissait les idées de Platon, dont à son époque la pensée continuait à marquer les érudits d'Alexandrie. L'élève de Socrate a reproduit et sans doute enrichi les idées de son maître dans de nombreux « dialogues », à commencer, pour ce qui concerne l'âme, par *La République* (voir chapitre 1) et en approfondissant le sujet dans le *Phèdre*, le *Ménon*, le *Timée* et enfin, le *Phédon*, son chant du cygne. Que nous dit Platon ? Il convient d'abord de situer sa pensée dans son contexte. Pour les Grecs de son époque, l'âme a une définition très large puisqu'elle représente tout ce qui « anime » les êtres vivants tout en étant distincte de leur matérialité corporelle. Première affirmation capitale : l'âme est immortelle. Pourquoi ? Parce qu'elle se meut toute seule. Il livre à cet effet un raisonnement *a contrario*. Tout ce qui est mû par une force extérieure a une fin, puisque son mouvement s'arrête. En revanche, ce qui engendre ce mouvement, et qui est donc « inengendré » est nécessairement immortel : rien ne peut arrêter son action. Elle est automotrice. Telle est selon lui la nature profonde de l'âme.

Quant à sa forme, écoutons Platon dans le *Phèdre* : « Elle ressemble assurément à une puissance qui unit naturellement un attelage et un cocher ailés [...] Des deux chevaux, l'un est une bête de valeur, tandis que l'autre, issu de parents d'une nature contraire, est doté d'une nature contraire. » Le cocher représente la raison, analytique, pesant les options, à la recherche de la vérité, à laquelle il revient de commander l'attelage. Le premier cheval, blanc de nature, représente le cœur, sensible aussi bien que fougueux, courageux et colérique face à l'injustice, à la recherche de la vertu et donc à l'écoute du cocher. Quant au second cheval, noir celui-là, il représente la partie « appétitive » de l'âme, qui symbolise nos sens, nos désirs parfois conflictuels et toujours difficiles à dompter, car sourds à la raison. Les ailes de l'attelage, enfin, ont vocation à le tirer vers le haut, vers les chariots des dieux.

La métaphore de Platon n'est pas sans rappeler celle de l'un des textes les plus respectés de la tradition hindouiste, le Katha Upanishad, sans doute rédigé à une époque légèrement antérieure. Les upanishads (voir chapitre 3) sont des poèmes dont l'objet est d'aider le lecteur, comme le disent les hindouistes, à *realize the Self*, à réaliser le Soi, c'est-à-dire l'union entre la divinité extérieure (Brahman) et la divinité intérieure (Atman) à nous-mêmes, c'est-à-dire notre âme. Le Katha nous dit en effet : « Reconnaissez le Soi comme le maître du chariot, le corps comme le chariot lui-même, l'intelligence discriminante comme le conducteur et le mental comme les rênes. Les sens, disent les sages, sont les chevaux et les désirs égoïstes les chemins qu'ils parcourent. » Platon avait-il connaissance de ces textes venus de l'autre côté de l'océan Indien ? Certains le prétendent. Leur affinité est en effet troublante.

Le grand philosophe s'est donné beaucoup de mal pour démontrer, par trois biais différents, l'existence irréfutable de l'âme. Sa théorie de la réminiscence est sans doute la plus convaincante des trois. Elle part du principe que l'homme n'apprend pas, mais qu'il peut en revanche se souvenir des informations déjà enregistrées par son âme. Étant immortelle, celle-ci a en effet « contemplé l'Être, sans quoi elle ne serait pas venue dans ce vivant-là », écrit-il péremptoirement dans le *Phédon*. Contempler l'Être signifie avoir accès aux formes parfaites, qu'elles soient mathématiques, comme le cercle ou la longueur, ou bien esthétiques (le Beau), éthiques (le Bon) ou logiques (le Vrai). Sauf exception, ces formes ne sont pas accessibles à nos sens. Nous pouvons dessiner par exemple tous les cercles que nous voulons, ils ne seront jamais parfaits et ne nous donneront pas accès à la forme de la circularité. À la naissance, notre âme a oublié qu'elle avait connaissance des formes. La noble tâche du philosophe est de l'en rapprocher, par un véritable travail d'accoucheur, celui auquel Socrate s'est livré toute sa vie. Dans le *Ménon*, Platon montre comment un esclave sans aucun bagage mathématique (mais plutôt évolué tout de même…) parvient, guidé pas à pas par Socrate, à reconstituer le fameux « théorème de Pythagore » sur les triangles rectangles, qui plongeait plus d'un intellectuel de l'époque dans un abîme de perplexité. Il s'agit de démontrer que l'esclave n'a rien appris, il s'est simplement remémoré ce que son âme avait su de tout temps. Dans le *Phédon*, alors que sa fin approche, Socrate convainc non sans quelque difficulté son ami Simmias que si rien n'est totalement égal dans le monde, pas même deux bâtons de même longueur apparente, nous avons malgré tout une idée de ce qu'est l'Égalité. Ne pouvant attribuer ce concept à nos sens, il nous faut chercher ailleurs d'où il nous vient. Une seule explication : il a été vu, puis enregistré par notre âme. Et de conclure : « Quand nous disons de quelqu'un qu'il apprend, en réalité il ne fait que se remémorer ce qu'il savait déjà. Apprendre, c'est se souvenir. »

La vision platonicienne du monde marquera la pensée occidentale pendant plus de huit cents ans. Il faudra attendre le VIe siècle de l'ère chrétienne et l'arrivée au pouvoir de l'empereur Justinien Ier pour qu'elle soit condamnée. Justinien est un ambitieux, qui veut reconstituer, à partir de sa capitale Constantinople, l'ancien Empire romain dispersé depuis la chute de Rome sous les assauts des Vandales. Il contribue aussi à une révision complète du droit romain. Il est enfin un fervent catholique, bâtisseur de la basilique Sainte-Sophie, qui se considère ni plus ni moins comme l'« élu de Dieu ». Il a cependant la faiblesse d'être influençable. Et notamment par Théodora, une sacrée arriviste au passé plus que trouble, qui sera, si l'on peut dire, son « âme damnée », au-delà même de sa mort. Ensemble ils vont mener la guerre aux hérétiques et aux juifs, ils vont réduire au chômage les philosophes grecs en fermant en 529 l'école néo-platonicienne qui avait succédé à l'Académie, enfin, ils en finiront avec l'encombrante pensée d'Origène en organisant en 553 le concile œcuménique de Constantinople. Là sera prononcé un anathème contre toute affirmation de la « préexistence de l'âme ». Ce concile bâclé a pour double particularité de ne laisser que six places (sur cent soixante-deux) aux représentants de Rome et de se tenir sans la présence du pape Vigile, pourtant mis en place par l'empereur lui-même. Au bout de sept ans de prison impériale, Vigile le docile n'acceptait toujours pas que l'on piétinât Origène ! Si l'empereur s'était laissé convaincre par les cardinaux, c'est parce que la pensée du castrat d'Alexandrie avait un caractère subversif : les enfants de Dieu avaient-ils besoin d'une Église pour les sauver dès lors que leur âme s'en retournerait nécessairement un jour à Dieu, voire d'un empereur pour les protéger en échange de leurs impôts ? Et puis, qu'avait à faire le puissant Justinien des vies successives : la sienne lui suffisait ! Il faut sans doute voir dans son acharnement contre la pensée grecque en général et celle d'Origène en particulier un hommage à leur modernité.

L'ÂME, FORME DU CORPS POUR ARISTOTE

À partir du VIIe siècle, le débat sur la préexistence de l'âme étant clos, l'hypothèse de son origine spermatique paraissant peu convaincante, il ne restait que la fameuse théorie dite « créationniste » : « Dieu crée des âmes tous les jours », selon la formule de saint Jérôme, l'un des maîtres à penser de l'époque. À chaque corps une âme, l'affaire paraît tout à fait plausible. Elle présente par ailleurs l'immense mérite de s'appuyer sur les mêmes bases que celles énoncées par le grand Aristote, élève surdoué de son maître Platon et fondateur par la suite du Lycée, le concurrent de l'Académie. Platon et Aristote sont comme l'eau et l'huile : non miscibles. À l'idéalisme du premier on peut opposer le réalisme ou l'empirisme du second. Si pour Platon les formes gouvernent l'univers, pour Aristote les faits expliquent tout. En somme, le premier croit en ce qu'il ne voit pas, le second en ce qu'il voit. Fils de médecin, Aristote va décortiquer des centaines de cadavres d'animaux, de poissons, d'invertébrés, etc. C'est au premier grand scientifique du monde occidental que nous devons la distinction des grands règnes : minéral, végétal, animal. Il est particulièrement intéressé par la relation de cause à effet, qui dans son esprit explique tout.

Il développera ainsi sa célèbre théorie des « quatre causes » (matérielle, formelle, efficiente et finale). C'est la cause formelle, celle qui explique la raison d'être des choses qui nous intéresse ici. Si la cause formelle d'une statue humaine est la main de l'artiste qui l'a réalisée, la cause formelle d'un homme, celle qui « l'anime » est nécessairement son âme, « l'essence, la forme des vivants, selon Aristote, ce qui leur permet de réaliser leur être et d'accomplir leur fonction propre ». En quelque sorte « l'âme est au corps vivant ce que la vue est à l'œil », la forme dans laquelle se coule le corps humain, comme la cire se coule dans le moule. À surtout ne pas confondre avec la forme platonicienne, qui n'est pas de ce monde.

Pour Aristote, l'âme possède trois qualités : elle est végétative, sensitive et intellectuelle. Le végétatif recouvre tout ce qui touche à l'alimentation et à la reproduction, le sensitif les facultés de perception et de repérage dans l'environnement et l'intellect l'accès au raisonnement, au langage et à la pensée abstraite. Sur ces bases, les plantes sont dotées d'âmes végétatives, les animaux d'âmes par ailleurs sensitives et les hommes d'âmes complètes, dotées des trois propriétés. L'âme donnant au corps sa forme, elle disparaît nécessairement avec lui. Comme Aristote disparaîtra des références philosophiques occidentales pendant plusieurs siècles avant qu'une fraction seulement de son œuvre ne soit redécouverte par les Arabes d'Andalousie, puis traduite en latin et donc mise à la disposition des érudits du Moyen Âge. Son succès auprès de ceux qu'on appelle les scolastiques sera immédiat et sa popularité telle qu'on l'appellera tout simplement « le philosophe ».

Reconnus par l'Église, ses travaux seront une aubaine pour Thomas d'Aquin, le « Docteur angélique », scolastique de haut vol, brillant professeur à la Sorbonne, infatigable chercheur des lois de la Nature et auteur des milliers de pages que représente sa *Somme théologique* inachevée. La définition de l'âme par Aristote lui convient d'autant mieux qu'elle est très proche de celle de créationnistes des premiers siècles de l'ère chrétienne. Il suffit d'ajouter que l'âme des humains est insufflée par Dieu, dont le philosophe grec avait d'ailleurs dessiné les contours dans son concept de « moteur immobile ». Puisque tout était mouvement pour Aristote, mais que l'ordre régnait malgré tout dans la nature, il fallait bien qu'existe un premier moteur que rien ne pouvait mettre en mouvement. Ce moteur était par définition éternel. Le Dieu chrétien fera parfaitement l'affaire.

Thomas d'Aquin concilie ainsi brillamment la vision aristotélicienne et les exigences de la sainte Église catholique romaine. Selon lui, pendant leur vie, les êtres humains sont un composite indissociable âme/corps établi à leur conception. La preuve ? Lorsque je me regarde dans la glace, où finit mon corps et où commence mon âme ? Son maître à penser Aristote ne l'aurait pas désavoué. En revanche, à la mort, à la disparition du corps, Aristote passe la main. Le message chrétien prend le relais. Il postule en effet l'immortalité des âmes promises, selon les cas, au paradis, à l'enfer ou, le plus souvent, au purgatoire, un lieu de séjour provisoire introduit au XIIe siècle – dans l'attente d'être réunies à leur corps d'origine, à la fin des temps, pour subir le Jugement dernier du Christ revenu en gloire. Il faudra cependant attendre le concile de Vienne de 1311, alors que Thomas est mort depuis près de quarante ans, pour que soit énoncé que « l'âme rationnelle est la forme du corps », tandis que le dogme de son immortalité est à mettre au crédit du concile de Latran de 1513 ! Le catéchisme actuel intègre tous ces tâtonnements successifs. Il précise que « chaque âme spirituelle est immédiatement créée par Dieu [merci Aristote]. Elle n'est pas produite par ses parents [merci Thomas d'Aquin]. L'église nous apprend [merci le concile de Latran] qu'elle ne périt pas lors de la séparation du corps dans la mort et s'unit de nouveau au corps lors de la résurrection finale. »

Cette vision est aujourd'hui contestée par de nombreux érudits chrétiens, car elle ne trouve aucune référence dans la Bible ! Ces chrétiens partagent la conviction juive classique selon laquelle l'âme (*nefesh*) ne survit pas au corps, mais va rejoindre les morts dans le silence et la nuit du *shéol*, un univers un tant soit peu comparable à l'Hadès hellénique. Comme l'écrit Job (7, 7-9) : « Souviens-toi ô Dieu, que ma vie est un souffle : mon œil ne verra plus le bonheur. Désormais je serai invisible à tout regard, tes yeux seront sur moi et j'aurai disparu. *Comme la nuée se dissipe et passe, qui descend au Shéol n'en remonte plus* » (les italiques sont de moi). Les âmes ne seront tirées de leur léthargie que par la venue du Messie. En somme, il ne se passe rien pendant un temps… indéterminé !

L'islam n'est guère plus enthousiasmant, même si l'affaire commence plutôt bien. La sourate Sâd nous apprend clairement, aux versets 71 et 72, comment l'âme d'Adam provient du souffle divin : « Quand votre Seigneur a dit aux anges : je vais créer un mortel de la poussière, puis une fois que je lui aurai donné une forme définitive et l'aurai animé de mon souffle, vous vous prosternerez devant lui. » Cette information figure aussi dans la sourate de la Prosternation. Quant aux contours de l'âme, le verset 85 de la même sourate, souvent cité, nous invite à ne pas nous montrer trop curieux. On y apprend : « Ils t'interrogent sur l'âme. Dis-leur : l'âme relève de l'ordre exclusif de mon Seigneur et la connaissance que vous en aurez est bien peu de chose. » Nous ne sommes pas plus avancés que ne l'était saint Augustin. Un verset de la sourate des Groupes nous en apprend un peu plus : « Allah prend les âmes au moment de la mort et, pour ce qui concerne les vivants, pendant leur sommeil. Il retient celles avec lesquelles il a passé le décret de la mort et il renvoie les autres jusqu'à ce qu'advienne leur temps. » La date de notre mort dépend donc uniquement de Dieu, ce qui paraît condamner les djihadistes suicidaires contemporains. D'autres versets du Coran leurs sont, hélas, plus favorables. Quant au sommeil, il s'agirait d'une sorte de mort provisoire. Dans l'incertitude quant à son réveil, la tradition musulmane incite à réciter tous les soirs une exhortation : « Ô mon Seigneur, c'est en Ton nom que je meurs et en Ton nom que je reprends la vie », puis, tous les matins, une louange : « À Dieu qui m'a rendu mon âme, m'a épargné dans mon corps et m'a permis de l'invoquer. »

Après la mort

Que devient l'âme après la mort ? Elle est certes entre les mains de Dieu, mais elle est réputée rester en contact avec les humains, d'une manière qui nous est inconnaissable. En rentrant dans un cimetière, le musulman salue les morts, car un *hadith* du Prophète affirme que leurs âmes nous entendent et répondent à nos salutations. Elles sont contentes quand nous demandons la miséricorde en leur faveur. Car un dernier et définitif rendez-vous est prévu à la fin des temps. Dans l'intervalle, il lui est strictement interdit de se réincarner dans un corps humain ou animal. Zakir Naik, un influent penseur indien contemporain, résumait récemment la situation lors d'un colloque : « L'âme est l'essence du corps humain, qui reste au-delà de la mort. Elle conserve néanmoins un goût de la mort. Le jour du Jugement, selon ses actes bon ou mauvais, elle ira au paradis ou en enfer. » La sourate de la Rupture est parfaitement explicite : « Quand le ciel se rompra et que les étoiles se disperseront et que les mers confondront leurs eaux et que les tombeaux seront bouleversés. [...] Toute âme saura alors ce qu'elle a accompli et ce qu'elle a remis de faire à plus tard. [...] Les bons seront certes dans un jardin de délices et les libertins seront certes dans une fournaise, où ils brûleront le jour de la Rétribution, incapables de s'en échapper. » Nous voilà prévenus ! Chrétiens et juifs, méfiez-vous cependant, la sourate d'Imran annonce que « quiconque recherche une religion autre que l'islam sera récusé et il sera parmi les perdants dans l'au-delà ». Car, lit-on un peu plus loin, « Allah ne guide pas les injustes. » Seulement les repentis.

Un grand penseur musulman du XIe siècle, le persan Ibn Sina, Avicenne pour nous (voir chapitre 2), avait une vision un peu plus élaborée que celle de la tradition musulmane. Selon lui, l'âme est la forme en vertu de laquelle le corps existe. Aristote, qui a beaucoup marqué sa pensée, n'aurait pas dit autre chose. Mais Avicenne affirme, contrairement à lui, que l'âme est séparée du corps, qu'elle utilise pour acquérir de l'information : elle se présente comme le « capitaine » du navire « corps ». Nous ne sommes pas si loin du cocher de Platon ou du monarque constitutionnel d'Aurobindo (chapitre 3). Et comme il croit, avec saint Augustin, à la prédestination, le fait que certaines âmes agissent bien et d'autres mal est prévu d'avance et la rétribution finale ne serait qu'une formalité. Pour les élus, bien entendu.

La Kabbale, une très importante école de pensée juive mystique née en Espagne au Moyen Âge, mais dont les racines remonteraient aux premiers siècles de l'ère chrétienne, rompt complètement avec les thèses orthodoxes. D'abord le Zohar, l'un des livres fondateurs de la Kabbale, donne à l'âme au moins trois, sinon cinq colorations ou nuances. Les intellectuels juifs font rarement simple. La *nephesh* en est l'expression la plus liée au corps, assez proche dans les faits de l'âme végétative d'Aristote. « Elle est en bas, le premier élan », nous dit le Zohar. Lorsqu'elle en est digne, elle devient le trône où siège « l'esprit » (*rouac'h*, littéralement souffle). Et lorsque tous les deux, l'âme et l'esprit, sont dûment préparés, ils sont dignes de recevoir l'âme supérieure (*neshamah*) qui siège elle-même sur le trône de l'esprit. Le Zohar va jusqu'à préciser le destin de chaque composante de l'âme après la mort. *Nephesh* reste avec le corps et « parcourt le monde, parmi les vivants, s'enquérant de leurs peines et intercédant en leur faveur ». *Rouac'h* se retire dans le jardin de l'Éden terrestre. Le souffle « retourne à Dieu, qui l'a donnée », selon la formule célèbre de l'Ecclésiaste. *Neshamah*, enfin, « monte rejoindre sa place dans le domaine dont elle a émané et c'est par elle que la lumière s'allume pour briller en haut. Elle ne redescend jamais sur terre. Et tant que *neshamah* n'est pas montée pour s'unir au trône, *rouac'h* ne peut être couronnée dans le Jardin d'en bas et *nephesh* ne peut trouver le repos. » Tout un programme.

L'apport du Zohar à la vision de l'âme ne s'arrête pas là. Il est aussi précisé que toutes les âmes sont sujettes à la transmigration, ou *guilgoul* (cycle), ce terme décrivant dans le rabbinisme classique, le « roulement » imposé aux âmes avant de rejoindre la Terre promise. La Kabbale lui donne un nouveau sens : « Les âmes ne savent pas qu'elles sont confrontées à un tribunal à la fois avant d'entrer dans le monde, puis quand elles le quittent. Les hommes ne savent pas que les âmes tournent comme la pierre lancée par la fronde. » Et pourquoi cette conviction ? Il y aurait trois raisons au moins à une seconde vie. D'abord, s'étant insuffisamment repentie, l'âme bénéficierait d'une seconde chance pour se réhabiliter en surmontant un défi. Elle peut aussi choisir de satisfaire aux commandes mal respectées de sa vie. Enfin, elle peut souhaiter aider les autres spirituellement ou matériellement. Comme le *bodhisattva* bouddhiste. Les souffrances du pauvre Job s'expliqueraient par les actes de sa précédente incarnation. Nous ne sommes pas très loin de la vision d'Origène.

Qui croire ? Comment tirer des différentes constructions intellectuelles que nous ont léguées les diverses traditions religieuses une vision cohérente et satisfaisante de l'âme et de son parcours à la fois terrestre ou immanent, et céleste, ou trans-cendant la nature humaine ? Deux aphorismes d'inspiration platonicienne ne m'ont pas quitté depuis de longues années. Il s'agit de la très belle phrase de Pierre Teilhard de Chardin : « Nous ne sommes pas des êtres humains vivant une expérience spirituelle, mais des êtres spirituels vivant une expérience humaine », et de ces deux vers extraits d'une *Méditation* d'Alphonse de Lamartine dédiée à lord Byron, qui me hantent depuis le lycée :

Borné dans sa nature, infini dans ses vœux,
L'homme est un dieu tombé qui se souvient des cieux.

Ces deux affirmations ont en commun de vouloir nous convaincre que nous sommes spirituels avant de nous matérialiser, transcendants avant d'être immanents. Comme les entités quantiques – tiens, tiens – sur lesquels je reviendrai au chapitre 6 et dont toute matérialité procède néanmoins. Si corporels que nous nous sentions, une partie de nous vient d'ailleurs, nous sommes faits d'une essence différente de celle sur laquelle nous nous sommes greffés, comme l'imagine Teilhard. Reste à savoir quelle est la nature de cette essence et si elle préexiste à notre corps. Quant à Lamartine, saluons son premier vers. À son époque, on savait bien peu de chose du cerveau si soigneusement exploré depuis une grande centaine d'années. On ne savait pas en particulier que nous disposions tous du fameux cerveau reptilien, source de notre instinct de conservation (voir chapitre 3) et « borné dans sa nature ». Ce qui ne nous empêche pas d'avoir un appel vers l'infini, que le poète attribue à notre nature divine. Il va même jusqu'à dire, comme son lointain prédécesseur John Milton, que nous gardons le souvenir du paradis perdu. La fameuse réminiscence de Platon. Quant à nos vœux infinis, il peut s'agir soit d'une nostalgie de la Source, soit de la manifestation de notre ego surdimensionné, un sujet que connaissait bien l'ambitieux Alphonse.

La source de l'âme

Que notre nature soit *d'abord* spirituelle n'en soulève pas moins une difficulté majeure, car cette hypothèse contredit l'enseignement prodigué par les représentants officiels des trois religions du Livre, dont les thèses viennent d'être brièvement décrites (et qui voudraient que nous soyons *simultanément* matériels et spirituels). Parmi les recalés figurent des sommités telles qu'Aristote, Augustin, Thomas d'Aquin, Mohammed et les juifs classiques, soit tout de même beaucoup de monde ! Sont en revanche au tableau d'honneur Platon, Origène et, jusqu'à un certain point, les kabbalistes. Admettons cependant que nous soyons d'abord des âmes, qui s'incarnent dans des corps, ce qui est tout à fait conforme à la vision hindouiste du Soi-Atman telle que l'enseignent les upanishads, comme nous l'avons vu, et telle que l'imagine le psychologue James Hillman (voir chapitre 1). La seule validation – ténue – de cette hypothèse que nous puissions trouver dans la Bible se trouve au premier chapitre de la Genèse ou il est dit que nous sommes faits « à l'image de Dieu ». À moins qu'il ne s'agisse de « l'haleine de vie » du chapitre 2, qui inspire les musulmans. Ces deux métaphores, pour importantes qu'elles soient, sont beaucoup plus imprécises que la « substance divine » prêtée à l'Atman hindouiste.

Il y a sans doute une explication triviale à cette absence de référence : les auteurs de la Bible semblent aussi empruntés devant le phénomène de l'âme que ne sont les psychologues contemporains. On les sent au mieux embarrassés, au pire indifférents. Dans l'Ancien Testament, le sujet n'existe pratiquement pas avant les livres dits « des prophètes ». Quoi de plus normal ? Après tout, les humains étaient destinés à croupir, corps et âme, dans le shéol jusqu'au jour du Jugement. La belle affaire. Le Nouveau Testament ne sauve pas la mise. Dieu y est cité 1 367 fois, Jésus 1 238, la foi 321 et le péché 271 fois. Si le cœur revient à 164 reprises, l'âme ne figure pas parmi les quelque 130 mots les plus souvent repérés par le site Internet Mike-Soft. Cette absence traduit bien la difficulté à aborder ce sujet plus épineux qu'il n'y paraît. Comme si les rédacteurs des documents fondateurs de la foi de plus de deux milliards de chrétiens, d'un milliard et demi de musulmans et de quinze millions de juifs d'aujourd'hui avaient voulu éluder ce qui embarrassait tant saint Augustin.

La tradition populaire est moins entortillée. Ne disons-nous pas communément d'une paroisse qu'elle est composée

« de *x* centaines d'âmes », ne parlons-nous pas volontiers « d'âmes sœurs », ne ressentons-nous pas parfois du « vague à l'âme », n'estimons-nous pas que nous avons « charge d'âmes », ne souhaitons-nous pas la paix aux « âmes » des défunts ? C'est donc que le concept est bien implanté dans l'inconscient collectif cher à Jung et dont l'un de ses plus brillants sujets, le philosophe français Michel Cazenave, ose affirmer qu'il s'agit « peut-être aussi d'un inconscient cosmique qui ne saurait être détaché de la totalité de l'univers dans son ensemble ». Nous pouvons croire l'âme mortelle, comme Aristote, mais lui prêter l'immortalité nous renvoie automatiquement à Dieu, pour certains, à la Source pour d'autres. *What else*, en effet ? L'âme n'existe pas par génération spontanée !

Et si, comme je le crois, une Source, que je ne définirais pas à ce stade, émettait de l'âme (ou des âmes) dans la trame du vivant ? Après tout, la vision la plus ancienne de l'âme dans la culture occidentale en faisait un « principe de vie ». Le mystique espagnol Ibn Arabi nous a laissé, entre autres, ce court poème :

Dieu dort dans le rocher
Rêve dans la plante
Bouge dans l'animal
Et s'éveille dans l'homme.

Croire qu'il y a de l'âme partout, dans les rivières, les forêts ou les oiseaux de proie est la caractéristique des peuples animistes et donc de la préhistoire de la religion. Ces croyances n'en sont pas moins respectables et continuent à rythmer les vies d'un certain nombre d'êtres humains. Elles ne postulent cependant pas nécessairement l'existence d'une Source, base de toutes les religions monothéistes, y compris l'hindouisme. L'animisme est généralement qualifié de panpsychisme et, à ce titre rejeté par les traditions religieuses plus récentes. Nous avons plus à en apprendre que nous ne le pensons.

Si l'âme provient d'une Source, quelle qu'en soit la nature, elle est distincte du corps physique, comme le souffle de vie que Yahvé imprime à la terre glaise dont est fait l'Adam. À cette condition, elle peut mener une vie propre au-delà de la disparition du corps. Sa survie n'est en effet possible que si elle dispose d'une certaine autonomie, de moyens propres. Et sur ce point l'échafaudage conçu par Thomas d'Aquin s'effondre. Cette autonomie, il la lui reconnaît, du fait de son immortalité nécessaire à ses retrouvailles ultimes avec la chair, tout en nous assurant par ailleurs, en accord avec Aristote, que l'être humain représente un composite corps/âme ou matière/forme non seulement indissociable, mais en quelque sorte fusionné. Et donc, en toute logique, promis à la destruction à notre mort. Or ces deux propositions s'excluent l'une l'autre. Nous ne pouvons pas être âme/corps dans la vie, puis à la résurrection et âme seulement dans l'intervalle. D'ailleurs le Docteur angélique est bien embarrassé pour décrire ce que devient l'âme entre ses deux incorporations. Comme l'écrit Marie Pia Stanley dans *Christianisme et réincarnation* : « Il concédait lui aussi qu'après la mort, l'âme se trouvait dans un état insolite et antinaturel ; elle ne jouissait que d'une survie falote ; elle n'était plus qu'un fantôme impuissant, inapte à fonctionner sans sa chair. Dieu devait donc remédier à la condition affreusement précaire de l'entité en la dotant, à titre provisoire, de modes de perception apparentés à ceux des anges. » Un tour de passe-passe ? Sans son enveloppe charnelle, quel peut être le niveau de perception de l'âme telle que Thomas d'Aquin la définit ? Un ordinateur est un composite entre le matériel et le logiciel. Sans le matériel, le logiciel est illisible et sans le logiciel, l'ordinateur est muet. Aussi les deux sont-ils indissociables en tant que composite.

Thomas a évidemment besoin du concept qu'il emprunte à Aristote pour justifier les retrouvailles de notre corps et de notre âme le jour du Jugement dernier. Cet événement est commun aux trois religions du Livre. Les corps ressuscitent et retrouvent leur âme d'origine en attendant la sanction finale. Non sans une certaine angoisse, tous n'étant pas destinés au Salut et donc promis à la vie éternelle dans les bras du Seigneur. L'islam rappelle clairement, au verset 104 de la sourate des Prophètes que « Le jour où Nous plierons le ciel comme on plie les rouleaux des livres, tout comme Nous avons commencé la première création, ainsi la répéterons-Nous comme Nous nous le sommes promis ». Et après ? La sourate de la Rupture est parfaitement explicite : « Quand le ciel se rompra et que les étoiles se disperseront et que les mers confondront leurs eaux et que les tombeaux seront bouleversés, toute âme saura alors ce qu'elle a accompli et ce qu'elle a remis de faire à plus tard. […] Les bons seront certes dans un jardin de délices et les libertins seront certes dans une fournaise, où ils brûleront le Jour de la Rétribution, incapables de s'en échapper. »

Les juifs traditionnels paraissent moins binaires, le Salut étant promis semble-t-il à tout le peuple d'Israël en vertu de la prophétie d'Élie (26, 19) : « Tes morts revivront, tes cadavres ressusciteront », confirmée par ses successeurs Daniel et Ezéchiel. Un tel espoir est sans doute à nuancer. Les portes du Olan Ha-Ba, « le monde à venir », celui de la venue du Messie, ne sont pas ouvertes à tout un chacun. Il faudra mériter d'y pénétrer. Quant aux chrétiens, en tant que protestant, j'ai répété de nombreuses fois le credo que je croyais, avant d'entreprendre la rédaction de ce livre, celui dit « de Nicée-Constantinople », qui remonte au IVe siècle. Son caractère œcuménique me faisait chaud au cœur. Eh bien, je me trompais de texte ! Mon credo dominical était tout simplement… protestant. Renseignements pris, il diffère sur plusieurs points du texte initialement rédigé au concile de Nicée en 323, un vrai tour de force compte tenu des divergences entre les Églises de l'époque ! Quiconque le récite affirme croire à « la rémission des péchés » ainsi qu'à « la résurrection de la chair ». Or le texte de Nicée ne dit mot sur les péchés pardonnés et parle de la « résurrection des morts », un terme tout de même plus « soft ».

Tous sauvés !

J'ai toujours éprouvé la plus grande difficulté à adhérer aussi bien à la résurrection de la chair qu'au Jugement dernier, son évocation – « Il est monté au Ciel, Il siège à la droite de Dieu, Il viendra de là pour juger les vivants et les morts » – figurant, quant à elle, dans les deux textes. Si le Christ est venu pour sauver le monde, s'Il est mort sur la croix à cet effet, n'est-ce pas que les péchés sont pardonnés, au moins à ceux qui croient en Lui ? N'est-ce pas ce qu'Il veut dire de manière parfaitement explicite en partageant le vin avec ses disciples la veille de sa Passion : « Buvez-en tous, car ceci est mon sang, le sang de l'alliance qui va être répandu pour une multitude en rémission des péchés » (Matthieu 26 ; 28). Le Christ confirmait ainsi la prophétie de Jérémie qui fait dire à Yahvé sur la nouvelle alliance à conclure avec le peuple d'Israël : « Alors, je mettrai ma Loi au fond de leur être et je l'écrirai sur leur cœur. » Ce cœur, siège de l'âme, selon certains, dont moi. Le prophète poursuit : « Alors je serai leur Dieu et ils seront mon peuple. Ils n'auront plus à instruire chacun leur prochain, chacun son frère, en disant "Ayez la connaissance de Yahvé". Car tous me connaîtront, des plus petits jusqu'aux plus grands parce que je vais pardonner leur crime et ne plus me souvenir de leur péché. » On peut difficilement être plus clair. Alléluia, nous sommes tous sauvés !

Quand j'étais un adolescent pensionnaire, ma foi était pour le moins flageolante et le culte dominical m'apparaissait comme un pensum rébarbatif, mais je voyais cependant en notre pasteur, Henri Wullschleger, un être inspiré. Sur le pardon de nos péchés, il avait coutume de dire que le Christ était descendu en enfer, qu'il s'y était enfermé à clé et qu'il avait jeté la clé. La voie de l'enfer était donc bouchée. Impénétrable.

Inaccessible. Quelle source d'espoir pour les pécheurs que nous sommes ! Il disait de manière imagée ce que le Christ affirmait la veille de sa Passion en reprenant les termes prêtés à Jérémie.

Une telle vision peut paraître au mieux choquante, au pire scandaleuse. D'ailleurs, je n'y croyais qu'à moitié en confessant mes péchés au culte du dimanche. Était-il vraiment possible que les criminels, les pervers, les tyrans, voire les petits pécheurs comme moi puissent être inconditionnellement sauvés et promis à la vie éternelle ? Alors, le fameux texte de Matthieu, sous-titré le Jugement dernier, qui termine brutalement le chapitre 25 de son évangile, avec un Roi (lequel ?) plaçant les brebis à sa droite et les boucs à sa gauche et annonçant une peine éternelle aux uns et une vie éternelle aux autres, n'aurait-il aucun sens ? Il est vrai qu'aucun autre évangéliste n'évoque une telle hypothèse et que Matthieu était un pessimiste, comme en témoignent ses incessantes références à la géhenne, ce lieu de damnation situé aux pieds de Jérusalem. Il est non moins vrai que (Jean 12, 36) le Christ nous dit « qui ne rejette et n'accueille pas mes paroles a son juge : la parole que j'ai fait attendre, c'est elle qui le jugera au dernier jour ». Dont acte, mais il n'est pas question de condamnation à une vie éternelle en enfer. Et puis Jésus ne parle jamais du jour du Jugement évoqué à de nombreuses reprises par le Coran, si ce n'est à ma connaissance dans Matthieu 10, au verset 5 où il est question d'une ville non identifiée qui connaîtrait « au jour du Jugement » un sort encore moins enviable que celui de Sodome et Gomorrhe. Un peu cryptique tout de même.

Comment un Dieu d'amour peut-il ne pas pardonner à tous ? Et, d'abord, comment notre chair décomposée, putréfiée, incinérée et recyclée peut-elle ressusciter ? De l'aveu même de saint Augustin, dans ses *Psaumes*, « sur aucun point la foi chrétienne ne rencontre plus de contradictions que sur la résurrection de la chair ». Sur le plan strictement pratique, on imagine l'encombrement gigantesque que provoquerait la marée humaine en attente, fébrile, de son jugement ! Il est vrai qu'au cours des premiers siècles de notre ère, le retour du Christ en gloire était sinon pour demain, du moins pour après-demain. L'apôtre Paul nous rassure quelque peu en écrivant aux Philippins que « le Christ transfigure notre corps de misère pour le conformer à son corps de gloire ». Il se montre plus précis dans sa très belle envolée sur le mode de la résurrection (Corinthiens 1,15) où il affirme : « Le premier homme, issu du sol, est terrestre, le second lui, vient du ciel. […] Et de même que nous avons porté l'image du terrestre, nous porterons aussi l'image du céleste. »

Et si toute la surabondante glose sur la résurrection de la chair et le Jugement dernier, des sujets qui ont tant inspiré les commanditaires des tailleurs de pierre de nos cathédrales et des peintres de leurs retables relevaient d'un besoin de l'Église d'asseoir son autorité plutôt que du message du Christ ? Je suis désormais convaincu, comme le bon pasteur Wullschleger, que nous sommes tous sauvés et que nous aurons tous droit à la vie éternelle « *in the bosom of Abraham* », dans le sein d'Abraham, ce lieu douillet et rassurant qui me renvoie aux *spirituals* de mon enfance américaine. Je ne fais en l'occurrence que reprendre la vision d'Origène connue sous le terme rébarbatif d'*apocatastase*. Ce mot grec signifie « rétablissement » ou « restauration en l'état initial » et ne se rencontre qu'une fois dans le Nouveau Testament dans un passage des Actes des apôtres où il est question de retour du Christ au « temps de la restauration universelle dont Dieu a parlé par la bouche des saints prophètes ».

Ce jour-là, le Christ ne vient pas pour *juger*, mais pour *accueillir*, même les plus mauvais d'entre nous. Telle était la conviction d'Origène. Il n'était pas le seul à penser ainsi. Saint Grégoire de Nysse, l'un des grands admirateurs de sa pensée, sauf sur le point important des vies successives, écrira deux cents ans après lui qu'« il viendra un jour où tous jouiront de la vision divine ». Pour les bons, l'affaire est entendue. Et pour les autres ? « Quant à ceux dont les passions se sont durcies et qui n'ont mis en œuvre aucun de moyens d'effacer la souillure, ils doivent eux aussi avoir la place qui est en rapport avec leur conduite. L'endroit qui convient à l'or altéré est le fourneau du raffineur, pour qu'une fois fondu le vice qui s'était mélangé à ses pécheurs, leur nature, au bout de longs siècles, soit rendue à Dieu pure et intacte. » Sauvés donc, mais seulement après une transformation qui rappelle celle dont saint Paul parlait aux Corinthiens. Pour la petite histoire, les évêques réunis par Justinien au concile œcuménique de Constantinople en 553 ont refusé de jeter l'anathème sur l'apocatastase.

« Il est trop facile de penser que nous sommes tous sauvés ! » m'objecteront légitimement la plupart des chrétiens. Le tyran sanguinaire, le tueur en série, Hitler, après tout, ne sont-ils pas condamnés à jamais ? Eh bien, non. Je pense qu'il leur est donné une deuxième chance. Et une troisième si la deuxième échoue. Et une nième s'il le faut. Le message du Christ devient alors compréhensible : nous sommes tous sauvés, mais au prix d'expériences humaines successives. Nos âmes retrouveront la paix et la sérénité au terme de leur dernier voyage sur terre. Au risque de paraître hérétique, il n'y a ni enfer définitif ni purgatoire, « on ira tous au paradis » avec Michel Polnareff, quand on aura bouclé la boucle. Le handicapé de naissance, l'enfant mort en couches, le mécréant notoire, le salaud ont tous l'occasion de se refaire. On sait là-haut tout sur eux, il n'y a aucun secret, j'y reviendrai au chapitre suivant, on sait à quel point une incarnation peut s'avérer douloureuse et décevante pour l'âme qui l'a choisie, on sait qu'un enfant non baptisé mort à deux ans, pour lequel l'Église avait créé l'absurde pays des Limbes, reviendra un jour pour accomplir si possible un destin digne du projet de son âme.

Une telle vision, objectera-t-on, n'est guère chrétienne. « La foi en la résurrection est incompatible avec la foi en la réincarnation » affirme doctement le site de Bayard Presse, celui des assomptionnistes, « car, une fois pour toutes, la résurrection du Christ vaut pour l'homme ». Je crois dur comme fer à cette résurrection, la sienne, bien entendu, et la mienne aussi. À ceci près qu'aucune âme ne périra en enfer. Il est définitivement cadenassé. Sinon, à quoi servirait le message d'Amour, le Pardon absolu, qui représentent la contribution unique du christianisme à l'humanité ? Je ne vois aucune incompatibilité entre les migrations de mon âme et sa fusion ultime avec Dieu. Je laisse simplement de côté l'incompréhensible résurrection des corps. Quand mon âme fusionnera, on se demande à quoi pourra bien servir son enveloppe charnelle ! La vie éternelle, si elle existe, c'est la vie *en Dieu*, le retour à la Source, Brahman et Atman enfin réunis. Il n'y a rien d'autre et nous en ferons tous un jour l'expérience.

Aux sceptiques qui me lisent, et qui pourraient être tentés d'arrêter là leur lecture, je prie de m'accorder encore quelques instants d'attention. Il y a une vie après la vie, une vie des âmes. Cette « intervie » ne se passe ni au purgatoire ni en enfer mais le plus souvent… au paradis. Elle nous est de plus en plus fréquemment révélée. Ce n'est sans doute pas pour rien. Les « portes de la perception » chères à Aldous Huxley (voir chapitre 2) s'ouvrent de plus en plus largement. Le grand auteur anglais saluait à cette occasion l'intuition du poète mystique William Blake : « Quand les portes de la perception seront nettoyées, les choses apparaîtront à l'homme telles qu'elles sont : infinies. » Comme nous allons le voir.

Chapitre 5

SURNATUREL, QUAND TU NOUS TIENS

« Il y a plus de choses dans le ciel et sur la Terre, Horatio, que n'en rêve votre philosophie. »
William Shakespeare

Le dimanche 18 août 1996, une fois servie la messe dans un centre commercial de Buenos Aires, le père Alejandro Pezet est abordé par une paroissienne qui lui signale la présence d'une hostie tombée au sol au fond de l'église. Il ramasse « avec respect » ce pain consacré et le place dans le tabernacle au fond d'une coupelle contenant le l'eau, pour en favoriser la dissolution. Six jours plus tard, à sa grande surprise, l'hostie ne s'est non seulement pas dissoute, mais s'est transformée en substance sanglante. Le père Pezet s'en ouvre à son ami Jorge Bergoglio, alors évêque auxiliaire du cardinal Quarracino. Bergoglio le convainc de réaliser une photo professionnelle de l'hostie, le 6 septembre. Pendant trois ans rien ne se passe, mais l'hostie sanglante est toujours là. Entre-temps, le père Bergoglio est devenu archevêque (avant d'accéder en 2013 à la papauté).

Par l'intermédiaire d'un médecin argentin récemment converti au christianisme, un échantillon du bout de chair est envoyé sans en indiquer l'origine à l'un des plus grands spécialistes américains des examens médico-légaux, le Dr Frederick Zugibe. Les conclusions de ce dernier sont formelles : il s'agit incontestablement d'un fragment de l'aorte gauche du muscle cardiaque d'une personne du groupe sanguin AB qui a beaucoup souffert, comme l'accrédite la présence de globules blancs dans les tissus. De ce fait, Zugibe estime que « le cœur était vivant quand l'échantillon a été prélevé ». Il apparaît aussi que Zugibe est un catholique pratiquant célèbre pour ses recherches sur la mort du Christ sur la croix et sur l'authenticité du suaire de Turin. La relique est encore à ce jour vénérée à Buenos Aires. Son existence figure parmi ce qu'il est convenu d'appeler les « miracles eucharistiques ».

Heureux ceux qui observent ou étudient avec une certaine curiosité et une grande ouverture d'esprit les phénomènes dits surnaturels, paranormaux, mystiques, ou magiques – peu importe le terme. Car ils sont prêts à croire à des manifestations parfois terrifiantes, souvent exaltantes, toujours stimulantes qui dépassent l'entendement et qui défient la science conventionnelle, étant par définition non reproductibles en laboratoire. Sont-elles pour autant irréelles, inexistantes, chimériques ? Sont-elles autre chose que le produit de notre imagination fertile, de notre inconscient fécond, de notre crédulité sans limites, de notre besoin impérieux de croire en une autre réalité que celle perçue par nos cinq sens ? La science contemporaine nous affirme que non. Dont acte. Mais cette même science croyait naguère que la terre était au centre du monde, que l'univers était statique, que les électrons décrivaient de belles ellipses autour des noyaux atomiques et que la saignée débarrassait des mauvaises humeurs dues à la maladie. En somme, la science se réinvente régulièrement dans tous ses domaines d'exploration, toujours dans l'espoir de décrire le plus finement possible le monde tel qu'il est. Elle souscrit sans réserve aux trous noirs interstellaires, que personne n'a vus par définition, mais elle bute sur des phénomènes surnaturels pourtant confirmés par de nombreux témoins. Les lévitations de sainte Thérèse d'Avila, qui montait au plafond de sa cellule en méditant en compagnie de saint Jean de la Croix ? Des hallucinations dues à la ferveur religieuse de ceux qui ont témoigné de leur authenticité. Les soixante-neuf miraculés de Lourdes reconnus par l'Église (sur tout de même sept mille guérisons constatées) ? Le produit de « l'effet placebo », c'est-à-dire de la mystérieuse faculté de guérison née de nos croyances. Les trente-six ans passés par la mystique paysanne allemande Thérèse Neumann à se nourrir uniquement d'hosties, tout en s'exprimant dans des langues oubliées, en portant les stigmates, en transférant sur sa personne les maux des autres et en décrivant des visions extatiques ? « Un état d'hystérie grave avec tous les phénomènes inhérents à la maladie, y compris la part habituelle de simulation », selon le rapport sans appel d'un certain professeur Martini en 1938.

On pourrait multiplier les exemples du mépris avec lequel les scientifiques ont traité le plus souvent certains faits inexplicables par eux, qu'ils soient de nature religieuse ou profane. Thomas Szasz, un psychiatre américain bien peu orthodoxe, a eu un jour cette heureuse formule : « Quand nous parlons à Dieu, nous prions. Mais quand Dieu nous parle, nous sommes schizophrènes. » Comment se fait-il que, dans le monde occidental, les *croyances* religieuses soient acceptées comme un phénomène culturel alors que les *expériences* religieuses sont considérées comme des symptômes de maladie mentale ?

Quand les savants chassaient les fantômes

Il n'en a pas toujours été ainsi. Vers la fin du XIXe siècle, deux phénomènes se sont produits concomitamment. Les découvertes scientifiques se sont multipliées, certaines paraissant carrément mystérieuses, comme l'électricité, cette puissante énergie invisible, dont l'usage a précédé la compréhension. Et puis, la foi dans la croissance et le progrès a largement érodé les croyances religieuses classiques. Par curiosité autant que par conviction, de nombreux scientifiques de renom ont alors franchi le pas qui sépare la science de la spiritualité en se livrant à des explorations au-delà des limites conventionnelles du savoir de leur époque. À commencer par le grand physicien/chimiste William Crookes, inventeur du « tube à vide » et tout aussi fasciné par ce qui touche à la parapsychologie. En janvier 1874, le très respecté *Quaterly Journal of Science* publie une note de Crookes décrivant quatorze phénomènes « de nature spirituelle » vécus par lui, parmi lesquels les déplacements de corps pesants, les percussions, la lévitation d'êtres humains et l'apparition de fantômes (incorrigibles Britanniques !). « Je me suis efforcé, écrit-il en introduction, de retracer des effets de lois et de forces là où d'autres ne voient que des interventions d'êtres surnaturels n'obéissant qu'à leur libre arbitre. » Crookes sera rejoint dans ses explorations par des sommités de son époque comme le génial concepteur de l'électromagnétisme James Clerk Maxwell, par lord Rayleigh, prix Nobel de physique et par le philosophe et humaniste Henry Sidgwick.

Les Français sont tout aussi actifs. Des hommes aussi éminents que Pierre Curie, un autre prix Nobel avec sa femme Marie, et le grand vulgarisateur de l'astronomie Camille Flammarion, le premier à affirmer que la vie pouvait exister ailleurs que sur la Terre apporteront leur pierre à l'édifice. Comme l'écrit Pierre à Marie en 1894 à propos des exploits des médiums en vogue à l'époque : « Je dois avouer que ces phénomènes m'intriguent. Je crois qu'il y a dedans des questions qui touchent de près à la physique. » Douze ans plus tard, peu avant sa mort accidentelle, il notera dans son carnet : « Ces phénomènes existent réellement et il n'est plus possible d'en douter. » L'année précédente il avait adhéré au Groupe d'études des phénomènes psychiques, présidé par le directeur de l'Institut Pasteur (eh oui !), en compagnie du philosophe Henri Bergson et d'Édouard Branly, le vrai découvreur en 1890 de la télégraphie sans fil, la TSF, attribuée à l'Italien Marconi (au point que le premier message envoyé par ce dernier d'Angleterre en France neuf ans plus tard sera un hommage au savant français).

Savants et intellectuels se passionnent, avec les bourgeois nantis de cette fin d'un siècle de conquêtes, pour l'étude de phénomènes aussi bien physiques, comme les tables tournantes ou les portes qui claquent, que psychiques, comme les divinations des médiums en transe. Les hommes veulent savoir si les cours des actions de chemins de fer vont monter et leurs épouses avec qui leurs maris les trompent ! Nombreux sont ceux qui pratiquent avidement le « spiritisme ». Né aux États-Unis à la fin des années 1840, introduit en France par le pédagogue Hippolyte Rivail, plus connu sous son nom d'emprunt Allan Kardec, le *spiritualism* sous sa forme la plus simple postule que l'âme étant immortelle, nous pouvons communiquer avec les morts soit directement, soit par l'intermédiaire d'un médium. Le spiritisme comptera à la fin du XIXe siècle jusqu'à huit millions de pratiquants aux États-Unis. Il est encore très vivace au Brésil, avec ses dix millions de « kardécistes » parmi lesquels de nombreux catholiques fervents. Le succès du spiritisme n'a pas manqué de susciter de troubles vocations. Quoi de plus normal ? En économie de marché, les faux devins pullulent, poussés par la crédulité de leurs riches mécènes. À commencer par les célébrissimes sœurs Maggie et Kate Fox, dont les exploits et les révélations vont inspirer tant d'Américains avant d'avouer, au bout de quarante ans, qu'elles avaient aussi triché.

En 1882, alors qu'il est déjà prouvé que Crookes a été abusé par un médium bidon, Frederic Myers crée avec quelques amis la SPR ou Society for Psychic Research. Professeur de littérature à Cambridge et poète à ses heures, Myers est avant tout un chercheur qui ambitionne de démontrer l'existence d'une vie après la mort. Nous lui devons le mot « télépathie » ou communication à distance. Se focalisant sur ce thème ainsi que sur le mesmérisme (ancêtre de l'hypnose), la clairvoyance (vision à distance) et l'apparition des fantômes, la SPR affirme s'attacher « à l'étude de ces questions nouvelles sans préjugé d'aucune sorte, dans le même esprit d'exacte et impartiale recherche qui a permis à la science de résoudre tant de questions tout aussi obscures [*sic*], tout aussi chaudement débattues ». Voilà la preuve d'une belle ouverture d'esprit qui s'est singulièrement dégradée dans la communauté scientifique au cours du XXe siècle, en grande partie sous l'effet de la montée en puissance de l'inconscient humain réputé expliquer les phénomènes « psi » les plus mystérieux. L'association de Myers a cependant survécu et longtemps bénéficié d'un grand prestige. Elle a compté parmi ses adhérents des célébrités comme Arthur Conan Doyle, Carl Gustav Jung et même Sigmund Freud, qui n'était guère assidu. Elle a été présidée par d'éminentes personnalités, anglaises naturellement, comme lord Balfour, ex-Premier ministre, mais aussi françaises, comme Camille Flammarion, le philosophe Henri Bergson et le physiologiste Charles Richet, prix Nobel de médecine en 1913. Passionné d'aviation, champion – personne n'est parfait ! – de l'eugénisme, Richet est aussi un mordu de parapsychologie, réputé « chasser les fantômes ». Vers la fin de sa vie, il publie en 1922 un audacieux *Traité de métapsychique*, dédié, on ne s'en étonnera pas, à Myers et à Flammarion. Le titre est loin d'être anodin. Richet cherche à transposer aux phénomènes « psi » ce que *La Métaphysique* d'Aristote se voulait par rapport à la pure physique. Son introduction est sans ambiguïté. « J'ai voulu tenter d'écrire un livre de science, non de rêve. Comme il s'agit de phénomènes peu habituels, le public et les savants ont pris le parti de les nier, tout simplement, sans examen. Cependant, ces faits existent, ils sont nombreux, authentiques, éclatants. On trouvera dans le cours de cet ouvrage des exemples si abondants, si précis, si démonstratifs, que je ne vois pas comment un savant de bonne foi, s'il consent à l'examen, oserait les révoquer tous en doute. »

Frissons nocturnes

Les savants sont-ils de bonne foi ? Pas toujours. Mais les enfants le sont. À l'âge de sept ans, j'habitais aux États-Unis, j'étais en primaire dans une école américaine et je parlais encore mal le français. Ma sœur Elaine, de sept ans mon aînée, trop contente de trouver un public, me lisait les contes d'Edgar Poe dans mon lit avant d'éteindre ma lampe de chevet. Je tournais et je me retournais alors dans mes draps cerné par les fantômes de *La Chute de la maison Usher*, emmuré vivant dans *La Barrique d'amontillado*, attaché à un grabat sous la menace d'une faux immense descendant lentement du plafond, comme le héros tragique de la nouvelle *Le Puits et le Pendule*. Et j'adorais les frissons exquis provoqués par ces peurs. Mes nuits étaient cependant courtes et agitées, car je voyais des monstres dans mon placard et des cambrioleurs sous mon lit. Surtout ne pas bouger ! Jusqu'au jour où j'ai imaginé qu'un petit démon en tunique rouge, comme il se doit, installé sur mon épaule gauche, s'expliquait violemment avec un angelot tout vêtu de blanc perché sur mon épaule droite. Je compris très vite qu'ils tenaient les clés de mon salut… et de mon sommeil. Et comme j'étais convaincu que le Bien triomphait du Mal – pourquoi donc ? –, l'angelot finissait par avoir raison du démon tandis que Morphée m'emportait. Instinct de conservation, intuition, message venu d'ailleurs ? Je laisse au lecteur le choix de l'explication qui m'a non seulement sauvé de mes paniques nocturnes, mais plongé par la suite dans la lecture de tous les contes de terreur, d'horreur, d'angoisse que les écrivains anglo-saxons avaient écrits – et ils sont particulièrement friands de ce genre de littérature ! Je suis devenu en quelques années un expert ès fantômes, démons et autres monstres nocturnes surgis de leur imagination fertile.

Adolescent, ayant épuisé les joies et les terreurs des contes macabres, j'ai tourné mes investigations vers l'occultisme, la sorcellerie, le vampirisme, le vaudou et les zombies. Les romans gothiques britanniques, les romans ésotériques de Gustav Meyrink, les récits de messes noires de J.-K. Huysmans, l'inoubliable *Dracula* de Bram Stoker, les créatures à forme humaine comme le Golem ou le monstre de Frankenstein et les diableries de Richard Matheson sont devenus mes compagnons de route. Aux frissons de la peur s'ajoutait souvent un exquis parfum d'érotisme, stimulant pour le jeune homme pubère que j'étais devenu.

J'ai par exemple découvert les incubes et les succubes, ces démons masculins et féminins qui, dans la tradition médiévale, hantent les nuits des femmes ou des hommes. J'ai aussi tenté de déchiffrer des grimoires, comme les célèbres *Clavicules de Salomon*, mais j'ai dû renoncer, faute, sans doute, d'y croire vraiment. Le monde que j'explorais était-il imaginaire ou bien réel ? Disons que j'avais envie de lui donner un certain contenu, comme à l'Atlantide, au continent Mu ou aux *vimana*, ces soucoupes volantes de la tradition védique dont la revue *Planète* se faisait l'avocat enflammé. Je conservais néanmoins un certain scepticisme à l'égard de toutes ces spéculations, une distance qui me permettait d'apprécier sans adhérer. J'ai tout de même vécu une expérience singulière lorsque j'étais en « prépa » à l'école Sainte-Geneviève Un soir d'hiver, j'ai fait une conférence sur la démonologie, avec mon ami René, à la demande de et devant un parterre de jésuites. À un moment clé de mon exposé, alors qu'il était question des fameux succubes, un immense et irrésistible éclat de rire a parcouru la salle. Les jésuites perdaient-ils leur légendaire contrôle d'eux-mêmes ? René a eu la présence d'esprit d'ouvrir toute grande la fenêtre de la salle qui se trouvait derrière nous et le silence s'est fait aussitôt. « Nous avons chassé le Diable », m'a-t-il avoué par la suite. L'Esprit souffle où il veut...

Rencontre avec Octave

Mes explorations d'enfant et d'adolescent m'ont sans doute préparé à la rencontre singulière que je vais faire en 1969, à l'âge de vingt-cinq ans. Je commence à peine une carrière de journaliste à *L'Expansion* et je viens de démarrer un petit *side business* en association avec mon ami Gilles. Nous vendons et surtout nous recrutons des vendeurs en porte-à-porte d'un détergent réputé universel commodément appelé Swipe (essuyer d'un coup de main). Je suis fasciné par les perspectives financières quasi miraculeuses revendiquées par cette activité à laquelle je consacre un temps immodéré. Sur ces entrefaites, je reçois au mois d'août un appel de la femme de mon frère Emmanuel, en vacances chez sa grand-mère, m'annonçant tout de go que je vais épouser sa cousine germaine ! Et pourquoi ? « C'est la table qui l'a dit. Il faut vite que tu viennes rencontrer ta promise. »

La « table » ? Cet objet renvoie aux pratiques spirites du siècle précédent. Il se trouve que la grand-mère mexicaine de ma belle-sœur adore de longue date faire « tourner les tables », en l'occurrence les guéridons, dont les trois pieds facilitent la mobilité. On raconte même qu'elle les faisait sauter sur le piano du grand salon et monter l'escalier d'honneur de son petit château normand. Un jeu de société plutôt qu'une communication avec les esprits. La grand-mère ne pratique plus mais elle a transmis le virus à ses petites-filles. Les après-midi pluvieux de Normandie (et ils ne manquent pas) fournissent aux jeunes femmes l'occasion de « conversations » *via* le guéridon avec un « esprit » qui se présente comme leur défunt grand-père Octave, depuis longtemps enterré dans la chapelle du château et qui attend, à ses dires, que son épouse Marie-Louise le rejoigne dans l'au-delà. De telles conversations sont simples, bien que chronophages. Les mains posées sur le guéridon, les participants interrogent l'esprit qui répond aux questions en frappant d'un de ses trois pieds le nombre de coups correspondant à telle lettre de l'alphabet (six pour un « f »). Chaque mot est validé par une frappe (oui) ou deux (non).

Quelques jours avant le coup de fil de ma belle-sœur, sa cousine Natalie a demandé à Octave qui elle épouserait. Question quasi rituelle pour une jeune fille de bonne famille de dix-neuf ans. Premier mot de la réponse : FRANÇOIS. Natalie espérait que s'ensuivrait le « J » du patronyme d'un jeune homme sur lequel elle avait des vues. Espoir déçu ! La table tape les lettres DEWITT à la surprise des jeunes femmes présentes. Et je suis donc tout naturellement invité à rencontrer ma promise, que je connais à peine. Je pars illico pour la Normandie, où je fais connaissance de Natalie… et d'Octave. Elle me paraît charmante, bien qu'un peu adolescente. Mais quelle énergie, quel abattage ! Je la vois immédiatement en vendeuse accomplie de Swipe, pour son profit et le mien. Quant à « lui », je m'installe rapidement autour du guéridon et il ne tarde pas à manifester son plaisir de me rencontrer.

Je me livre pour la première fois à cette expérience que je connaissais par mes lectures, mais qui m'inspirait des doutes légitimes. Qu'il y ait une vie après la mort, soit, j'en avais suffisamment entendu parler, notamment à travers mes lectures. J'imaginais même que des esprits « rôdeurs », qui n'avaient pas rompu les amarres avec leur vie terrestre, puissent être contactés par les vivants. J'étais donc acquis à une possible existence du surnaturel. Il me paraissait non moins plausible que la mise en commun d'énergies (subtiles ?) dégagées par nos corps puisse déplacer des objets de nature instable comme un guéridon (ou un verre à pied retourné, ça marche très bien). Enfin, pour rester dans le domaine du rationnel, que tel d'entre nous influence par la pensée les « réponses » apportées par l'objet, pourquoi pas ? N'était-ce pas sans doute la botte secrète des médiums du XIXe siècle ?

Il y avait cependant un moyen d'aller plus loin, en posant à la table une question dont 1/ la réponse pouvait être vérifiée alors que 2/ aucune des personnes présentes ne pouvait l'avoir « en tête ». Je m'aventurai. « Où est en ce moment le père de Natalie, ton fils Alain (on se tutoie avec les esprits) ? » Réponse : « Montecristo. » Nous savions qu'Alain naviguait en Méditerranée, mais personne ne savait où, à commencer par sa fille, réputée « nulle en géo ». Nous avons pu vérifier qu'en ce 21 août 1969, Alain avait bien mouillé sur l'île microscopique de

Montecristo. Un bon point pour Octave. Je n'étais pas convaincu pour autant de la réalité de sa présence parmi nous. Pas plus, d'ailleurs, que son gendre Bertrand, un catho plutôt rationaliste, qui faisait souvent la sieste dans le salon pendant nos séances. Il nous confiera cependant un jour, le sourire aux lèvres, que les expressions utilisées par la table ressemblaient étrangement aux propos cursifs et ramassés tenus par son beau-père. Encore un bon point pour Octave.

Un événement allait sinon emporter mes doutes, du moins les atténuer fortement. Nos conversations avec Octave étaient devenues quasi rituelles à chaque séjour en Normandie. Sa veuve s'éteignait lentement et paisiblement. Un soir d'automne froid et humide, nous sommes quatre autour de la table. Natalie est devenue entre-temps mon épouse. Elle n'a jamais vendu que six bouteilles de Swipe, mais elle m'a suivi à toutes mes réunions de sensibilisation des futurs vendeurs du produit miracle et Cupidon a fait le reste. Le bilan financier de mon *side business* n'a pas été à la hauteur de mes espérances, mais, concrètement, j'ai gagné une épouse (et une augmentation de salaire de 10 % à *L'Expansion*). Et puis le pronostic d'Octave avait été exact, comme le seront d'autres. Mais revenons à ce fameux soir d'automne. À côté de Natalie, son frère Jean-Marie et sa cousine Anne. Octave est une fois de plus au rendez-vous lorsqu'une idée me vient subitement : « Pouvons-nous te voir ? » Après tout, ne suis-je pas une anthologie d'histoires de revenants ? Curieusement, je n'y avais jamais pensé. La réponse arrive, vigoureuse : « Oui ! » Un choc tout de même. « Qui peut te voir ? » Ses petits-enfants. Je suis, quant à moi, privé de fantôme. Où le voir ? « Dans l'église » située à deux pas du château. Et où dans l'église ? Réponse laconique. « L'atmosphère » en décidera.

J'invite donc ses descendants à me suivre dans la nuit devenue noire et glaçante. Seule Anne accepte mon offre. Nous voilà partis bras dessus bras dessous vers l'église. Elle est fermée. Je suggère à ma cousine par alliance de l'attendre dans une des allées du cimetière. S'il doit se manifester, il peut bien le faire là. Au bout de dix minutes d'attente, Anne me serre le bras. « Qu'est-ce que je fais ? » « Rien ! » « Mais grand-papa est à quelques mètres ! » « Attendons un peu qu'il se rapproche ». Je n'en mène pas large bien que je ne voie rien dans la nuit noire. Nouveau serrement de bras, plus insistant. « Il est à un mètre cinquante et il me tend la main ! » L'angoisse me gagnant, je commets alors une erreur fatale. Plutôt que d'attendre qu'il nous rejoigne (nous traverse ?), j'invite lâchement Anne à faire un quart de tour pour nous arrêter un peu plus loin dans une autre allée du cimetière. À mon immense regret, il n'est jamais revenu. Le charme était rompu. Mais la petite-fille a vu son grand-père en plein jour, dans un costume de flanelle gris, une main sur sa canne et l'autre tendue vers elle. Il était mort lorsqu'elle avait six ans. Elle ne l'avait donc jamais connu autrement qu'alité. Elle était certes chauffée à blanc par notre séance précédente, mais je doute fort qu'elle ait été victime d'une hallucination, comme ne manqueront pas de le décréter nos doctes psychologues rationalistes. Octave était bien au rendez-vous. Non seulement les esprits nous parlent, mais ils peuvent aussi se manifester. Quelque chose en Octave avait survécu à la mort. Et sans doute sa petite-fille, par une mystérieuse énergie personnelle, par une sorte d'entrée en résonance avec l'au-delà, a permis à l'esprit Octave de se matérialiser et d'être perceptible à ses sens ce soir-là.

En dépit d'une efficacité que j'ai pu mesurer de nombreuses fois, en plein jour et devant des gens ayant le scepticisme chevillé au corps, les guéridons et les verres représentent des modes de communication relativement primitifs. Et sans garantie quant à la personne qui se mettra à table. Il s'agit bien souvent d'un Napoléon, d'un Einstein ou d'une Marie-Antoinette qui figurent parmi les personnages historiques les plus prisés des « esprits farceurs », voire du « bas astral » toujours actif, dont il sera question au chapitre 7. L'incohérence de leurs propos et leur manque évident de culture font très rapidement douter de leur authenticité. Les enfants qui se livraient naguère aux frissons des célèbres tablettes « oui-ja » sont bien placés pour savoir que même si « ça marche » techniquement, l'outil est fruste. D'ailleurs, ces tablettes, qui permettent de communiquer *via* une flèche baladeuse balayant les lettres de l'alphabet, ont une histoire fort peu spirituelle. Leur nom est tout bête, puisqu'il consiste à accoler notre « oui » au « ja » allemand, ce que peu d'utilisateurs savent, notamment les Américains. Elles ont été introduites en 1890 comme jeu de société, la marque ayant été rachetée au cours des années 1960 par Parker Brothers, le célèbre inventeur du Monopoly, vendu par la suite à Hasbro. Le spiritisme avait été dépossédé entre-temps de son aura.

Contact radio

Mais comme on n'arrête pas le progrès, même dans le paranormal, on trouve à l'heure actuelle beaucoup mieux. Il est d'abord possible de communiquer par ondes radiophoniques et télévisuelles ou par écriture automatique. Plus efficaces encore sont les techniques relevant de *channelling*. Enfin, mais le phénomène n'est pas reproductible, les expériences de mort imminente ou EMI se révèlent une source inappréciable non seulement d'informations, mais de relations avec les esprits. Les portes de la perception s'ouvrent.

Le père François Brune est un vieux monsieur exquis, au visage tout rond, curieux de tout, mais sans prétention et animé de la foi du charbonnier. C'est aussi un grand érudit polyglotte. Il a exploré à fond les textes des pères fondateurs de la pensée chrétienne et il a écrit une quinzaine de livres truffés d'informations. Il ne prend pas pour argent comptant tout ce à quoi il est supposé croire, à commencer par le très regrettable péché originel que nous devons à saint Augustin, de même que la vision rationnelle de la foi telle qu'enseignée par saint Thomas d'Aquin (voir chapitre 4). Le père Brune s'est acquis une certaine célébrité en publiant en deux tomes successifs *Les morts nous parlent*. Avec toute la simplicité et la capacité d'émerveillement qui le caractérisent. Son introduction commence par ce mot de Jules Renard : « Je pense que la mort est bien la mort et n'en appelle à aucune réalité cachée ; je crois que lorsque l'on tombe, c'est tout de bon et qu'on ne se relèvera pas tout à l'heure, comme le font les acteurs sur le théâtre. » La plupart des Occidentaux souscrivent à cette vision, dont les pages qui suivront, étayées de multiples exemples, ont pour but de convaincre le lecteur que « l'après-vie existe et [que] nous pouvons communiquer avec ceux que nous appelons les morts ». Pour le père Brune, « non seulement la crédibilité scientifique de ces expériences se trouve confirmée, mais la prodigieuse richesse de cette littérature de l'au-delà a ranimé en moi ce que des siècles d'intellectualisme théologien avaient éteint ». Il fustige aussi bien « le corset rationaliste qui emprisonne nos esprits que l'Église, qui nourrit la plus grande méfiance envers ce type de phénomène : elle enseigne l'éternité, mais elle n'accepte pas qu'on puisse la vivre et entrer en communication avec elle ».

Entrant dans le vif du sujet, Brune nous apprend notamment que Guglielmo Marconi, l'inventeur de la transmission radio sans fil, la TSF, avait remarqué de curieuses interférences dues à des voix étrangères lors de ses premières retransmissions. L'anecdote n'est pas anodine. Il cite aussi la réception en 1952, par le père Agostino Gemelli, l'éminent président de l'Académie pontificale, d'une voix parfaitement identifiable, celle de son défunt père, lors d'une expérience conduite en laboratoire par un autre ecclésiastique. Terrorisé sur le coup, Gemelli rend compte de l'événement au pape lui-même. Réponse du souverain pontife : « Mon cher Père, soyez tranquille, ceci est un fait scientifique et n'a rien à voir avec le spiritisme ; l'enregistreur est un appareil objectif qu'on ne peut suggestionner, il capte et enregistre les vibrations sonores d'où qu'elles viennent. Cette expérience pourra peut-être marquer le début d'une nouvelle étude scientifique pour confirmer la foi dans l'au-delà. » On aimerait bien que tous les ecclésiastiques aient la même ouverture d'esprit que celle dont fit preuve Pie XII. Le pape François laissera-t-il s'ouvrir les portes de la communication avec l'au-delà ? C'est un esprit original et libre. Il a vécu le miracle eucharistique de Buenos Aires. L'avenir nous dira s'il est resté prisonnier d'une attitude, hélas trop courante depuis sans doute Thomas d'Aquin, celle d'un scepticisme non agressif, qui ne fait guère avancer le sujet, tout en permettant aux rationalistes de dominer de tout leur poids le monde du savoir.

Écriture spirituelle

Le père Brune a en tout cas poursuivi avec opiniâtreté ses explorations, qui l'ont conduit à se pencher sur le tout aussi mystérieux phénomène de l'écriture automatique. En l'occurrence, un receveur s'installe à sa table de travail, pose un stylo ou un crayon sur une feuille de papier et adopte une attitude très concentrée. Au bout d'un temps plus ou moins long, sa plume se met à écrire automatiquement, le bras (et non la main) se mettant alors en mouvement. Il s'agit de l'écriture « directe » déjà notée par Crookes.

Cette forme d'écriture est réputée inspirée par l'au-delà. Une certaine Cécile Monnier aurait ainsi communiqué pendant plus de vingt ans avec son fils Pierre, mort pendant la Grande Guerre. Elle a même publié sept volumes d'informations et de réflexions ainsi transmises. Le père Brune, qui l'a rencontrée, n'a aucun doute sur l'authenticité et la bonne foi de ce scribe original. Il a même tiré des propos pleins de sagesse et d'amour de Pierre, « un être inspiré » selon lui, la matière d'un livre choc : *Pour que l'homme devienne Dieu*. L'écriture automatique lui a aussi permis de communiquer avec son frère défunt. Je m'y suis livré à plusieurs reprises. Sans succès, mon bras décrivant plutôt des formes sans signification. Du gribouillage. Et puis, un jour récent, enhardi par la lecture des *Morts nous parlent*, j'ai écrit, les yeux fermés, « mummieestla ». Mummie est le nom qu'étant de culture anglophone j'ai toujours donné à ma mère. Elle paraissait annoncer ainsi sa présence. Il s'est ensuivi une brève et émouvante conversation au cours de laquelle « nous » avons échangé des propos très affectueux. Vrai ou faux ? Peu importe. Que de telles pratiques puissent être à notre portée fait du bien. Je précise seulement qu'il n'est guère aisé d'écrire avec le bras des phrases entières, tous les mots étant attachés ! Carmen de Sayve, une cousine mexicaine par alliance de mon ex-épouse, a rédigé il y a vingt-cinq ans, une vision de notre vie terrestre (et céleste) fort peu conventionnelle pour la catholique pratiquante qu'elle était. Sa famille française en étant à la fois gênée et marrie. Carmen avait-elle perdu le nord ? J'étais sans doute le seul dans son entourage à accorder du crédit à sa démarche. Elle avait passé des journées entières à rédiger un texte qui correspondait fort peu à son éducation, au risque d'être ostracisée par son milieu naturel. Quel intérêt cette quinquagénaire discrète avait-elle à raconter n'importe quoi ? Devenue depuis cette époque un médium respecté dans son pays, elle a déjà publié cinq livres tout en libérant de nombreuses âmes prisonnières dans le bas astral. J'y reviendrai.

D'ÂME À HOMME

Si nous n'avons aucune preuve scientifique absolue et irréfutable de l'existence de la vie après la mort, au moins disposons-nous aujourd'hui de nombreuses expériences vécues qui paraissent rendre cette hypothèse de plus en plus plausible. Le *channeling* en fait sans aucun doute partie. En juillet 2010, Fiona, une amie britannique aujourd'hui disparue avec laquelle j'ai entretenu de belles et riches conversations sur tous les sujets, me demande si je veux faire l'expérience d'un *reading* avec un *channel* de sa connaissance. Elle est rompue de longue date à cet exercice, dont elle pense le plus grand bien. Pourquoi pas, mais de quoi s'agit-il ? « C'est passionnant, me dit-elle, on te parlera de toi et de tes vies passées. La séance dure environ une heure et demie. Il faut préparer beaucoup de questions. » Élémentaire, puisque mon métier de journaliste consiste à poser des questions, que ce soit à un ministre, à un PDG ou à l'homme de la rue. Pourquoi pas à un *channel* réputé susceptible, m'explique Fiona, de nous mettre en contact avec le monde mystérieux « des esprits » ?

Me voilà frappant à la porte d'une certaine Constance, de nationalité américaine, qui passe une partie de l'année près de la tour Saint-Jacques, dans une rue parallèle à celle attribuée au grand alchimiste Nicolas Flamel. Cette proximité n'est pas pour me déplaire. Constance est une quinquagénaire au physique aussi généreux que sa faconde. Elle m'assied confortablement dans son salon, elle branche un magnétophone (les smartphones viendront plus tard) et s'installe en tailleur contre le mur, ses deux bassets miniatures sur les genoux. Puis elle se met à respirer de manière profonde, selon la technique dite « holotropique » qui permet en principe d'accéder à des « états modifiés de conscience ». S'ensuivent quelques notes aiguës, puis graves, puis encore des aiguës. J'apprendrai plus tard qu'il s'agit de la « musique des sphères » chère à Pythagore, à laquelle « les esprits » seraient particulièrement réceptifs. Au bout de quelques minutes de vocalises, elle se met à parler en anglais d'une petite voix aiguë aux accents indiens prononcés. Dans une vie précédente – on n'y coupe pas –, je me serais appelé William SEACH – toutes les lettres sont épelées –, plus connu sous le nom de William d'Ockham. Ce franciscain eut l'audace de provoquer la papauté dont le faste lui était insupportable. Il fut de ce fait excommunié et finit sa vie profondément blessé à la cour de Bavière. Ockham a aussi été un philosophe dans la tradition scolastique de son époque, auteur de plusieurs ouvrages d'une lecture particulièrement ardue pour un profane comme moi (je n'ai pas pu m'empêcher de me renseigner...).

« Vous le retrouverez dans des circonstances insolites », me diront au cours d'une séance ultérieure les « interlocuteurs » qui s'expriment par la voix de Constance. De fait, trois ans plus tard, en août 2013, ayant loué une maison à Sedona, un site mythique de l'Arizona, j'ai saisi « par hasard » dans la bibliothèque une passionnante *Histoire de la pensée humaine* rédigée par Charles Van Doren, un érudit dont la carrière avait été sacrifiée pour avoir été de mèche avec les organisateurs d'un quiz télévisé. J'y ai trouvé une référence inattendue à Ockham, réputé avoir participé à la levée de boucliers ecclésiastique qui a mis prématurément fin à la carrière de Thomas d'Aquin. Ockham est aussi bien connu des scientifiques pour être l'auteur du « principe de parcimonie » en vertu duquel les démonstrations s'appuyant sur le nombre le plus limité possible de paramètres sont toujours préférables aux autres. Ce principe s'appuie sur la métaphore ultérieure du célèbre « rasoir d'Ockham » dont l'objet est d'éliminer les hypothèses superflues. J'y souscris volontiers, tout en observant que ce rasoir est constamment évoqué par les spécialistes rationalistes du cerveau pour éliminer toute référence à l'âme de leurs recherches, au prétexte qu'elle ne fait que complexifier le débat. Et si, au contraire, elle le simplifiait ?

Mais revenons à ma première rencontre. Après m'avoir décrit brièvement une seconde vie où j'aurais servi de scribe au grand Xénophon – plus doué dans l'art de la guerre que dans le maniement de la plume – qui fut aussi un élève de Platon en même temps qu'Aristote. Me voilà donc en bonne compagnie. Le vrai choc était encore à venir. Une fois décrites ces deux vies, mes interlocuteurs, car c'est avec un collectif que j'ai l'impression d'échanger, vont droit au but : « Votre projet de livre nous intéresse énormément. Et notamment la manière dont vous comptez opposer la pensée d'Aristote à celle de Platon. Vous pourriez même rédiger un dialogue fictif entre eux ! » Cette remarque me laisse sans voix. Je suis subitement à court de questions. Comment savent-« ils » que j'ai un projet de livre ? Je n'en ai touché mot à Constance, qui, de toute façon, est comme « débranchée » et ne se souvient jamais, dit-elle, des propos qui passent par sa bouche. Elle est donc bien incapable de lire dans mes pensées. Depuis que je la connais un peu mieux, je n'ai jamais eu la moindre raison de douter de sa bonne foi. C'est avant tout une artiste, une chanteuse en quête de reconnaissance, qui s'est découvert le don de canaliser des informations venues de l'autre côté de la vie humaine. Pour la petite histoire, c'était ce que Frederic Myers a passé sa vie à vouloir démontrer. Il faudra attendre sa mort pour que la démonstration en soit faite, comme nous le verrons au chapitre 7.

Le projet d'écrire quelque chose qui me prolonge et qui éclaire mes enfants sur ma personnalité, je le portais en moi depuis vingt ans. Une idée, une pulsion, un fantasme, rien de plus. À l'époque de mon premier channeling, je commençais seulement à amasser dans un désordre certain des lectures susceptibles de me guider vers sa réalisation et je venais tout juste de découvrir ces deux monuments de la pensée grecque avec, je l'avoue, une sympathie toute particulière pour Platon. Faute de trouver un sujet satisfaisant, il me faudra trois ans avant de me mettre à écrire. Pendant ces trois années, je ferais quatre rencontres toujours aussi passionnantes avec ce qui me paraît comme un collectif « d'âmes », car il emploie le « nous » plutôt que « je » et se présente sous l'acronyme d'Alana. Leurs bons conseils ont été précieux, ils m'ont donné confiance en moi et nous avons passionnément échangé sur des sujets aussi variés que le cerveau quantique, les « trous de ver » chers à Einstein, qui permettent de voyager dans le temps, les erreurs de l'Église ou la fin prévisible, selon eux, de la vision darwinienne de l'évolution, en même temps que celle du capitalisme, autant de sujets qui échappent sans doute à la connaissance de mon channel et, dois-je ajouter, à la mienne. Ils m'ont aussi fait entrevoir comment pouvait fonctionner la vie après la vie, un sujet passionnant et risqué sur lequel je reviendrai en détail.

Un jour de décembre 2012, Alana m'a même annoncé la « visite » inopinée d'Édouard Branly, un homme d'une grande modestie et d'une extrême pudeur, comme je l'ai appris en lisant sa biographie rédigée par sa propre fille. Que pouvait-il me vouloir, moi qui ne connaissais alors de lui que son quai parisien ? Réponse : m'inspirer. Il voulait en effet me convaincre que les ondes radio qu'il avait si besogneusement explorées étaient porteuses de sons tout autres que la voix humaine et que notre cortex frontal était en mesure de capter des informations venues d'autres cerveaux (la fameuse télépathie) aussi bien que des messages « transcendant le temps et l'espace ». Venus d'ailleurs, comme ceux que je recevais à travers un procédé un peu différent de celui pratiqué par le père Brune. Édouard – qu'il me permette cette familiarité – a été jusqu'à me confier qu'il souhaitait ardemment figurer dans le chapitre 6 de mon livre. Nous n'en sommes pas loin ! Inutile de chercher dans sa biographie la moindre référence à ses conjectures apparemment inavouables pour ses descendants.

Un aperçu de l'au-delà

Je n'ai guère de doutes concernant la qualité de l'information fournie par Alana sur le monde dans lequel nous vivons. Et sur l'amour qui nous est voué par le monde des esprits. Qu'il s'agisse de nous maintenir en bonne santé, de gérer nos affaires courantes, comme les mauvaises opérations immobilières du défunt mari de Fiona, d'exprimer notre ressenti le plus profond, nous disposons tous, de l'autre côté du rideau de la mort, d'alliés puissants, bienveillants, aimants et sans jugement. Nous n'avons pas de secrets pour l'au-delà, nous sommes des enfants d'un monde qui apparaît beaucoup plus beau et bien plus harmonieux que tout ce que nous pouvons imaginer et que tout ce que notre vocabulaire peut exprimer. N'est-ce pas précisément ce que découvrent, le plus souvent, les personnes qui ont subi une

Expérience de mort imminente ou, selon les termes du très inspiré anesthésiste Jean-Jacques Charbonier, que je lui préfère, une Expérience de mort provisoire ?

L'anglais devenant *volens nolens* la langue universelle, il sera plutôt question par la suite de NDE, ou de *Near Death Experiences*. Nous devons ce terme à un homme tout aussi modeste que le père Brune. À vingt-trois ans, Raymond Moody est étudiant en philosophie à l'université de Virginie et grand admirateur de la pensée grecque – surtout celle de Platon – lorsqu'il apprend qu'un psychiatre enseignant à la fac a été prononcé mort, puis est revenu à la vie après avoir vécu une expérience spectaculaire. À l'âge de vingt ans, George Ritchie suit un stage de préparation militaire dans un camp du Texas lorsqu'il se retrouve cloué au lit par une pneumonie. Alors qu'il tousse comme un damné et que sa température atteint les 41,7 °C, il n'a qu'une seule idée en tête : ne pas rater le train pour Richmond, en Virginie, où il s'est inscrit en médecine. Il est sur le point de quitter sa chambre d'hôpital lorsqu'il voit une équipe médicale affairée autour de son lit, conduite par un médecin qui donne l'ordre de... préparer son corps pour la morgue. Ritchie est cliniquement mort, mais il ne le sait pas encore. Il erre dans les couloirs de l'hôpital, en passant sans difficulté au travers des portes et des humains et il « s'envole » littéralement pour atterrir au centre d'une bourgade située à quelque neuf cents kilomètres – ce fait sera vérifié par la suite – dans un bistrot où bien entendu personne ne réagit à ses questions. C'est que personne ne le voit !

Toujours obsédé à l'idée de rejoindre Richmond, Ritchie s'aperçoit alors qu'il lui manque quelque chose : son corps ! Il se retrouve instantanément à l'hôpital, mais comment identifier le sien dans l'obscurité parmi tous les autres, qui se ressemblent étrangement ? Grâce à sa bague, Ritchie « se » reconnaît dans une salle d'isolement. Il comprend alors qu'il est mort et fond en larmes. Trois phénomènes successifs vont alors se produire : une voix lui commande de se lever car il est en présence du « fils de Dieu » (George est très croyant). Puis les murs de la chambre d'hôpital s'effacent et il voit défiler comme au cinéma les événements de sa vie. Enfin, « Jésus » va lui donner un bref aperçu de « Royaume des Cieux » puis, au lieu de l'y laisser, il le ramène à la vie. Il apparaîtra bien plus tard que l'aventure vécue par George Ritchie hors de son corps n'avait duré que neuf minutes.

Elle scelle le destin de Raymond Moody. Une fois terminées ses études de philosophie, il fera sa médecine pour devenir psychiatre comme lui. Plus important encore, l'expérience singulière vécue par Ritchie lui rappelle étrangement le mythe d'Er le ressuscité décrit par son maître Platon dans *La République* (voir chapitre 1). Aussi, tout en poursuivant ses études de médecine, le jeune Moody accumule-t-il le plus naturellement du monde, par simple bouche à oreille, jusqu'à cent cinquante témoignages de NDE, aboutissant à la publication en 1975 du best-seller *La Vie après la vie*, qui fera sa renommée. Né dans une famille agnostique et soucieux de poursuivre une démarche scientifique, Moody considère son travail comme une simple compilation de faits, à la manière d'Aristote, avec pour objet de faire progresser la connaissance de phénomènes jusqu'alors ignorés par les psychologues comme les médecins (les infirmières y adhèrent plus volontiers !). Il ne sait pas encore qu'au XIXe siècle, un géologue suisse avait fait des observations comparables en confessant des alpinistes victimes de chutes dramatiques, ni que des explorateurs de la psyché comme Frederic Myers et William James avaient eux aussi abordé le sujet.

« J'ai mis trente ans à me convaincre de la réalité de la vie après la mort », avoue Moody aujourd'hui. Et pourquoi cette certitude ? « Les expériences concordantes s'accumulent tandis que les contre-arguments deviennent de moins en moins plausibles. » Je reviendrai sur ce point important au chapitre suivant. Aucune NDE ne ressemble tout à fait à une autre, mais elles comportent toutes plusieurs des douze éléments dûment examinés et décrits par le cardiologue néerlandais Pim van Lommel dans son remarquable ouvrage *Mort ou pas ?*

1. Un caractère ineffable, difficile à décrire avec le vocabulaire courant ;
2. une sensation de paix et de quiétude dont toute douleur a disparu ;
3. une sortie du corps, toujours observé d'en haut avec détachement ;
4. la conviction d'être mort ;
5. le passage à travers un tunnel sombre et angoissant ;
6. l'écoute de musique et la vue de scènes et de paysages surnaturels ;
7. une rencontre et parfois une conversation, généralement avec de chers disparus ;
8. la perception d'une lumière brillante et la rencontre avec un être de lumière ;
9. la revue de vie panoramique, dont tous les détails défilent à toute vitesse ;
10. un aperçu de ce que pourrait devenir la fin de vie ;
11. la perception d'une limite infranchissable à l'exploration en cours ;
12. le retour au point de départ.

Je développerai plus en détail certains de ces points importants. Mais puisque ce chapitre est consacré à l'âme sans le corps et à sa relation avec notre monde matériel, je me contenterai pour le moment d'examiner les points 7 et 8, qui s'y rapportent directement. Jeffrey Long est un oncologiste-radiologiste qui a découvert en 1984 le terme NDE dans une revue médicale. Quelques années plus tôt, l'épouse d'un ami lui avait décrit une expérience de cette nature. En 1998, convaincu de la réalité de ces phénomènes, il crée la Near Death Experience Research Foundation et son site Internet (nderf.org) avec pour objet de réunir le plus grand nombre d'expériences de ce type partout dans le monde en soumettant ceux qui les vivent à un questionnaire serré en trente-trois points, désormais traduit en plus de vingt langues. « Je veux en faire un service public », précise-t-il. Dans sa base de données figurent désormais plus de trois mille voyages de ce type. En 2010, il a publié un livre – *La Vie après la mort, les preuves* –, fruit du dépouillement de près de sept cents questionnaires. Eh bien, selon ce statisticien de l'au-delà, à la question : « Avez-vous croisé le chemin d'autres êtres ? », 57 % des personnes ayant vécu une NDE répondent positivement. L'une d'elles livre ce commentaire : « Mon père se trouvait près de moi, mais je ne pouvais pas le voir. Ma sœur était aussi toute proche. J'avais le sentiment que d'autres membres de ma famille se trouvaient là également, mais je ne les voyais pas. En plus de mon père et de ma sœur, la seule personne dont j'étais sûre de la présence était ma grand-mère. J'entendis la voix de ma mère et de ma fille : chose étrange, ma fille avait sa voix d'adulte, alors qu'à cette époque-là [note de l'auteur : celle de sa mort] elle n'avait que deux ans. »

On peut aussi retrouver des êtres qu'on n'a pas connus. Ainsi, ce jeune homme interviewé par Pim van Lommel : « Pendant ma NDE à la suite d'un arrêt cardiaque, j'ai vu à la fois ma regrettée grand-mère et un homme qui me regardait affectueusement, mais que je ne connaissais pas. Plus de dix ans plus tard, sur son lit de mort, ma mère m'a avoué que j'étais né d'une relation extraconjugale. Mon père naturel était un juif déporté et tué pendant la Seconde Guerre mondiale. Elle m'a montré une photo de lui. L'inconnu que j'avais vu dix ans plus tôt était mon père biologique. »

Qu'ils les reconnaissent ou non, les personnes rencontrées par ceux qui vivent ces expériences ont toutes, sans exception, pour caractéristique de ne plus être de ce monde : elles appartiennent au règne des fantômes, des revenants, des esprits. Les Moody, van Lommel et autres Long notent ce fait sans « états d'âme », si l'on peut dire. Mais qu'en pensent les sceptiques, pour lesquels les NDE seraient le pur produit de notre système neurologique ? Par quel moyen psycho-physiologique notre cerveau est-il capable de reconstituer des images de défunts sans jamais faire la moindre incursion dans le monde réel, celui des vivants ? Curieux, tout de même. Nous devrions pour le moins voir apparaître des personnes et des lieux qui nous sont familiers.

Plus de 60 % des expériences de NDE consignées par Jeffrey Long font état de la rencontre visuelle ou auditive avec une présence qualifiée de mystique. « J'en ai même trois cents qui ont rencontré Dieu ! » se félicite Long avec une touchante conviction. Toute rencontre dans un tel « état modifié de conscience » relève de la totale subjectivité et doit donc être examinée avec circonspection. L'homme a-t-il jamais vu Dieu ? J'en doute. Il est vrai qu'un certain Neale Donald Walsch n'a pas craint de publier de très émouvantes et instructives *Conversations avec Dieu*, en écriture automatique, mais a-t-il vraiment été en contact avec son créateur ? Les mystiques les plus profonds peuvent sentir une présence, mais de là à pouvoir l'identifier, il y a un chemin. Les êtres de lumière sont généralement présentés comme « inimaginables », ce qui ne nous avance guère, mais aussi comme « drôles » « agréables » et « rassurants ». Ils guident éventuellement, mais ils ne jugent jamais. Ce sont souvent eux qui bouclent la boucle en nous indiquant jusqu'où nous ne pouvons pas aller trop loin et nous renvoient à notre vie terrestre, notre heure n'étant pas venue. Ces êtres et leurs maîtres existent dans les NDE vécues de par le monde, tout en étant généralement formatés en conformité avec les croyances religieuses locales. Un hindouiste verra plus naturellement Vishnu, le consolateur, plutôt que Jésus-Christ !

NDE CINQ ÉTOILES

« *All is well* » (tout va bien). Ce court message accompagne immanquablement les dédicaces que fait le neurochirurgien américain Eben Alexander de son best-seller *La Preuve du paradis*, initialement publié en octobre 2012 et désormais traduit dans vingt langues. Raymond Moody affirme, en couverture de la version américaine, « qu'il s'agit de la plus impressionnante NDE qu'il ait étudiée en l'espace de quarante ans. La preuve vivante de l'après-vie. » On ne saurait bénéficier d'un meilleur parrainage. Alexander a grandi heureux dans une famille adoptive. Il a longtemps cherché à retrouver ses parents naturels, un couple de lycéens mineurs qui l'avait confié à l'Assistance publique. Le jour où il les a enfin repérés, ils l'ont rejeté, lui faisant perdre une foi déjà peu affirmée. Peu importe, « J'ai voué ma vie à la science », admet-il, non sans apprécier les joies d'une famille harmonieuse. En bon scientifique, il est convaincu que la conscience est réductible à l'activité cérébrale et il témoigne d'une totale indifférence à l'égard des phénomènes surnaturels ou paranormaux. « Tout va bien », en effet.

Jusqu'à ce matin de novembre 2008 où, âgé de 54 ans et au sommet de sa carrière d'enseignant-praticien, sa vie bascule. Incapable de se déplacer, transporté dare-dare aux urgences, puis en soins intensifs, on lui diagnostique une méningite foudroyante et rare, provoquée par la bactérie particulièrement agressive et bien connue *Escherichia coli*. Cette bactérie vieille de milliards d'années est réputée attaquer de manière généralement irréversible le cortex cérébral (voir chapitre 3), siège de la mémoire, du langage, de l'acuité visuelle et auditive et du raisonnement. Le cerveau d'Eben Alexander se débranche progressivement sous ses attaques. Son propriétaire avait 10 % de chances de s'en sortir, avec, dans cette éventualité, une forte probabilité de ne jamais retrouver ses facultés cognitives. Il passera six jours dans le coma. Sans connaissance certes, mais non sans conscience. Il a vécu en effet une expérience particulièrement bouleversante. Elle commence mal, dans une sorte de boue sombre et gluante, d'où surgissent des visages de bêtes immondes aux borborygmes hideux. Cet état, qu'il qualifiera de « primordial », de « point de vue de ver de terre », ressemble peut-être au monde de la bactérie qui ronge avec avidité sa matière grise. Il prend conscience que sa place n'est pas là. Et le décor change du tout au tout. Le voilà propulsé dans une lumière irréelle par un gigantesque papillon aux ailes diaphanes survolant des paysages aux couleurs inouïes, peuplés d'êtres humains chantant et dansant aux sons de mélodies d'une extrême finesse. « Un monde de rêve magnifique, incroyable… à ceci près que je ne rêvais pas. L'endroit où je me trouvais était parfaitement réel ! »

Il n'est pas seul sur son aile de papillon. Une jeune fille ravissante, aux yeux bleus et aux tresses d'or et de cuivre, habillée de couleurs vives et chatoyantes, comme les villageois en fête, l'accompagne. Il émane d'elle un amour ni romantique ni amical, mais comme il l'écrit « contenant en lui toutes les autres formes d'amour tout en étant plus authentique et pur qu'aucune d'entre elles ». La jeune fille a un triple message pour lui, qu'il perçoit sans paroles : « Tu es aimé et chéri ; tu n'as rien à craindre ; tu ne peux rien faire de mal. » Il apprend aussi que son retour est programmé, mais non sans avoir, davantage que tout autre de ses contemporains, visité le cœur du dispositif en franchissant ce qu'il perçoit comme les portes du paradis et en sentant la présence de l'entité qu'il appelle Om, du nom de la lettre sacrée des hindouistes symbole du Tout.

Son histoire ne s'arrête évidemment pas là. À son « retour », qui l'oblige une nouvelle fois à séjourner dans le monde du ver de terre, il est attendu non seulement par sa propre famille, mais par son frère et sa sœur biologiques, avec lesquels il avait récemment renoué. Et sa sœur Kathy lui envoie une photo de son autre sœur Betsy, qu'il n'avait jamais connue, car disparue depuis un certain temps. « Une personne si bonne et si généreuse qu'elle aurait pu être un ange », disait-on d'elle. Debout sur la photo, avec ses longs cheveux châtains et ses yeux bleus, elle ne lui semble pas inconnue. « Normal », se dit-il, pour une sœur de sang. Et puis, la réalité lui saute tout à coup aux yeux : c'est elle qui l'accompagnait sur les ailes du papillon ! « Pour un moment, les mondes se sont rencontrés. Mon monde ici sur terre, où je suis un médecin, un mari et un père. Et le monde là-bas, un monde si vaste qu'en le parcourant, vous pouvez perdre le sens de votre identité pour devenir une simple partie du cosmos. » Et de faire cet aveu bien humain : « J'avais beau le nier, mais depuis des semaines, un combat s'était engagé en moi. Un combat entre la partie de ma conscience qui était allée au-delà de mon corps et le médecin, le guérisseur, qui avait voué sa vie à la science. En regardant le visage de ma sœur, mon ange, j'ai su parfaitement que les deux personnes que j'avais été au cours de ces derniers mois n'en faisaient qu'une. »

Les NDE ont la réputation de modifier profondément la trajectoire de ceux qui les vivent. Non seulement leur vie leur apparaît plus pleine et entière, mais ils ont un besoin impérieux de donner, d'aider et de dessiller les yeux des sceptiques. Eben Alexander a créé une fondation et un site Internet à cet effet (eternea.org).. Le neurochirurgien a rangé ses outils et parcourt le monde pour apporter le message d'amour de l'après-vie. Je l'ai écouté avec bonheur en mars 2013 à Marseille devant plus de mille personnes, en majorité des thérapeutes enthousiastes. Il est convaincu que « le vrai monde est le monde de Platon ». Me voilà rassuré !

Quant à Raymond Moody, à l'âge de la retraite et souffrant d'une insuffisance thyroïdienne chronique, il est toujours sur la brèche. Il ne s'est pas arrêté aux NDE. Il a reconstitué dans sa propriété de Georgie un simulacre de ce que ses chers Grecs appelaient un *psychomanteïon*, en l'occurrence une pièce sombre, éclairée par une seule bougie, où, au bout d'une longue attente, les vivants peuvent espérer renouer, par l'intermédiaire d'un miroir, avec leurs chers défunts. Les résultats lui paraissent encourageants : environ la moitié de ses clients affirment avoir obtenu un contact. Grand admirateur des philosophes de la Grèce antique, Moody savait que le très rationaliste Démocrite fréquentait un psychomanteïon. Lors d'un de ses voyages, il s'était senti comme « enlevé » et « on » lui avait dit : « Tu dois retourner et raconter » ce qui est devenu le fondement de sa démarche logique. Le père du raisonnement déductif avait donc reçu son message de l'autre côté ! Commentaire de Moody, dans *L'Évidence de l'au-delà*, son récent livre d'entretiens avec Eben Alexander : « Ce qui est en contradiction avec le fait que Démocrite est utilisé maintenant pour démolir la notion d'après-vie. » Inutile de dire les ricanements que provoque son initiative de psychomanteïon chez les « vrais » scientifiques américains.

Expériences étranges au chevet des mourants

Mais rien ne saurait faire dévier Moody de sa trajectoire. Il est passé ces derniers temps des *near death* aux *shared death experiences*, ou expériences de mort partagée. Il a en effet remarqué à l'occasion du décès de sa propre mère qu'il pouvait se passer beaucoup de choses étranges au chevet d'un mourant. Ce jour-là, la famille était rassemblée, pièces rapportées comprises, en se tenant par la main, lorsque la chambre parut changer de forme et que quatre des présents se sont sentis soulevés du sol. Puis l'une des sœurs de Raymond s'écrie, montrant du doigt un pied du lit : « Regardez, papa est ici ! Il vient chercher maman. » La tristesse générale se mue alors en joie ineffable. « C'était comme si le tissu de l'univers s'était déchiré et que, juste un instant, nous ressentions l'énergie de ce lieu appelé "Paradis" », commente Raymond dans son autobiographie *Paranormal*.

Un nouveau terrain d'exploration s'ouvre à l'infatigable chercheur. Un terrain particulièrement intéressant, car il s'agit d'expériences vécues par des personnes parfaitement lucides. Des êtres « normaux » dans tous les sens du terme. On ne peut pas les accuser d'avoir des cerveaux non irrigués ! Moody applique aux SDE la même méthode qui lui avait si bien réussi avec les NDE : il accumule les témoignages, principalement auprès du personnel hospitalier. Il note dans *Paranormal* qu'ils comportent plusieurs éléments communs : la décorporation, le tunnel, la lumière brillante et même la faculté de transformer celui qui les vit. D'autres paramètres sont néanmoins propres aux SDE. D'abord une musique mystique, « la plus complexe que j'aie jamais entendue », souvent perceptible par les infirmières ou les médecins qui entrent dans la chambre du mourant. Ensuite, comme il l'a vécu, une déformation de la chambre, « la pièce s'est étirée et effondrée en même temps », qui nous rappelle l'expérience vécue par Aldous Huxley (chapitre 2) sous l'effet du peyotl. Puis apparaît la lumière mystique partagée « qui dure longtemps et qui perdure même lorsqu'elle a disparu », qui contredit la thèse scientifique selon laquelle celle qui est perçue dans une NDE relèverait d'un court-circuit cérébral. Enfin, au moment de la mort, une sorte de brume mystérieuse, « une fumée blanche », « un brouillard », semble s'élever du corps du mourant. Cette brume prend parfois une forme humaine.

Elle pourrait accréditer la vision spirite du « corps subtil » qu'Allan Kardec avait popularisé en son temps sous le vocable de « périsprit ». Dans *Le Livre des esprits*, il livre cette analogie : « Comme le germe d'un fruit est entouré de périsperme [!], de même l'Esprit proprement dit est environné d'une enveloppe que, par comparaison, on peut appeler périsprit. » Cette enveloppe serait une « substance assez vaporeuse pour s'élever dans l'atmosphère et se transporter où elle veut ». La substance des fantômes, en quelque sorte, ou, pour reprendre le terme dû à Charles Richet, des « ectoplasmes » réputés sortir de la bouche des médiums en transe, mais qui résistaient à toute impression sur une pellicule photographique, ce qui nuit évidemment à leur crédibilité.

Les expériences de NDE et de SDE ont toutes les chances de se multiplier au cours des années qui viennent. En extrapolant des enquêtes relativement récentes, Pim van Lommel estime à environ 4 % d'une population donnée les personnes qui ont vécu des NDE. Il semble aussi que, selon les sources, entre 10 % et 20 % des personnes ayant subi un arrêt cardiaque aient perçu à cette occasion l'existence d'un autre monde que celui de notre réalité quotidienne. Or les techniques de réanimation (les Anglo-Saxons parlent de *resuscitation*) pratiquées sur ces personnes ne peuvent que se perfectionner et donc augmenter progressivement le nombre « d'expérienceurs », comme on les appelle. Quant aux SDE, leur recensement systématique ne fait que commencer et nous sommes encore au stade où ceux qui les ont vécues n'osent pas en parler de peur d'être pris pour des fous ou des exaltés. Les informations obtenues par l'effet de l'écriture automatique ont elles aussi tendance à se multiplier, à mesure que leurs pratiquants se libèrent des pressions de leur entourage, comme Carmen de Sayve. Quant aux médiums et autre channels, il n'est guère difficile de prévoir leur foisonnement sous l'effet d'une demande de plus en plus pressante. L'ouverture des portes de la perception risque de ce fait d'être contrecarrée par les inévitables excès et déviances des fraudeurs, qui alimentent le scepticisme des rationalistes.

Je pense pour ma part qu'ils ont déjà perdu la partie. Il ne faudrait cependant pas sous-estimer leur capacité de résistance. D'abord, l'écrasante majorité des scientifiques de renom, en Europe comme aux États-Unis, se disent au mieux agnostiques, au pire athées, voire athées militants. Ils ont trouvé de surcroît le plus puissant des alliés, à savoir l'Église, ou devrais-je dire les Églises dont le contact direct avec l'au-delà rend le magistère spirituel moins nécessaire. Si nos péchés nous sont pardonnés, si l'enfer n'existe pas, si nous sommes attendus les bras ouverts, alors est-il nécessaire d'espérer ce qui est une réalité, à savoir notre salut ? « Fay ce que vouldras », lisait-on au dessus de la porte de l'abbaye de Thélème imaginée par François Rabelais. Une porte ouverte à une licence débridée ? Elle a été perçue ainsi par le célèbre occultiste anglais du XIXe siècle Aleister Crowley, qui a baptisé abbaye une bicoque sicilienne où toute licence était permise. Le bénédictin Rabelais ne l'imaginait pas ainsi. D'abord, *thelemos* en grec ne signifie pas volonté des sens, comme Crowley a voulu le faire croire, mais volonté libre ou divine, ce qui explique pourquoi le terme revient plus de cinquante fois dans le Nouveau Testament. Ensuite, l'auteur de *Pantagruel* était un humaniste. Il a voulu prendre le contre-pied de l'obéissance imposée aux moines de son époque. Dans son abbaye de 9 332 chambres confortables, dont le dessin n'était pas sans rappeler celui du château de Chambord, il n'y avait ni cloche, ni horloge, ni obligation, ni vœux de chasteté ou de pauvreté. Hommes et femmes pouvaient y entrer ou en sortir à leur guise. Ils y séjournaient pour apprendre les langues, les sciences, la philosophie et les arts. Ils étaient néanmoins présélectionnés selon des critères de beauté et de classe sociale qui nous renvoient – hélas – à l'eugénisme. Pour Rabelais, « les gens libres, bien nés, bien éduqués vivant en bonne société ont naturellement un instinct, un aiguillon qu'ils appellent honneur et qui les pousse toujours à agir vertueusement et les éloigne du vice ». En somme, la devise de Thélème poussait à l'exigence non subie, mais voulue.

Et Rabelais, convaincu de la valeur de l'exemple, estimait que la vertu de quelques-uns pouvait se diffuser progressivement dans toute la population. Utopie ? Le traité célèbre du même nom avait été rédigé quelques années plus tôt par Thomas More. Imaginer (savoir ?) que nous sommes éternels, que nous venons d'un monde de paix, d'amour et de respect de l'autre est vraisemblablement de nature à nous rendre meilleurs. Or, à la suite de NDE ou de SDE, des centaines de millions d'êtres humains vivants ont déjà reçu un message plus ou moins clair de l'au-delà. Encore faut-il y croire.

Certaines enquêtes nous montrent à quel point le besoin de croire est puissant. L'université de Tilburg aux Pays-Bas conduit toutes les décennies une étude exhaustive sur les « valeurs européennes ». Selon Pim van Lommel, de l'étude réalisée en 1980-1983, il ressortait que 25 % des Européens ont eu « l'impression d'être entrés en contact avec une personne défunte », contre 30 % aux États-Unis. Dans l'étude effectuée vingt ans plus tard, il est apparu que, selon les pays, entre 48 % et 59 % des Européens croient à « une vie après la mort » et même 22 % à « une existence avant la vie ». Aux États-Unis, les proportions correspondantes sont de 72 % à 74 % et de 24 % à 27 % selon les États. Ces chiffres parlent d'eux-mêmes. Les rationalistes vont avoir du mal à se défendre contre un appétit dont les moyens de satisfaction se multiplient. Et si ces perceptions fugaces reflétaient une réalité qu'ils combattent de la hauteur de leur suffisance ? Pour répondre à cette question, il faut plonger dans l'univers passionnant et mystérieux de la conscience.

Chapitre 6

L'ÉNIGME DE LA CONSCIENCE

« L'esprit filtre la matière du fouillis des qualités comme le prisme filtre les couleurs de l'arc-en-ciel des pulsations chaotiques de la lumière blanche. »

Sir Arthur Eddington

Le flamboyant Christiaan Barnard, roi de la greffe du cœur, mondain accompli et coureur invétéré, a terminé sa vie dans le mysticisme, l'ascèse et la contemplation. Pourquoi ce revirement ? J'ai fait la connaissance d'un Français qui l'a connu vers cette époque. Après avoir greffé d'innombrables cœurs, mais aussi des reins, des foies et d'autres organes, ce compétitif héros de l'Afrique du Sud de l'apartheid n'avait plus rien à prouver. Ou presque. Il n'avait jamais tenté l'Everest de sa profession : la greffe du cerveau. Techniquement concevable, elle est réputée impossible du fait de l'inextricable pelote de terminaisons nerveuses qui relient le cerveau à la moelle épinière. Pour Barnard, aucun défi n'est impossible à relever. Il persuade les autorités de son pays de lui laisser tenter l'expérience. Il transplante donc le cerveau sain de « monsieur A », mort d'un accident, dans la tête de « monsieur B » dont la matière grise a subi une lésion irréversible. Le lendemain, au réveil, il salue tout naturellement son patient d'un « bonjour, M. A ». Et quelle n'est pas sa stupéfaction de se voir répondre : « De qui parlez-vous ? Je suis M.B ! » Conclusion effarante, mais implacable : la perception de notre identité serait-elle ailleurs que dans notre cerveau ? On comprend un peu mieux pourquoi Barnard a pu terminer sa vie dans le mysticisme…

Cette histoire est-elle authentique ? Je ne doute pas de la bonne foi de la personne qui me l'a transmise, mais le grand chirurgien est depuis longtemps disparu sans laisser la moindre information sur le sujet. Quant à M. B, il est mort au bout de vingt-quatre heures. Son expérience n'aurait pas surpris tout le monde. Au cours d'une conférence sur bouddhisme et science, Ajahn Bram, né Peter Betts en Angleterre, étudiant en physique théorique devenu le fondateur d'un monastère en Australie, n'a pas eu peur d'affirmer : « Imaginez que vous soyez d'accord pour une transplantation du cerveau entre vous et moi, que vous preniez mon cerveau et moi le vôtre : je serai toujours Ajahn Bram et vous serez toujours vous. » Élémentaire ? Le bouddhisme veut que le mental (ou *mind* en anglais) soit un sixième sens distinct du cerveau.

La conscience est un thème fort peu développé dans l'étude des neurosciences et de la psychologie. Sujet tabou ? Le terme n'est pas si facile à cerner. La plupart des dictionnaires s'accordent à dire que dans son acception phénoménologique, c'est-à-dire dépouillé de ses connotations morales (la « bonne conscience »), il décrit la perception que nous avons de nous-mêmes, de notre propre existence et de notre environnement. Pour les chercheurs rationalistes-matérialistes, qui occupent le devant de la scène aujourd'hui, cette perception ne peut être autre chose qu'un épiphénomène du cerveau et donc directement liée aux relations physicochimiques dont il est en permanence le siège. En témoigne une étude publiée en 2011 par une équipe de chercheurs de l'université de l'Iowa sous la direction de David Rudrauf. Il s'agissait d'examiner le comportement d'un certain « Roger » âgé de 57 ans dont le cortex cérébral avait subi des dégâts dramatiques au cours des années 1980 à la suite d'une encéphalite. Roger ne se souvenait plus de ce qui lui était arrivé et il avait perdu le sens du goût et du toucher. Mais à la surprise des scientifiques, non seulement son comportement était à peu près « normal », mais sa perception de lui-même (*self awareness*), produit évident de la conscience, était restée intacte. Il se reconnaissait parfaitement dans une glace et sur des photos, même anciennes. Et pourtant, la plupart des zones de son cerveau réputées indispensables à la conscience étaient détruites. Rationaliste comme il se doit, l'équipe de Rudrauf en conclut que la perception de soi est un phénomène « plus diffus que prévu ». Elle pouvait « émerger d'interactions distribuées à travers les réseaux de diverses régions du cerveau ». On notera cependant que Roger au cerveau tronqué n'est pas sans rappeler M. B au cerveau greffé... On peut aussi citer le cas de cet étudiant en physique de l'université de Sheffield, au Royaume-Uni, dont le QI était de 126, soit bien au-dessus de la moyenne, mais dont 95 % de la matière cérébrale était remplacée par du liquide céphalorachidien. Un hydrocéphale comme on dit. Commentaire flegmatique du neurologue John Lorber, qui l'a examiné ainsi que de nombreux cas de ce type : « Le cerveau doit avoir un gros excédent de capacité. Et le néocortex joue sans doute un rôle moins important qu'on ne l'imagine. » Cet exemple incite néanmoins à la perplexité.

Le problème difficile de la conscience

La chasse au mécanisme de la conscience dans le cerveau a été ouverte il y a au moins un siècle, mais ses résultats sont plutôt décevants. Convaincu que « nous ne sommes qu'un paquet de neurones », Francis Crick, l'un des découvreurs de l'ADN, y a consacré les dernières décennies de sa vie, en tentant de repérer les « corrélats neuronaux de la conscience ». Le célèbre neurobiologiste Jean-Pierre Changeux, professeur au Collège de France, est persuadé que le siège de la conscience est situé dans un « espace de travail neuronal » constitué de neurones momentanément coactivés, ce qui revient grosso modo au même. Même certitude chez le philosophe américain John Searle. « Nous savons seulement, factuellement [*sic*], que les processus électrochimiques causent nos états de conscience. La façon dont la pensée humaine émerge d'un cerveau biologique [...] figure encore parmi les grandes énigmes scientifiques. » Un matérialiste comme Searle peut difficilement situer la conscience ailleurs que dans le cerveau. Après tout, un simple choc sur la tête peut nous la faire perdre ! Aussi cherche-t-on, pour le moment sans trop de succès, les liaisons entre notre fascinante machinerie cérébrale et le sentiment d'être nous-mêmes. Au point de céder à un certain découragement. Car, comme le postule prudemment le jeune neurologue Lionel Naccache dans *Le Nouvel Inconscient* : « Il existe probablement des secteurs anatomiques qui ne participent jamais à notre contenu conscient, mais le résultat fondamental tient au fait qu'il n'existe aucune région cérébrale dont l'activité serait exclusivement et nécessairement réservée aux pensées conscientes. » L'aiguille dans la botte de foin, en quelque sorte. La même observation s'appliquerait à notre capacité de mémorisation. Ce qui vaut au chercheur en mécanique quantique Emmanuel Ransford cette jolie boutade : « Conscience et mémoire sont sans domicile fixe dans notre cerveau », ce qu'il se propose d'infirmer dans son livre *La Conscience quantique et l'au-delà*.

Quel que puisse être le résultat des recherches scientifiques sur la production de la conscience par le cerveau, se posera toujours un problème lancinant : comment un morceau de matière gélatineuse, certes truffé de neurones (cent milliards), mais au demeurant insensible à la douleur, peut-il produire une conscience immatérielle ? Formulé autrement, comment une expérience subjective peut-elle surgir de l'activité objective des cellules cérébrales ? C'est ce que le philosophe australien David Chalmers a appelé en 1994 *the hard problem*, le problème difficile – et non résolu – que pose la conscience.

Comment se fait-il que nous voyions le ciel bleu ? Aveu de Francis Crick : « Jusqu'à présent, nous ne pouvons localiser aucune région dont l'activité neuronale corresponde à l'image précise que nous avons du monde. » Je ne peux pas m'empêcher de citer à ce propos l'interrogation d'un grand rationaliste du XIXe siècle, Thomas Huxley, dit « le bouledogue de Darwin », qui nous assimilait à des « automates conscients » (tout de même !) : « Que quelque chose d'aussi remarquable qu'un état de conscience puisse résulter de l'irritation de tissus nerveux est aussi acceptable que l'apparition du djinn quand Aladin frotte sa bouteille. »

Il y a déjà plus d'un demi-siècle, le grand neurologue canadien Wilder Penfield (voir chapitre 3) s'était convaincu, vers la fin de sa vie, que l'esprit, ou plutôt le « mental » (le *mind* se traduit mal) était différent du cerveau, ou que, pour être plus précis, le mental disposait d'une énergie distincte des impulsions neuronales. Selon lui, « l'étude des neurones ne peut pas expliquer la différence fondamentale entre une structure objective et une perception subjective ». En somme, il avait posé le « problème difficile » bien avant Chalmers. Penfield avait aussi observé que le vieillissement affectait de manière différente les performances du corps (dont le cerveau) et celles du mental. Autant la production cérébrale déclinait à partir d'un certain âge, autant le mental continuait à progresser pour atteindre son potentiel maximal en fin de vie. Il en conclut qu'« en dépit des méthodes modernes d'investigation, rien ne démontre que le cerveau seul peut réaliser tout le travail du mental ». Selon le neuropsychiatre britannique Peter Fenwick, « notre expérience consciente de tous les jours n'est qu'une fraction de nos possibilités. Le cerveau est la grille d'entrée de la conscience. » Il se pourrait même qu'il s'agisse d'un filtre, d'un tamis, comme nous allons le voir.

Devenu un spécialiste des NDE, Fenwick a fondé la Horizon Research Foundation qui gère un très intéressant projet de recherche sur ce sujet. L'un des documents disponibles sur son site traite des « théories non conventionnelles de la conscience ». Et de citer l'approche du regretté neurologue australien sir John Eccles, prix Nobel de médecine en 1963 pour ses travaux sur les terminaisons nerveuses. Un rationaliste de plus ? Pas tout à fait, car sir John n'a jamais caché sa foi chrétienne. Il cherchait autre chose que la matière. Eccles est célèbre pour l'interrogation suivante, tirée de son livre *La Conscience et le Cerveau* : « Pourquoi avons-nous une conscience ? En principe, nous pouvons expliquer toutes les informations qui vont et viennent par l'activité neuronale. La conscience paraît alors superflue. » Tel n'est évidemment pas son point de vue. Pour lui, « si notre cerveau faisait tout, nos personnalités conscientes ne seraient que des spectateurs passifs des performances accomplies par ses activités neuronales. Croire que nous puissions prendre des décisions et contrôler quelque peu nos actions serait une illusion. » Et de poursuivre : « Le cerveau est un outil qui fournit à la personne des voies de communication de et vers le monde extérieur et il le fait par l'intermédiaire des impulsions qui lui sont transmises par l'immense réseau sensoriel de notre système nerveux. » Si l'intuition d'Eccles est correcte, *le cerveau nourrit notre conscience, il ne la produit pas.* Elle apporte quelque crédit à la stupéfiante expérience de M. B racontée par Chris Barnard. Et elle valide le sens de son identité conservé par le fameux Roger examiné par les chercheurs de l'université de l'Iowa. Deux types d'observations paraissent confirmer que la conscience n'est pas un appendice du cerveau. Il s'agit d'une part de la découverte d'un certain niveau de conscience dans le règne animal et même dans le règne végétal, d'autre part des expériences vécues à l'occasion des divers états dits « modifiés » de conscience, comme la méditation, les NDE ou les rêves.

DEGRÉS DE CONSCIENCE

On m'avait appris à l'école que ce qui distinguait l'homme du reste du vivant était la conscience qu'il avait de lui-même, c'est-à-dire la capacité qu'il avait de se reconnaître en se regardant dans la glace. C'était il y a plus de cinquante ans. Le développement de l'étude des comportements animaux, qu'on appelle l'éthologie, a fait voler en éclats cette certitude. Le 7 juillet 2012, une congrégation de chercheurs réunis pour célébrer le Francis Crick Memorial a rédigé la *Déclaration de Cambridge sur la conscience chez les animaux non humains* (*sic*) qui conclut doctement : « Un faisceau d'observations indique que les animaux non humains disposent des substrats neuro-anatomiques, neuro-chimiques et neuro-physiques de la conscience, de même que la capacité d'adopter des comportements intentionnels. [...] Le poids de l'évidence indique que les humains ne sont pas seuls à posséder les substrats neurologiques qui génèrent la conscience. » On notera qu'il s'agit de chercheurs d'un rationalisme parfaitement orthodoxe, convaincus que la conscience est le produit du cerveau, même si celui-ci ne dispose pas du fameux néo-cortex propre à l'homme et au dauphin, ce qu'ils ne manquent pas de préciser.

De fait, les dauphins, ce qui est « normal », mais aussi les chimpanzés, les corbeaux et les éléphants, ce qui l'est moins, ont passé avec succès le célèbre « test du miroir » conçu par l'Américain Gordon Gallup consistant à placer une pastille de couleur sur le front de l'animal dans l'espoir que l'ayant remarqué, il n'ait de cesse que de le retirer, témoignant ainsi son sens de l'identité. D'autres espèces ont échoué, comme les perruches, les tortues et les chèvres. Les analogies ne s'arrêtent évidemment pas là. Les poulpes, pourtant des invertébrés – mais est-ce discriminant ? –, ont la réputation d'être très intelligents, au point de se servir de coquillages comme de domiciles provisoires « au cas où » ils seraient attaqués par un prédateur. On se souviendra à ce propos du célèbre Paul le Poulpe qui prédisait l'issue de matchs de foot de l'équipe allemande lors de l'Euro 2008, puis du Mondial 2010. Avant chaque match, on lui présentait deux boîtes aux couleurs des équipes rivales, l'une contenant une huître et l'autre une moule. Son choix gustatif était réputé déterminer l'issue du match. Sur quatorze tests, le devin Paul ne s'est « trompé » que deux fois, soit un taux de « réussite » de 86 % contre 50 % pour un choix purement aléatoire. Hasard ou divination ? L'échantllon n'était guère représentatif.

Les preuves d'intelligence animale se sont multipliées ces dernières années, notamment sous l'effet des observations minutieuses effectuées sur les pigeons et les animaux domestiques par le célèbre biologiste britannique Rupert Sheldrake, apôtre des « champs morphogénétiques » d'énergie et d'information qui joueraient un rôle déterminant dans le comportement du vivant. Selon lui, un chien domestique sur deux anticipe parfaitement le retour de son maître, même si ce dernier modifie l'horaire, le trajet et le moyen de transport utilisé. Il a interrogé 65 vétérinaires sur les consultations prises pour des chats : 64 d'entre eux ont dû faire face à des annulations, du fait que les chats concernés avaient subitement disparu dès lors qu'ils avaient pressenti leur infortune. Seraient-ils télépathes ? Les pigeons voyageurs retournent à leurs pigeonniers même quand ils sont déplacés. Le dramatique tsunami de 2004 a fait 250 000 victimes humaines, mais aucun animal n'est mort. Ils « savaient » d'avance. On pourrait multiplier ces exemples de comportements paraissant indiquer que l'« intelligence animale » dépasse largement le stade de la pulsion instinctuelle ou du réflexe pavlovien. Le cas le plus stupéfiant est sans doute celui de N'Kisi, le perroquet gris appartenant à la New-Yorkaise Aimée Morgana. Car, comme l'affirment les signataires de la *Déclaration de Cambridge* : « Les signes d'une intelligence presque humaine sont observés de la manière la plus spectaculaire (*the most dramatic*) chez le perroquet gris d'Afrique. » Il faut entendre N'Kisi sur YouTube pour y croire : il baragouine avec un accent de Brooklyn ! Aimée, qui le considère comme un membre de la famille, lui a appris environ 1 200 mots. Il sait aussi faire des phrases et composer les verbes, commettant parfois des erreurs dignes d'un élève de classe primaire lorsqu'ils sont irréguliers. Sheldrake s'est penché sur son cas, N'kisi étant réputé de surcroît télépathe. De fait, il s'est montré capable d'indiquer souvent précisément ce que regardait sa maîtresse dans un magazine ou sur la télé lorsqu'elle était installée dans une autre pièce, un talent qui n'est pas donné à la plupart des humains. À un moment, alors qu'elle observait une photo d'une personne en train de téléphoner, N'Kisi a répondu « qu'est-ce qu'il fait au fil ? » Lorsqu'elle lui a présenté la célèbre primatologue Jane Goodall, après lui avoir expliqué son métier, il lui a demandé : « Tu veux un chimpanzé ?» « Les animaux doués de langage sont comme des ambassadeurs qui rapprochent notre monde de ceux des autres espèces », conclut Sheldrake.

Que la conscience animale puisse exister étant déjà une surprise, que dire de la conscience… végétale ? S'agit-il d'une pure provocation ? Tel n'est pas du tout le sentiment de Stefano Mancuso, un chercheur d'origine calabraise installé à Florence. Mancuso observe qu'une plante moyenne dispose de trois mille composés chimiques tandis qu'un étudiant moyen n'a que sept cents mots ! Une boutade évidemment. Il observe aussi qu'on peut les rendre « inconscientes en employant les mêmes anesthésiants que ceux qui font perdre leur conscience aux animaux. Quand elles sont blessées, elles produisent de l'éthylène qui fonctionne aussi comme anesthésiant chez les animaux. » Les acacias africains découragent ainsi les koudous friands de leurs feuilles lorsque la population de ces antilopes représente une menace pour eux. Rick Karban, un écologiste spécialisé dans les plantes, affirme que les plantes perçoivent la concurrence et poussent de manière à l'éviter. Leur « intelligence » dont Mancuso imagine qu'elle est « distribuée » entre les racines comme le sont celles d'une fourmilière ou d'une volée d'oiseaux, se situerait dans les radicelles qui collectent de l'information sur leur environnement et répondent par des impulsions locales coordonnées dont profite l'organisme tout entier. Il a même eu le culot d'introduire en 2006 le vocable de « neurobiologie végétale », déclenchant une levée de boucliers légitime chez les… neurologues classiques. Il a fait marche arrière par la suite, mais son article polémique affirme néanmoins que « les plantes sentent et répondent à tant de variables environnementales – la lumière, l'eau, la gravité, la température, la structure du sol, les nutriments, les microbes, les signaux envoyés par d'autres plantes – qu'il doit bien exister chez elles un système de traitement de l'information "de nature cérébrale" pour intégrer l'information et coordonner la réponse ».

Mancuso est appuyé par le biologiste américain Clifford Slayman, qui n'hésite pas à affirmer audacieusement « qu'un comportement intelligent peut fort bien se développer sans système nerveux central ni cerveau ». Et de citer à l'appui de sa thèse le fonctionnement autonome de notre système digestif (voir chapitre 3). Mais son meilleur supporter est sans doute, si surprenant que cela puisse paraître, le grand Darwin, dont tous les rationalistes se réclament. Il concevait les plantes comme des animaux inversés, le cerveau en bas et les organes reproductifs en haut. La controverse ne fait que commencer sur l'« intelligence », voire la « conscience » des plantes. Débordant d'activité, Mancuso s'est associé à un informaticien américain pour concevoir un ordinateur végétal fondé sur leur comportement.

CERVEAU-PRODUCTEUR OU CERVEAU-FILTRE DE LA CONSCIENCE ?

« Conscience » sans néocortex, « intelligence » sans cerveau du tout : décidément la production de la pensée et, partant, de la conscience (attribuée par la communauté scientifique à notre cerveau) a un peu de plomb dans l'aile. Et si plutôt que de produire de l'information, comme un radiateur produit de la chaleur, la fonction du cerveau n'était pas de filtrer cette information, comme un tamis sépare le fin du grossier ? Cette hypothèse a sauté aux yeux de l'écrivain philosophe Aldous Huxley lorsqu'il a décrit son expérience de consommation surveillée de substance dite hallucinogène (voir chapitre 2). Comme il l'écrit dans *Les Portes de la perception*, en se référant à un philosophe de Cambridge adepte de Bergson : « L'idée est que la fonction du cerveau et du système nerveux serait éliminatoire et non productive. Chaque personne est en mesure de se rappeler à chaque moment tout ce qui lui est arrivé et de percevoir tout ce qui s'est passé partout dans l'univers. La fonction du cerveau est de nous empêcher d'être envahis et perturbés par cette masse d'informations en grande partie inutiles. Selon cette hypothèse, nous sommes tous du Mental au Grand Large. Mais en tant qu'animaux, notre tâche est de survivre. Pour rendre la survie biologique possible, le Mental au Grand Large doit passer par la valve réductrice du cerveau et du système nerveux. Ce qui en ressort n'est qu'un petit filet de la conscience nécessaire à notre maintien en vie sur cette planète spécifique. »

Puisque Huxley fait référence à Bergson, que nous dit le philosophe ? Il s'est très clairement exprimé sur la relation entre la conscience et le cerveau dans une célèbre conférence de 1919 sur l'« âme et le corps ». Il commence par s'interroger sur le « je » ou le « moi ». Pour affirmer qu'il s'agit de « quelque chose qui paraît, à tort ou à raison, déborder de toutes parts le corps qui y est joint, le dépasser aussi bien dans l'espace que dans le temps. Par notre faculté de percevoir, et plus particulièrement de voir, nous rayonnons bien au-delà de notre corps : nous allons jusqu'aux étoiles. » Quant au temps, « la conscience retient le passé, l'enroule sur lui-même au fur et à mesure que le temps se déroule et prépare avec lui un avenir qu'elle contribuera à créer ». Alors que notre corps est confiné au moment présent dans le temps et limité à la place qu'il occupe dans l'espace. Puis il précise que si la conscience est liée au corps, et donc au cerveau, il y a loin de là à soutenir que le cérébral est l'équivalent du mental. Et de prendre la métaphore du vêtement et du clou auquel il est attaché. Le fait qu'ils soient manifestement solidaires ne signifie pas qu'ils soient la même chose. « La conscience est incontestablement accrochée au cerveau, mais il n'en résulte nullement que le cerveau dessine tout le détail de la conscience. »

Bergson en profite pour régler ses comptes avec les philosophes du XVIIe siècle, adeptes du « parallélisme » entre corps et âme, comme Leibniz et Spinoza et ceux du XVIIIe siècle, précurseurs du matérialisme, comme La Mettrie ou Cabanis, auquel nous devons le célèbre aphorisme selon lequel « le cerveau sécrète la pensée comme le foie sécrète la bile ». Aux scientifiques matérialistes de son époque, le philosophe qu'il est objecte : « La doctrine que vous apportez, nous la connaissons : elle est sortie de nos ateliers ; c'est de la vieille, de la très vieille marchandise. » Puis il utilise une autre métaphore, celle du cadre et du tableau. « Pourvu que la forme et la dimension y soient, le tableau entrera dans le cadre. Ainsi en est-il de la conscience et du cerveau. Pourvu que les actions-gestes, attitudes, mouvements, soient bien celles que le cerveau prépare, l'état mental s'insérera exactement dans l'état cérébral. Mais il y a une multitude de tableaux qui ne tiendraient pas dans ce cadre. » Comme si à un « état d'âme » donné – le tableau – pouvait correspondre une certaine configuration cérébrale – le cadre –, ce qui est certainement exact, alors que toute configuration cérébrale-cadre correspondrait à de multiples états d'âme, ce qui paraît tout aussi vraisemblable. En somme, si nous pouvions regarder à l'intérieur de notre cerveau, ce qui n'était pas encore le cas en 1919, faute de EEG, RMI et autres PET-scan, nous pourrions en déterminer la configuration pour tel état d'âme, comme la prière ou la méditation, ce qui se fait régulièrement aujourd'hui. En revanche, nous ne pourrions jamais remonter d'une configuration cérébrale donnée à tel état d'âme spécifique : il y aurait trop de choix possibles. La conscience n'est pas contenue dans le cerveau.

Jamais avare de métaphores, Bergson en arrive à ce qui le rapproche tout à fait de Huxley lorsqu'il affirme que « l'activité cérébrale est à l'activité mentale ce que les mouvements du bâton du chef d'orchestre sont à la symphonie ». Un outil de contrôle. Étant selon lui le « point d'insertion » de l'esprit et de la matière, le cerveau extrait de la vie de l'esprit tout ce qu'elle a de jouable en mouvement et de matérialisable et ce qui maintient l'esprit au contact des réalités. « Il n'est pas à proprement organe de pensée, ni de sentiment, ni de conscience, mais il fait que conscience, sentiment et pensée restent tendus sur la vie réelle et par conséquent capables d'action efficace. » Et de terminer par cette très belle comparaison : « Le cerveau est l'organe d'attention à la vie. » À cet effet, il trie, il filtre. Comme en sont convaincus aujourd'hui des explorateurs non conventionnels du cerveau comme Pim van Lommel ou Eben Alexander.

Il est probable que Bergson connaissait les travaux de William James, le père de la psychologie américaine que nous avons déjà rencontré aux chapitres 3 et 5. La réputation de James était telle qu'il sera l'un des premiers intervenants aux « Ingersoll Lectures » financées depuis 1896 par la fondation animée par la fille du fabricant américain de compresseurs. Le vœu de son père était qu'un grand esprit intervienne tous les ans sur le thème de « l'immortalité de l'homme ». Ce sujet cosmique n'était pas fait pour déplaire au panthéiste James, adepte de Spinoza. Une belle occasion pour exercer son puissant esprit, fût-il au-dedans ou au-dehors de son cerveau ! Il s'enquit d'apporter la contradiction à deux idées qui lui paraissaient reçues. La première est celle qui nous intéresse ici : la vie de l'esprit dépend-elle du cerveau ? Impossible de croire en effet à la vie éternelle, sujet qui lui est proposé, si la science a démontré, sans conteste, que notre vie intérieure relève exclusivement de notre matière grise.

Pour affaiblir cette vision qu'il considère comme réductrice, James commence par soumettre la fameuse évidence selon laquelle « la pensée est une fonction du cerveau » à l'épreuve de ce qu'il appelle la « dépendance fonctionnelle ». Il la rapproche d'autres évidences comme « la vapeur est une fonction de la bouilloire » ou « la lumière est une fonction du circuit électrique ». Et il observe qu'il s'agit là de fonctions *productives*. Or, pour James, la production n'est pas la seule fonction d'un organisme. Selon une de ces typologies dont il est friand, une fonction peut être tout aussi bien *permissive*, comme la gâchette d'une arbalète, qui libère la flèche ou *transmissive*, comme les touches d'un jeu d'orgue, qui ouvrent les tuyaux à l'air, source du son. Et de postuler que d'attribuer au cerveau un rôle permissif ou transmissif, ce qu'excluent les psycho-physiologues de son époque, n'est pas moins légitime que d'en faire obligatoirement un producteur de pensée et de conscience.

Si le cerveau produit la conscience, elle disparaît avec lui, l'immortalité ne tient pas debout et l'intervention de James à la conférence Ingersoll est inutile ! Si en revanche, le cerveau joue un rôle permissif ou transmissif, alors tout est possible. « Imaginons, dit-il, que l'univers des objets matériels ne soit qu'un voile à la surface des phénomènes, qui cache et retient la réalité ultime. Une telle hypothèse n'est étrangère ni au bon sens ni à la philosophie. Le sens commun a même tendance à céder aux superstitions concernant la réalité derrière le voile. Quant à la philosophie idéaliste, elle affirme que le monde de l'expérience naturelle n'est que la réfraction d'une Pensée unique, seule réalité à pénétrer les ruisseaux de nos consciences individuelles. » Il s'embarque alors dans une description plus métaphysique que scientifique du rôle de barrière ou de filtre que pourrait jouer le cerveau dans notre perception du Tout : il laisserait filtrer, dans des proportions dépendant de son état de réceptivité, « la lumière d'une source suprasolaire ». Il imagine aussitôt les critiques que ne manqueront pas de susciter une telle hypothèse. Mais il la défend. À son époque, comme encore aujourd'hui, la science peut seulement affirmer qu'il existe un parallélisme entre les fluctuations de notre conscience et nos états cérébraux. Elle ne peut démontrer ni que le cerveau produit la conscience, ni qu'il la filtre. La seconde hypothèse est donc aussi légitime que la première. Simplement, elle n'a jamais été explorée par la communauté scientifique.

James ne manque pas de sources qui corroborent son approche. À commencer par son compatriote le philosophe Ralph Waldo Emerson, qui ne craignait pas d'affirmer que « nous sommes assis sur les genoux d'une immense intelligence, dont nous sommes les récepteurs de la vérité et les organes de l'activité. Quand nous discernons la vérité, nous ne faisons rien de nous-mêmes, nous laissons passer ses rayons. » James rappelle qu'une certaine tradition philosophique voudrait que le corps représente la condition de la vie de l'âme sur terre, mais qu'à la mort, l'âme s'évade pour devenir un être sans appétit sensoriel. Et de citer une phrase de Kant tirée de *Critique de la raison pure* : « Ainsi, le corps n'est pas la cause de notre pensée, mais une condition restrictive de celle-ci et, bien qu'il soit essentiel à notre conscience sensorielle et animale, il peut être considéré comme un handicap à la vie purement spirituelle. »

Moins connu, le philosophe Britannique Ferdinand Schiller, avait tenu des propos plus iconoclastes dans un livre au titre étrange – *Les Énigmes du Sphinx* – publié en 1891. On y lit : « La matière est une machinerie admirablement conçue pour réguler, limiter et restreindre la conscience qu'elle encastre. [...]

Si le matériau est fruste, comme celui des organismes primitifs, il ne permet qu'à une intelligence limitée de filtrer. S'il est délicat et complexe, il augmente la porosité de l'accès à la conscience. [...] Sur ces bases, on pourrait dire que les animaux sont dans un état léthargique tandis que nous {note de l'auteur : les hommes] sommes passés à la phase du somnambulisme, qui nous permet des lueurs de lucidité. » Professeur de philosophie à Oxford, Schiller a préféré publier son brûlot sous le pseudonyme de... Troglodyte. « Pour éviter, a-t-il écrit, les honneurs stériles dus à un martyr inutile. » Mais aussi pour rendre hommage à son maître Platon et à son célèbre « mythe de la caverne ». L'immense philosophe grec y explique (voir chapitre 3) que les hommes enchaînés ne voient que les ombres de la réalité telle qu'elle se projette sur les murs de la caverne. Rares sont ceux à rompre leurs chaînes pour regarder le soleil en face et contempler la vraie réalité transcendante.

Quand on branche les méditants

De Platon à Huxley, en passant par d'éminents hommes de lettres, l'hypothèse du cerveau-filtre de la conscience trouve donc des supporters de grand talent. Ils apportent en passant quelque crédit à la perplexité de « M. B », le greffé du cerveau, évoquée en début de chapitre. On notera qu'il s'agit d'intellectuels et non de savants, ces derniers paraissant encore quelque peu égarés dans l'immense pelote de laine de nos circuits neuronaux. Outre qu'elle ouvre la porte à une vie après la vie (et donc à une possible réalité de l'âme), l'hypothèse qu'ils émettent rend intelligibles (et donc dignes de recherche) les phénomènes dits « paranormaux » qui fascinaient tant les scientifiques il y a un peu plus de cent ans. Qu'il s'agisse de transmission de pensée, de clairvoyance ou de clairaudience (voir ou entendre dans le présent), de vision à distance (plus connue sous le nom de *remote viewing*), ces phénomènes supposent une capacité de notre conscience à s'ouvrir, de manière généralement fugace et élusive, à de l'information venue d'un « ailleurs » spatial ou temporel. Il reste à savoir si et comment la valve du cerveau s'ouvre et se referme, ce qui n'est sans doute pas actuellement à la portée des neurosciences. Pour deux raisons. La première est technique : comment déceler dans la forêt de nos neurones ceux qui réagissent et selon quel procédé à telle ou telle impulsion ? Et puis, même si nous y parvenions, quelle lecture pourrions-nous faire des résultats ? La seconde difficulté tient à l'imprévisibilité des phénomènes « psi ». Ils ne se manifestent pas sur commande ! D'où la difficulté extrême de les reproduire en laboratoire.

De nombreuses expériences ont néanmoins été tentées sur les cerveaux des méditants, parce qu'ils ont une grande aptitude à se mettre spontanément dans un état de conscience apaisé caractérisé par la production d'ondes *thêta* associées au sommeil profond. Les résultats de telles analyses paraissent surtout confirmer les attentes de ceux qui les réalisent. Prenons les cas d'Andrew Newberg, radiologue au Jefferson Institute de Philadelphie, mais aussi enseignant au département des études religieuses de l'université de Pennsylvanie. Il a passé vingt ans de sa vie à rechercher avec son complice Eugene D'Aquili le lien entre la spiritualité et le cerveau. Non sans quelques résultats. Il pense avoir clairement localisé au scanner une zone du lobe pariétal postérieur supérieur (ouf !) dans laquelle se manifeste une « furieuse activité mentale » chez des sujets en méditation profonde. Dans son livre *Pourquoi « Dieu » ne disparaîtra pas*, il affirme que « les êtres humains sont des mystiques naturels avec un génie inné pour l'autotranscendance ». Et de rappeler que nous pouvons être transportés par la musique, exaltés par un discours politique, éperdument amoureux. Faudrait-il y voir une ouverture momentanée vers notre conscience supérieure, un trou dans le voile ? Pas le moins du monde. Pour Newberg, comme toutes les expériences, états d'âme et autres perceptions, les états unitaires mystiques, l'impression de faire partie d'un Tout ineffable est le simple produit de fonctions neurologiques, qui apparaissent dans ce cas lorsque la partie réceptrice du cerveau est privée d'input neuronal. Voilà de quoi rassurer les rationalistes. D'ailleurs, l'édition française de son livre porte un sous-titre – *Quand la science explique la religion* – qui ne figure pas dans l'édition américaine. Ne pas effrayer au-delà du raisonnable les agnostiques et les athées gaulois.

Newberg est tout naturellement convaincu que le cerveau produit le mental (*mind*). « La science, écrit-il, ne peut trouver aucune manière pour le mental de se manifester si ce n'est par le fonctionnement neurologique du cerveau. Sans l'habilité du cerveau à traiter des impulsions de manière très sophistiquée, les pensées et les sentiments qui représentent notre mental n'existeraient pas. » En bon darwinien qu'il est, il se demande tout de même en quoi un esprit mystique pourrait apporter un quelconque avantage compétitif. En effet, il n'est guère plus utile à notre survie qu'une spéculation philosophique ! Il évacue au passage l'assimilation classique des expériences mystiques aux hallucinations. Celles-ci sont en effet selon lui parcellaires et ne font intervenir qu'un seul sens (une vision, une voix venues d'ailleurs) et elles apparaissent clairement illusoires aux personnes en bonne santé mentale qui ont font l'expérience lorsqu'elles retrouvent leur pleine conscience. En revanche, les expériences mystiques sont riches, à facettes multiples, et ceux qui les vivent sont convaincus de leur authenticité. Elles sont plus vraies que nature. Et, selon ses travaux, neurologiquement traçables. Sont elles pour autant un produit de l'évolution ? Newberg livre, à ce propos, une audacieuse comparaison entre l'expérience mystique et l'orgasme, du fait non seulement que ces deux états suscitent les mêmes qualificatifs – extatique, exalté, sublime – mais qu'ils paraissent suivre les mêmes circuits cérébraux. Cet apôtre de la « neurothéologie » ne sort pas de sa tête.

Telle n'est pas la démarche de Mario Beauregard. Dans l'introduction de son livre *Du cerveau à Dieu*, un titre sans ambiguïté, il se présente comme un neuroscientifique non matérialiste et il annonce tout de suite la couleur : « Le cerveau n'est pas l'esprit, c'est un organe adapté pour connecter l'esprit au reste de l'univers. » Ce scientifique s'inscrit dans le droit fil des penseurs évoqués plus haut. Il a lui aussi conduit des expériences avec des méditants, en l'occurrence quinze carmélites de Montréal où il enseignait à l'université du même nom. Faire accepter à des nonnes recluses l'enfer sonore de l'IRM n'a pas été une tâche facile, mais elles se sont prêtées à l'exercice de bonne grâce. Elles se sont plongées dans une profonde méditation en se remémorant des expériences spirituelles très intenses, comme en témoignent les ondes *thêta* émises (si elles avaient triché, elles auraient dégagé des ondes *bêta* en quantité). Certaines sont ressorties dans un profond état d'exaltation. Selon l'une d'elles : « Je ne me suis jamais sentie autant aimée. » Et les résultats scientifiques ? Commentaire académique de Beauregard : « Leur expérience a été neurologiquement actualisée par différentes régions cérébrales impliquées dans plusieurs fonctions telles que la conscience de soi, les émotions, la représentation corporelle, l'imagerie visuelle et motrice, et la perception spirituelle. » Il s'agit donc d'une opération d'une grande complexité. Elle démontre en passant qu'il n'y a pas de « point de Dieu » dans le cerveau, comme certains l'ont prétendu. Mais de là à dire que les mystiques en méditation contactent « une puissance au-delà d'elles- mêmes », il y a un pas que le scientifique s'interdit de franchir. Les résultats d'une IRM cérébrale ne permettent pas de lire une pensée comme une radio lit un tibia. On ne saurait être plus honnête. Beauregard a tout de même perdu son poste à l'université de Montréal à la suite de ces recherches.

Explications rationnelles des NDE

Le contact avec une puissance au-delà de soi-même est précisément ce qu'affirment vivre la plupart de ceux qui font une expérience de mort imminente – NDE – ou de mort partagée – SDE – ou de communication avec les morts. Qu'en est-il dans la réalité ? Depuis une trentaine d'années que les phénomènes de ce type se sont multipliés, les experts dubitatifs ont émis de nombreuses hypothèses rationnelles – une vingtaine, selon les « croyants » – concernant leur existence effective. Ces hypothèses peuvent être classées en deux catégories : leurs causes relèveraient soit de la psychologie du sujet, soit de sa physiologie, en l'occurrence de réactions chimiques ou électriques se produisant dans le cerveau.

Sur le plan psychologique, dans son livre *Mort ou pas ?* Pim van Lommel n'identifie pas moins de treize explications qui vont de la peur de la mort aux illusions produites par une surconsommation de médicaments en passant par les attentes – notamment celles des croyants pratiquants – la perte d'identité, la dissociation, l'hallucination, le fantasme, le rêve et la tromperie. Une explication psychologique ne suffisant pas à rendre compte de la grande diversité des NDE, en vertu des douze étapes identifiées par le neurologue néerlandais (voir chapitre 5), lesquelles ne sont pas toutes vécues dans chaque cas.

Il fallait aussi compléter ces explications par un ou plusieurs déterminants physiologiques. La thèse la plus répandue est la privation d'oxygène, ou hypoxie, dont sont victimes notamment ceux qui subissent un arrêt cardiaque. Il suffit que leur cœur cesse de battre pendant quinze minutes pour que, le cerveau n'étant pas approvisionné, la mort intervienne irréversiblement. L'hypoxie provoque aussi l'émission d'endorphines qui produisent un sentiment de bien-être analogue à celui vécu au cours d'une NDE. La psychologue britannique Susan Blackmore est encore plus précise, puisqu'elle situe l'hypoxie dans le cortex cérébral réputé responsable de la vision. Le fameux « tunnel » s'expliquerait ainsi. Blackmore est un personnage hors du commun : étudiante à Oxford, elle a vécu une « décorporation » spectaculaire à la suite d'une forte consommation d'alcool et de cannabis. Devenue enseignante, elle s'est du coup jetée, si l'on ose dire à corps perdu, dans l'exploration des phénomènes « psi », en particulier la télépathie. Au bout de quinze ans de recherches minutieuses avec ses étudiants de l'University of the West of England, de publications dans les « revues à référés », cautionnées par des comités de lecture, Sue a jeté l'éponge : elle n'avait rien trouvé. Pour elle, le « psi » n'existait pas. Il n'y a pas d'athée plus convaincu qu'un croyant désenchanté. Esprit brillant, chercheuse infatigable, Sue a mis à jour en 2010 ses réflexions très sceptiques sur les décorporations publiées près de vingt ans plus tôt. Reconnaissant les vertus de la méditation, qu'elle pratique depuis longtemps, admettant son affinité avec la vision bouddhique du « non-soi » et de l'impermanence, elle conclut que « si les NDE sont de merveilleuses expériences, capables de nous apporter des vérités profondes sur l'esprit (*mind*), le soi et la conscience, ne cédons pas à l'illusion que ces entités perdurent lorsque nos corps frêles ont disparu. C'est faux. »

Van Lommel admet avoir cru à l'hypothèse de l'hypoxie, mais il la rejette aujourd'hui au motif que les hallucinations qu'elle provoquerait génèrent la confusion, la peur, les trous de mémoire et une élocution embrouillée. Rien à voir avec le vécu structuré et précis des NDE. Et puis, comment expliquer les très spectaculaires expériences de mort partagée proches des NDE décrites au chapitre précédent ? Elles sont vécues par des cerveaux en parfait état de marche. Le psychiatre britannique Karl Jansen avance une autre thèse « chimique ». Grand admirateur de feu Timothy Leary, l'avocat *new age* de l'usage du LSD, il a observé que la consommation de kétamine, un anesthésiant réputé pour ses propriétés… hallucinogènes – on y revient toujours – provoquait des phénomènes proches de ceux des NDE, comme le tunnel, la lumière, le sentiment d'être mort et la communication avec des esprits. Selon lui, la kétamine mime la NDE en termes de fonctionnement cérébral et de blocage de certains neurotransmetteurs. Il semble tout de même que les visions sous effet de la kétamine puissent être effrayantes autant qu'exaltantes, au point que nombre de patients ne souhaitent pas les répéter. Et puis cette substance n'existe pas naturellement dans notre cerveau.

Ce n'est pas le cas de la dyméthyletriptamine ou DMT produite par certaines plantes dites, on l'aura deviné, hallucinogènes, mais aussi par notre glande pinéale. La DMT est un vieux compagnon de route des chamans amazoniens diffuseurs d'*ayahuasca*, mais aussi des amateurs plus récents « d'états modifiés de conscience ». Le psychiatre américain Rick Strassman a passé une vingtaine d'années de sa carrière à étudier les substances dites « psychédéliques ». Il a testé ce qu'il appelle la « molécule de l'esprit » sur soixante étudiants volontaires de l'université du Nouveau-Mexique. Deux seulement ont vécu une expérience comparable à une NDE. Ce résultat peu concluant est dû, selon lui, au fait que les cobayes n'étaient guère en état de stress. Il reste que la production de DMT par la glande pinéale est encore très mal connue. Toujours dans le domaine chimique, la baisse brutale d'oxygénation du cerveau coïncide avec une forte production de gaz carbonique, qui a la réputation de provoquer des « visions ». Des chercheurs de l'université de Maribor, en Slovénie, ont récemment examiné 52 victimes d'arrêts cardiaques hors de l'hôpital. Onze d'entre elles avaient vécu une NDE et une bonne corrélation est apparue entre leur expérience et les doses de CO_2 observées à l'hôpital. Il s'agit d'une première. Elle laisse Peter Fenwick de marbre : « Lors d'arrêts cardiaques, le niveau de CO_2 est toujours élevé, mais seulement 10 % à 20 % des victimes vivent une NDE. » Pourquoi pas les autres ?

Il n'y pas que de la chimie dans le cerveau, il y a aussi de la physique. Y trouvons-nous des pistes explicatives des NDE ? Il s'agit du terrain d'élection du neurologue suisse Olaf Blanke, spécialiste des épileptiques. Les crises d'épilepsie ont de longue date fasciné les neurologues, à commencer par le grand Wilder Penfield, qui en est revenu. Blanke s'est fait remarquer au cours des années 2000 pour avoir induit un semblant de décorporation chez une patiente qui avait l'impression de voir du dehors la partie inférieure de son corps. Il localisa derechef cette expérience à la jonction de son lobe pariétal et de son lobe temporal droit. Il en conclut que la décorporation était une illusion, une fausse sensation de réalité causée par le dysfonctionnement de cette région du cerveau. Van Lommel trouve, on s'en doute, cette généralisation quelque peu hâtive. « Pour ce que nous en savons, écrit-il, aucun des milliers d'épileptiques dont le cerveau a été stimulé de par le monde n'a subi une véritable décorporation. »

Si j'ai présenté avec un certain luxe de détails les différentes explications rationnelles ou cérébrales des NDE, c'est d'abord pour donner la parole à l'opposition et ensuite pour montrer à quel point ces explications sont parcellaires et peu concluantes. Je laisse le mot de la fin aux psychologues auteurs d'*Irreducible Mind*, un ouvrage déjà cité : « L'intérêt du public pour les NDE tient au fait qu'elles laissent à penser que la conscience ou l'esprit (*mind*) pourraient persister et fonctionner même après la mort du cerveau. À l'inverse, la plupart des chercheurs ont ignoré ce sujet, sans aucun doute du fait de l'adhésion générale des psychologues et des neuroscientifiques au dogme selon lequel le cerveau produit l'esprit, voire *est* l'esprit. [...] Plusieurs caractéristiques des NDE permettent de se demander si les théories physiques et psychologiques contemporaines pourront un jour en donner une explication complète. »

Que dire de la limpidité des visions et de la logique des scénarios ? Elles sont contraires aux expériences hallucinatoires, généralement confuses et elles ont pour singulière caractéristique de modifier profondément l'existence de ceux qui les vivent. Elles leur apparaissent à toutes plus vraies que nature alors que leur cerveau est souvent en compote. Comment expliquer que Maria, une employée victime d'un arrêt cardiaque, réanimée à l'hôpital de Seattle et « sortie de son corps » à cette occasion ait pu apercevoir une chaussure de tennis sur le rebord d'une fenêtre du troisième étage, à une bonne distance de la salle d'opération ? La chaussure sera bel et bien retrouvée par l'assistante sociale qui l'accompagnait. Il n'y a pas davantage d'explication psychophysiologique au fait que les personnes rencontrées dans les NDE soient toujours mortes, jamais en vie. Les NDE ouvrent de nouvelles portes à notre perception du monde et il est difficile d'imaginer que ce soient nos cerveaux qui les aient forcées. Eben Alexander ne doute plus : « Non seulement la conscience est réelle, mais elle est plus réelle que le reste de l'existence physique dont elle est, selon toute vraisemblance, à l'origine », écrit-il dans *La Preuve du paradis*. Et d'affirmer, le plus fermement du monde, lors d'une conférence donnée à Marseille en 2013 : « Le cerveau ne crée pas la conscience. J'ai vécu une expérience unique, qui a changé ma vie, alors que mon cerveau était inactivé. »

Conscience universelle

Il y a de quoi plonger tout rationaliste de bonne foi dans un abîme de perplexité. Si notre conscience n'est pas dans notre cerveau, où est-elle donc localisée ? Partout et nulle part, pourrait-on répondre, mais ce serait botter en touche en éludant la question. Le penseur britannique Peter Russell, empreint de spiritualité hindoue, aime à répéter : « Nous savons que nous avons une conscience, mais la science ne peut pas l'identifier.

Elle serait même très heureuse qu'elle n'existe pas. Mais sans conscience, la science n'existerait pas non plus et nous n'aurions aucun moyen de connaître l'univers ! » Il poursuit son analyse en se demandant comment la conscience peut surgir de la matière inconsciente. « Une mauvaise question », selon lui, typique du « paradigme » classique, c'est-à-dire d'une vision du monde postulant que tout se réduit à la matière. Nous y reviendrons cependant. L'alternative à ce paradigme, son « métaparadigme », est que « la conscience est plus importante que le temps, l'espace et la matière. Elle imprègne jusqu'aux cellules et aux unités fondamentales de matière. Elle a toujours été là, c'est son contexte qui a changé : le cerveau crée son image de ce qui se passe au-dehors. » Alexander ne le désavouerait pas.

Et si nous vivions dans deux mondes à la fois, celui, limité, « de la matière » qui nous est familier et celui, sans limites, « de la conscience » auquel nous avons accès par l'intermédiaire précisément… de notre conscience ? Ce terme est pauvre, du simple fait que l'homme occidental, lui, a spontanément fixé une limite étroite liée à l'activité cérébrale. Selon Russell, le sanskrit, langue des vieux textes védiques de l'Inde, dispose de douze mots pour désigner la conscience. Renseignements pris, au moins cinq d'entre eux désignent nos perceptions sensorielles, mais un autre, le *pratyahara*, permet de s'en dégager pour pénétrer dans notre monde intérieur. Puis, quand nous montons en niveau, il apparaît que nous pouvons accéder, selon les textes védiques fondateurs de l'hindouisme, à la conscience désincarnée, la *pratriki*, la « matière » primordiale dont est fait l'univers, ainsi qu'au *purusha*, la conscience pure, non manifestée, intangible. Ce terme a cependant l'air bien proche de *chit*, également traduit par « conscience pure » et aboutissant au sommet de la pyramide au *samadhi*, l'état de superconscience ou de vigilance, union parfaite du Soi et de la Réalité, aboutissement du yoga. Cette construction subtile peut paraître un peu nébuleuse pour les héritiers de Descartes, mais elle a pour mérite de nous éloigner du cerveau ! Elle nous décrit un univers « moniste idéaliste » – une seule réalité, le samadhi – qui se démarque à la fois du « monisme matérialiste » – une seule réalité, la matière – et du « dualisme » cartésien, qui distingue très clairement la matière de l'esprit.

Un monde obstrué dans un monde dégagé

« Une vie ne vaut rien, mais rien ne vaut une vie » a dit un jour André Malraux. Le pillard des temples d'Angkor avait volé cette superbe maxime au grand philosophe Averroès, dit Ibn Rush, l'ami musulman du grand penseur juif Maïmonide. Que le vivant soit fait pour vivre relève du truisme. Et notre vie a de la valeur, même si une simple inadvertance, un phénomène climatique, une haine tenace ou une bactérie violente peuvent nous la retirer. Et si nous avions aussi une autre vie, dans un autre plan, dans un monde débarrassé de la matière et du temps, dans un monde où l'on « voit » à 360 degrés, où l'on se déplace sans effort, où la communication est de nature télépathique, *où la conscience reste intacte quand le cerveau a disparu* ? Le jardin d'Éden ? L'image n'est pas nécessairement aussi rudimentaire qu'il y paraît. Il n'est pas interdit de penser qu'Adam et Ève étaient faits pour croquer la pomme dans un acte de curiosité – la soif de connaissance – plutôt que de désobéissance. Notre monde serait sans doute moins excitant s'ils n'avaient pas franchi la ligne jaune. On peut même se demander s'il existerait. On aura compris que je ne crois pas au péché originel.

Mais revenons aux deux mondes, l'un – le nôtre – étant contenu dans l'autre. Né en 1873, Stewart Edward White a été un auteur prolifique et reconnu de romans d'aventures, de livres pour enfants et de récits de voyage. En 1904, il épouse Elisabeth (« Betty ») Grant. Comme beaucoup de bons bourgeois de l'époque, le couple s'adonne aux surprises magiques de la planchette « oui-ja ». Puis, à partir de 1919, grâce à une amie médium, Betty se découvre des prédispositions pour l'écriture automatique et le *channeling* avec des « esprits » qui ne souhaitent pas être identifiés et qu'elle appelle « les Invisibles ». La carrière de son mari prend alors une autre tournure. Il va écrire sept volumes de comptes rendus des informations ainsi dispensées sous le couvert de ses « Betty books », dont l'un lui a été communiqué par son épouse par-delà la mort. Il s'appelle *The Unobstructed Universe*, que l'on pourrait traduire par *L'Univers dégagé*. Nous ne sommes pas loin du Mental au Grand Large d'Aldous Huxley. Betty explique la différence entre notre univers terrestre obstrué et l'univers dégagé dans lequel elle affirme se trouver.

Une affirmation revient sans cesse dans ses propos « channelés » par une fidèle médium : « La conscience est la seule vraie réalité. » Betty n'avait évidemment jamais mis les pieds dans les ashrams d'Inde, où ce propos ne ferait pas battre la moindre paupière. Elle n'avait pas davantage un diplôme de psychologie ni de neurologie. Elle répète aussi sans cesse qu'il n'y a qu'un seul univers, qui revêt tout simplement deux aspects. Celui dans lequel j'écris ces lignes est, selon elle, « obstrué par la matière. Vous vous heurtez à une pierre, à un mur, ils obstruent votre passage et vous obligent à les contourner. Vous vous heurtez aussi au temps. Vous vous dites "je n'ai pas le temps de faire ceci ou cela", ce qui signifie que la durée d'une heure ou d'une journée est un obstacle. Vous vous heurtez au mouvement : une certaine vitesse, rapide ou lente, vous gêne. Enfin, vous vous heurtez aux pensées, aux idées des autres : elles vous contraignent, elles vous limitent, elles vous obstruent. » Pour Betty, l'équivalent de ce qu'elle appelle la « trilogie du monde obstrué », à savoir la matière, le temps et le mouvement, existe aussi sous une forme voisine dans l'univers dégagé, sur lequel je reviendrai longuement au chapitre suivant. Et elle insiste sur le fait que, faisant à tout moment partie de « son » univers, nous pouvons l'appréhender malgré les valises que nous trimballons (ou le filtrage opéré par notre cerveau). Selon elle, le niveau de fréquence vibratoire de notre partie de l'univers est très inférieur à celui de la sienne, comme les harmoniques d'un son donné, mais il existe une manière de communiquer par l'intermédiaire d'un « champ » d'attraction.

Ce dernier terme a un sens et fait l'objet de nombreuses recherches par des savants de différentes disciplines. Il est lié à la mécanique quantique, sur laquelle je reviendrai un peu plus loin. Mais examinons d'abord certaines des implications de cet univers à deux visages. Du fait de notre conscience universelle (et donc non locale, ce que je développerai), nous sommes tous dotés de facultés « psi ». Les adolescents qui, comme jamais dans l'histoire, dévorent, dans leurs lits, sur leurs tablettes ou sur les écrans de cinéma les récits des Hobbits, des vampires, des animaux ou des humains aux pouvoirs surnaturels ne se nourrissent pas uniquement de prouesses technologiques, qui se banalisent : ils rêvent d'un monde meilleur et – qui sait ? – ils sentent confusément que ce monde magique est à leur portée. Encore une porte de la perception qui s'entrebâille. Toujours est-il que l'unicité de la conscience, la porosité entre les deux aspects de l'univers expliquent bien des phénomènes, comme l'extase mystique, le vécu à l'approche de la mort ou tout simplement les rêves initiatiques, qu'il ne m'a – hélas – jamais été donné de vivre, mais qui en ont marqué plus d'un, à commencer par le grand Jung. Un coin du voile a été soulevé, des fréquences harmoniques ont résonné. La conscience explique sans doute aussi l'intuition (voir chapitre 2). Il s'agirait, au moins pour ce qui concerne les grandes intuitions, les fulgurances des mathématiciens ou des poètes, d'une connexion fugace avec l'univers dégagé. Tous les phénomènes « psi » trouveraient là une explication plausible, sinon scientifique.

À ce propos, celui de ces phénomènes le plus exploré par des scientifiques « croyants » – qui se qualifient de « moutons », par opposition aux sceptiques, dits « chèvres » – est la fameuse transmission de pensée, ou télépathie chère à Frederic Myers. Que de temps et d'énergie n'a-t-on pas consacré à faire « lire » des figures simples par des astronautes (rétifs) comme à des étudiants (enthousiastes) ! Le fameux J. B. Rhine de l'université de Duke, en Caroline du Nord, y a consacré trente ans de sa vie. Sans grand résultat. La Britannique Susan Blackmore a jeté l'éponge. Dean Radin, de l'Institut de sciences noétiques californien, a eu davantage de succès, notamment en employant la technique dite *ganzfeld* (ou champ total en allemand) sur laquelle je passe. Mais rien n'est très concluant dans ce domaine. Pourquoi ? L'univers obstrué n'est sans doute pas adapté à cette technique et notre cerveau-valve nous rend à ce propos un fier service. Imaginons que nous puissions communiquer ainsi entre nous : nous y perdrions la tête et le reste, car nous serions à tout moment susceptibles d'être dérangés par un être cher, voire et surtout, par un importun. Nous subissons déjà l'intrusion du téléphone portable et de l'accès à Internet. Mais au moins ces terminaux servent-ils, comme par hasard, de filtre. L'accès à la télépathie n'est pas fait pour les humains. Hélas, car j'aimerais bien sentir venir les tsunamis ou savoir à tout moment comment vont mes enfants. J'attendrai pour cela de retourner dans l'univers dégagé.

Synchronicité et amour

Que des fenêtres puissent s'ouvrir pour que nous transmettions à l'occasion des informations fondamentales entre âmes/consciences explique sans doute ce que Jung appelait la synchronicité. Ce terme étrange a été assimilé un peu hâtivement à toutes les coïncidences inexplicables qui émaillent nos vies. Jung l'a défini comme une coïncidence entre l'état psychique de l'observateur et un événement soit extérieur, objectif et simultané, soit situé hors de son champ de perception, soit situé, enfin, dans un futur plus ou moins éloigné.

Pour qu'un tel phénomène puisse se produire, il faut donc au départ qu'existe une certaine « disponibilité » de la part du sujet, une ouverture de la valve de son cerveau à une information venue spontanément d'ailleurs perçue par sa conscience. Mais d'où sinon d'une autre conscience ? Le premier cas évoqué par Jung et dont les témoignages sont abondants est celui de la personne qui se réveille au milieu de la nuit, convaincue qu'il est arrivé quelque chose de grave à un proche : un danger, un accident ou la mort. Il y a eu correspondance entre les psychés des deux êtres au-delà de toute mécanique cérébrale. Mon amie Michèle, qui a longtemps vécu en Australie, était un jour en train de cuisiner dans une *station* près d'Alice Springs lorsque son marmiton aborigène ressentit de vives douleurs à la tête et au radius de son bras gauche. « Mon cousin a très mal à la tête. Il faut que j'y aille. » Et de prendre ses jambes à son cou pour le rejoindre à trois cents kilomètres de là. Renseignements pris, le cousin avait une tumeur au cerveau. Il mourra dans ses bras. Et le radius gauche du marmiton ? Il l'avait « prévenu ». Dans sa tribu d'Aborigènes, chaque partie du corps correspond à une certaine partie de sa lignée familiale. Le radius gauche, c'étaient ses cousins. Des synchronicités plus banales se produisent chaque fois que nous prenons notre téléphone pour appeler une personne qui, comme par hasard, était sur le point d'en faire autant !

Les deux autres catégories de synchronicités font intervenir soit des objets matériels ou du vivant, soit des événements futurs. Ils ont de fortes connotations avec ce que la parapsychologie appelle d'un côté la psychokinèse (le déplacement d'objets) et de l'autre la clairvoyance ou la précognition. Informé une fois du décès d'une personne proche, Jung a aussi vécu la célèbre expérience du « scarabée d'or ». À l'époque, il traite sans grand succès une femme très rationnelle et donc fermée à sa thérapie. Au bout de plusieurs séances décourageantes, elle lui apprend qu'elle a rêvé d'un scarabée. Jung sait que dans la mythologie égyptienne, le scarabée sacré qui pousse sa boule de bouse est un symbole de renaissance. Alors qu'il est sur le point de décrire cet archétype à sa patiente, il est intrigué par des coups frappés à la fenêtre de son bureau. Il l'ouvre pour y découvrir, à sa grande stupéfaction, une cétoine dorée, version européenne du scarabée d'or. Dès lors, sa thérapie prendra une tournure positive.

Pour ce qui concerne les événements futurs, le neuropsychiatre Peter Fenwick a rencontré de nombreuses personnes qui avaient eu le pressentiment de leur futur passage de vie à trépas. Comme cet homme d'affaires convaincu d'avoir accompli tout ce qu'il attendait de la vie et qui sentait sa fin proche. Deux mois plus tard, sa compagnie l'envoie en mission à l'étranger. Que croyez-vous qu'il soit arrivé ? Son avion s'est crashé. Il n'y a pas de différence épistémologique entre ces types de synchronicités et celle de l'Aborigène dès lors qu'il s'agit de communications entre consciences/âmes. En l'occurence il ne s'agit pas d'âmes de vivants, mais de personnes déjà sorties de notre univers obstrué et néanmoins capables soit d'agir sur la matière ou le vivant, soit de nous prévenir d'un événement inévitable. De la science-fiction ? Massimo Teodorani est un astrophysicien diplômé aussi de médecine à l'université de Bologne. Dans son très joli livre *Synchronicité*, il rapporte un bien curieux phénomène rencontré chez Jung lors d'une visite à son maître Freud. Nous sommes en 1909 et les relations entre les deux explorateurs de la psyché sont devenues tendues. Freud accuse même son élève d'être tombé dans « la marée noire de la vase de l'occultisme ». Jung en perd la parole d'indignation. Comme il le raconte dans son autobiographie *Ma vie* : « Il me sembla que mon diaphragme était en fer et devenait brûlant. » Il se produit alors un craquement dans l'armoire-bibliothèque à côté des deux hommes. Ils s'en effrayent, ont peur qu'elle ne tombe sur eux. Et Jung d'annoncer à un Freud dubitatif que le même phénomène va se reproduire ! À peine a-t-il prononcé ces mots qu'un second craquement se fait entendre. Freud le regarde, sidéré. Jung en conclut que « cette aventure éveilla sa méfiance à mon égard ; j'eus le sentiment que je lui avais fait un affront. » Ils se sépareront, à jamais fâchés, en 1913. Pour Teodorani, « le monde extérieur avait répondu à la place de Jung pour communiquer à Freud ce que Jung voulait lui dire. À travers l'expérience fulgurante de la synchronicité, il semble que l'univers soit étroitement relié dans toutes ses parties. L'homme serait alors un microcosme et l'univers son macrocosme. Et c'est justement à travers les phénomènes synchrones que ce dernier le protège en le conduisant vers son destin. » Voilà qui est courageux (téméraire ?) pour un astrophysicien, mais qui correspond bien à la description de Betty White : l'univers dégagé vole au secours de l'univers obstrué. Teodorani reprend d'ailleurs à son compte (une synchronicité ?) une belle expression du médecin gourou Deepak Chopra, esprit planétaire auteur d'innombrables ouvrages de développement personnel, dans son très beau *Livre des coïncidences* : « L'Univers tout entier conspire pour créer notre destinée personnelle. » Il ajoute que, « pour ce faire, il utilise les connexions non localisées *acausales* ». Nous verrons un peu plus loin ce qu'il entend par « non localisées ». Mais pourquoi employer le terme acausal, sans cause ? Pour rester fidèle au grand Jung, pour qui un phénomène synchronistique avait du sens sans avoir de lien de cause à effet entre l'émetteur et le récepteur de l'information, entre les propos de sa patiente et l'apparition du fameux scarabée.

Je me demande si, sur ce point au moins, Jung ne s'est pas trompé. La relation de cause à effet est universelle et commande toute démarche logique. Et je pense qu'il y a bien une cause, une impulsion, un moteur à toute synchronicité. Il s'agit de l'amour. L'amour est-il un sentiment ? C'est ce qui est communément admis. Je plaiderai plus volontiers pour une action, comme le pensait le grand psychologue Erich Fromm. Dans son *Art d'aimer*, Fromm définit l'amour comme « la préoccupation active pour la vie et le développement de ceux que nous aimons ». Les romantiques trouveront sans doute cette définition un peu sèche. Il poursuit néanmoins, à l'intention de ceux qui confondent justement la faculté d'aimer et l'objet de l'amour : « À ne pas voir que l'amour est une activité, un pouvoir de l'âme, on se convainc qu'il est nécessaire de trouver l'objet idoine – et que tout ira bien par la suite. Comme un homme qui veut peindre et qui, au lieu d'apprendre l'art pictural, affirme que le jour où il trouvera le bon sujet, il peindra magnifiquement. »

Or, que nous apprennent les synchronicités ? D'abord, nos êtres chers, ceux que nous portons dans notre cœur, nous adressent des messages quand ils sont soit au plus mal, soit déjà « de l'autre côté ». Ensuite, le monde des esprits, que visitent ceux à qui arrive une NDE, est manifestement peuplé d'êtres de lumière et de proches disparus qui non seulement ne nous jugent pas, mais ne nous veulent que du bien. Ils nous aiment, tout simplement. Ils font preuve d'une « préoccupation active » pour notre développement. Les synchronicités sont des actes d'amour, quelle qu'en soit la source ou quel qu'en soit le déclenchement.

L'ÉTRANGE COMPORTEMENT DES ENTITÉS QUANTIQUES

Il existe selon moi une preuve scientifique que nous vivons dans les deux univers à la fois. Et cette preuve nous est donnée depuis une centaine d'années par la découverte de la mécanique quantique. Le gros mot est lâché, mais rassurez-vous je n'ai pas l'intention de livrer au lecteur une analyse savante de ses découvertes, parmi lesquelles figurent tout de même le transistor, le laser et la bombe atomique. On prête au prix Nobel danois Niels Bohr, l'un de ses grands fondateurs, la formule suivante : « Ceux que la théorie quantique n'a pas choqués de prime abord ne peuvent pas l'avoir comprise. » Le flamboyant prix Nobel américain Richard Feynman est plus brutal : « Je peux affirmer sans risque que personne ne comprend la mécanique quantique. » Elle a d'ailleurs choqué le grand Einstein au point qu'il a passé les trente dernières années à la combattre, convaincu qu'il était qu'elle comptait des « variables cachées ». Celles-ci n'ont jamais été découvertes.

La mécanique est par définition l'étude du mouvement. Ce que nous appelons la mécanique « newtonienne », dite aussi « classique », conçue par le génial Isaac Newton, décrit avec une précision mathématique les mouvements des corps d'une certaine dimension. Fondée sur les équations tirées du calcul dit intégral découvert quasi simultanément par le Britannique Newton et par l'Allemand Leibniz, cette mathématique s'est avérée d'une prodigieuse efficacité pour expliquer un nombre considérable de phénomènes, à tel point qu'à la fin du XIXe siècle, le grand thermodynamicien britannique lord Kelvin, auquel nous devons la température absolue, ne craint pas d'affirmer solennellement qu'« il n'y a plus rien de nouveau à découvrir en physique, seulement quelques calculs à affiner ». Parmi eux, la manière dont une ampoule électrique émet un rayonnement lumineux. Au bout de dix ans de recherches infructueuses, l'Allemand Max Planck dut, selon lui, « en désespoir de cause » se résoudre à admettre que ces émissions n'étaient pas continues, comme le voulait la théorie newtonienne. Elles se faisaient par paliers, un peu comme la monnaie n'est disponible que par unités, la plus petite étant dans la France contemporaine le centime d'euros. Il s'agissait en l'occurrence d'unités infinitésimales. Planck appela un « quantum » d'énergie « ce mystérieux ambassadeur du monde réel ». Cette découverte révolutionnaire lui vaudra un prix Nobel bien mérité.

La mécanique des quanta, dite de ce fait quantique, celle qui décrit le mouvement des plus petites entités connues dans le monde, se développera à grande vitesse au cours des trente premières années du dernier siècle, tout en plongeant ses pratiquants dans des abîmes de perplexité. La représentation classique de l'atome, par exemple, que le grand savant britannique Rutherford avait imaginée au début du XXe siècle, avec des électrons qui tournent sur des orbites régulières autour du noyau comme les planètes tournent autour du Soleil, n'était plus adaptée : quand un électron passe d'une orbite à l'autre, il disparaît de la première pour apparaître instantanément sur l'autre, sans franchir, comme le ferait une balle, l'espace qui les sépare. « Bizarre, vous avez dit bizarre ? » Ils durent admettre aussi qu'une « entité quantique », comme un électron, un photon ou un atome avait une *double nature*. Quand elle est livrée à elle-même, elle se comporte comme une onde, mais quand elle est observée, elle se présente comme une particule, dont de surcroît la position et le mouvement ne peuvent tous les deux être connus à la fois avec précision, ce qui était à la base de la vision newtonienne. Le « principe d'incertitude » découvert par Werner Heisenberg postule en effet que plus la position est précise et plus le sens du mouvement est flou. Les orbites de Rutherford céderont la place aux « orbitales », plus proches d'un enchevêtrement de spaghettis que d'un système solaire.

Ce que les savants appellent la dualité ou la complémentarité onde/particule avait de quoi heurter la logique de tout scientifique occidental, à commencer par Einstein, car elle représente un défi à la pensée d'Aristote. En bon logicien qu'il était, Aristote estimait qu'une chose pouvait être ou ne pas être, mais jamais les deux à la fois, en vertu du principe qu'il appelait celui du « tiers exclu ». Un tel principe nous paraît relever du bon sens le plus élémentaire. Eh bien, il n'est pas applicable à toutes les situations, comme nous le démontre cette fameuse complémentarité. Les Orientaux sont plus à l'aise avec ce troublant constat dans la mesure où nombre de leurs traditions, comme le tao chinois ou l'hindouisme, admettent intellectuellement qu'une chose puisse être et ne pas être à la fois, comme c'est précisément le cas des entités quantiques. Elles ont même été qualifiées d'« ondicules », de manière à respecter leur double identité. Mais le terme ne s'est pas imposé.

Un petit voyage dans l'univers des entités quantiques, dans lequel, ne l'oublions pas, nous vivons en permanence, peut aider à comprendre pourquoi Einstein a pu qualifier très justement de « fantomatiques » certaines de leurs propriétés. D'abord, une telle entité n'est jamais au repos, elle est tout le temps en mouvement, comme le sont les vagues à la surface de l'océan. Elle paraît même capable, dans certaines circonstances, de franchir les murs, d'interférer avec elle-même (essayez d'en faire autant !) et, selon les « graphes » conçus par Richard Feynman, de remonter le temps, du moins selon la définition que nous donnons au temps qui paraît s'écouler inexorablement. Et puis, tant que nous ne l'observons pas, elle peut être n'importe où dans l'espace défini par la fameuse équation PSI que nous devons au savant autrichien Erwin Schrödinger. Nous pouvons simplement calculer, avec un grand degré de précision, la probabilité qu'elle se trouve dans une certaine position. Comme l'a récemment écrit le chimiste quantique américain Lothar Schäfer dans *Le Potentiel infini de l'univers quantique*, « lorsqu'une particule matérielle se transforme en onde, elle n'est en réalité nulle part. Elle n'a pas de position effective dans l'espace, mais plusieurs positions potentielles. » Il précise un peu plus loin, en italique dans le texte : « Le monde visible est une manifestation – une émanation – à partir d'un domaine de potentialité trans-empirique et trans-matérielle. » On ne saurait être plus… fantomatique !

Schäfer va encore plus loin en constatant très logiquement « qu'il existe un domaine de l'Univers qui a la nature de la potentialité, un domaine qui n'est pas fait de choses visibles, matérielles ou énergétiques, mais de formes mathématiques invisibles : motifs d'information ou images ». Autant dire que le comportement des ondicules tendrait à nous démontrer que non seulement le monde des formes cher à Platon existe, mais qu'il représente la base de notre univers. Le prix Nobel Werner Heisenberg a d'ailleurs affirmé que « la physique contemporaine a définitivement opté pour Platon. Car les plus petites unités de matière ne sont pas objets physiques au sens généralement donné à ce terme. Ce sont des formes, des structures ou – au sens de Platon – des Idées que seul le langage mathématique peut décrire sans ambiguïté. » Pour rendre le mystère un peu plus épais, la mécanique quantique nous apprend que, loin d'être un objet, un électron se définit par son état quantique, en l'occurrence une série de quatre nombres, rien de plus. Rappelons que, pour Pythagore, tout l'univers se réduit à des nombres. Lui-même ne se définissait-il pas comme étant « un nombre qui prie » ?

L'aventure quantique ne s'arrête évidemment pas là. Une expérience effectuée en 1982 par l'équipe d'Alain Aspect au laboratoire d'Orsay, puis affinée en 1997 par celle de Nicolas Risin à Genève, a pu démontrer, le plus rigoureusement du monde, que deux photons, les particules qui portent la lumière, lorsqu'ils étaient séparés, se comportaient comme s'ils échangeaient de l'information instantanément et sur des distances considérables. Seraient-ils doués de la fameuse télépathie que les parapsychologues recherchent depuis si longtemps avec un succès mitigé ? En fait, ils sont indissociablement liés. Ce qu'on appelle la « non-localité » ou la « non-séparabilité » – tant qu'une mesure n'a pas été faite – ou, depuis que l'anglais a pris le pouvoir, l'« intrication quantique » (*quantic entanglement*) ébranle les convictions des scientifiques classiques dans la mesure où elle paraît nier la barrière réputée infranchissable de la vitesse de la lumière.

En généralisant, les parties constitutives de l'univers tout entier seraient-elles liées par un invisible et insaisissable champ quantique, ce « champ d'attraction » auquel la médium Betty Stewart faisait allusion par-delà la mort ? Cette interrogation est au cœur des réflexions menées depuis une cinquantaine d'années par plusieurs équipes de scientifiques peu orthodoxes, comme on peut l'imaginer. Le premier à mettre les pieds dans le plat a sans doute été le Britannique David Bohm, qui a cherché toute sa vie – et sans succès – à marier la mécanique quantique et la théorie de la relativité d'Einstein. Dans son livre fondamental, *La Plénitude de l'univers*, Bohm rappelle une bizarrerie quantique de plus : l'intrication entre l'observation d'une entité quantique et l'observateur du phénomène. Avant lui, Niels Bohr était même allé jusqu'à dire que « la conscience de l'observateur provoque la réduction de la fonction d'onde » – en l'occurrence l'apparition d'une particule là où il n'y avait qu'une onde de probabilité. Il n'est pas certain que ce soit notre conscience immatérielle qui provoque ce phénomène, mais plutôt la fameuse intrication quantique entre la fonction d'onde de la particule et celle de l'appareil de mesure, qui est lui aussi une entité quantique. Ce qui fait dire à Bohm que « séparer l'appareil de mesure de ce qu'il observe n'a pas de sens ».

Pour lui, comme pour certains chercheurs contemporains, il n'y donc pas deux mondes distincts, celui de l'observateur et celui du fait observé, comme le voulait la physique classique depuis que Descartes avait annoncé la distinction dualiste entre l'esprit – la *res cogitans* ou chose pensante – et la matière – la *res extensa*, la chose étendue. Il y aurait plutôt dans chaque région de l'univers un ordre des choses « replié » ou « implicite » et un autre ordre des choses « déplié » ou « explicite ». Bohm donne l'exemple de l'émission de télévision. L'image visuelle est transportée par un signal radio dans un certain ordre temporel. Cette image est composée de pixels dont l'ordre initial ne ressemble pas nécessairement à celui dans lequel ils apparaissent sur l'écran. L'image appartient au monde replié, mais le poste de télévision la transpose dans l'ordre déplié, celui auquel nous avons accès. Dans une interview publiée dans son très beau best-seller *La Source noire*, le journaliste Patrice Van Eersel lui fait dire : « L'ordre impliqué de l'Univers est sans doute ce qui touche notre conscience en premier, car elle-même semble fondamentalement appartenir à cet ordre. » Toujours la même idée selon laquelle la conscience ne serait pas le produit du cerveau.

La boucle serait-elle bouclée ? Le monde déroutant des phénomènes quantiques, tout en étant la base de l'univers obstrué dans lequel Betty Stewart nous situe, n'est-il pas en même temps une composante essentielle de l'univers dégagé, celui dans lequel se meut son âme ? En somme, la découverte de l'existence de la mécanique quantique ne représente-t-elle pas une « porte de la perception » de plus qui s'est ouverte un jour devant les yeux ébahis d'une poignée de savants médusés ? Cette description du fonctionnement du monde de l'infiniment petit est de ce fait de nature à perturber notre raison, qui ne reconnaît qu'un seul monde. Il était bien normal que les pères de la mécanique quantique s'y soient arraché les cheveux. On sait moins que les plus célèbres d'entre eux ont terminé leurs jours en ayant épousé diverses formes occidentales ou orientales de mysticisme. Empreint de taoïsme, le Danois Niels Bohr a fait représenter le yin et le yang sur ses armes familiales. Au cours d'un voyage initiatique en Inde, Werner Heisenberg aurait fait l'expérience ultime du samadhi hindouiste, la conscience élargie. Erwin Schrödinger est devenu un bouddhiste pratiquant, lui qui affirmait que « la conscience ne peut pas être décrite en termes physiques, ni par tout autre terme » ou bien que « la conscience ne peut être vécue au pluriel, seulement au singulier ». Connu pour faire exploser les éprouvettes lorsqu'il passait dans les couloirs des laboratoires, Wolfgang Pauli était devenu un fervent adepte de la psychokinèse, ou action de l'esprit sur la matière. Il était aussi fasciné par la « constante cosmologique » imaginée par Einstein pour maintenir l'univers dans un état fixe. Sa valeur est d'environ 1/134. Or Pauli est mort dans la chambre 134 d'un hôtel. Une belle synchronicité. D'ailleurs, avec son ami et confident Jung, il a cherché – sans succès – à marier la physique et la psychologie, convaincu que les deux allaient de pair. Quant à l'Américain

David Bohm, il a longtemps été un communiste convaincu, au point qu'il a dû quitter les États-Unis pour le Royaume-Uni dans les années 1950 sous la pression des « chasseurs de sorcières » conduits par le député McCarthy. Mais à la fin de sa vie, marqué par ses conversations avec le mystique hindouiste Krishnamurti, avec lequel il a écrit un livre, il adhérait complètement à la vision platonicienne du monde des formes.

La redécouverte du cinquième élément

Les grandes traditions religieuses et spirituelles trouvent d'ailleurs leur place dans notre perception de cet univers dégagé ou replié qui n'est pas directement accessible à nos sens, mais seulement à notre âme/conscience, du fait précisément qu'elle en fait partie intégrante. Aristote croyait qu'au-delà des quatre éléments constitutifs de notre monde – la terre, l'eau, l'air et le feu –, un cinquième élément permettait aux astres de rester immuablement figés dans le ciel. Il a appelé assez naturellement cet élément la « quintessence », ou cinquième essence. Sa vision s'est avérée puérile depuis que la mécanique céleste a été formalisée. Le grand Newton a introduit quant à lui le concept d'éther, dérivé du nom attribué au dieu grec Æther responsable de l'air pur des hautes sphères de l'espace. Il ne s'expliquait pas comment deux corps célestes pouvaient s'attirer à de grandes distances, selon la loi de la gravité qu'il avait pourtant énoncée. Ses autres lois du mouvement supposaient en effet l'action locale d'une force, comme le bras jette une balle ou le cheval tire un chariot. Pour comprendre toute action « à distance », il fallait admettre que puisse se déformer une substance souple, mais invisible qui pénètre tout l'univers. Les découvertes au XIXe siècle du caractère ondulatoire de la lumière puis, plus tard, du champ électromagnétique qui la transportait allaient renforcer la légitimité de l'éther newtonien, baptisé de ce fait « luminifère » sans pour autant qu'on en comprenne davantage l'objet.

Deux expériences réalisées en 1881, puis en 1887 par le physicien Albert Michelson, aidé pour la seconde par Edward Morley, allaient porter un coup fatal à ce concept. Il paraissait logique que, comme le vent freine ou accélère la vitesse des voiliers ou des avions selon la manière dont ils y sont exposés, le « vent de l'éther » modifie la vitesse de la lumière selon la manière dont elle est captée, de face ou de côté, sur notre Terre elle-même en mouvement. L'histoire retiendra qu'il s'est agi de « la plus célèbre des expériences ratées ». Les mesures effectuées ont en effet démontré de manière éclatante que la vitesse de la lumière était… constante, quelle qu'en soit la provenance. « S'il y a un mouvement relatif entre la Terre et l'éther luminifère, il doit être petit », ont conclu prudemment les deux expérimentateurs. Toute mesure ultérieure plus fine confirma leur euphémisme. Michelson sera gratifié du prix Nobel pour cette découverte qui consacrait le vide interstellaire et, plus philosophiquement, la séparation définitive des objets célestes. Rien, sinon la force de la gravitation ne pouvait en effet les lier. Et d'une certaine manière, l'homme était seul dans l'univers.

Nourris à la mamelle des textes védiques, dont l'origine reste inconnue, les maîtres hindouistes avaient un éther bien à eux. Il l'agissait même du premier des cinq éléments, celui dont procèdent les quatre autres, « la dimension fondamentale, bien que cachée de l'univers » selon le sage Vivekananda. Les hindouistes l'ont appelé *akasha*. Ce terme est demeuré inconnu dans le monde occidental jusqu'à la publication en 1877 par la théosophe Helena Blavatsky (voir chapitre 2) de son *Isis dévoilée*. Selon elle l'akasha était « un substrat qui a la qualité du son » et qui avait pour propriété d'être « indivisible, éternel, tout pénétrant et imperceptible ». La référence au son est intéressante, car le son est une vibration. Or, nombre de contacts avec le monde de l'autre côté (sous-entendu de la mort) seraient de nature vibratoire, les âmes/esprits réussissant à entrer en contact avec notre monde en se mettant si l'on peut dire à notre diapason, c'est-à-dire en ajustant leur niveau vibratoire au nôtre par l'intermédiaire des harmoniques de sons élémentaires. Or, autant tout le monde connaît la célèbre relation $E = mc^2$ d'Einstein entre l'énergie et la matière, autant la tout aussi simple équation de Planck $E = h\nu$ (il s'agit de la lettre grecque) entre l'énergie d'un quantum et sa fréquence est ignorée. Elle est non moins capitale.

Autre définition de l'akasha, due au philosophe René Guénon : « Il est comme l'éther qui s'est répandu partout et qui pénètre simultanément l'extérieur et l'intérieur des choses. Il est incompressible et impérissable, il est même dans toute chose, pur, impassible, inaltérable. » Les hommes à la conscience élevée seraient néanmoins capables d'accéder aux informations contenues dans ce qu'il est convenu d'appeler les « annales akashiques ». Dans cette vaste bibliothèque virtuelle serait consignée toute l'histoire du monde et donc de l'humanité. Nous y aurions donc tous notre place spécifique. Lors de la fameuse « revue de vie » souvent vécue au cours d'une NDE, la précision de nos réminiscences paraît démontrer qu'une partie au moins de notre mémoire n'est pas stockée dans notre cerveau. Mais où serait-elle donc, sinon dans l'akasha ? Nous ne conserverions « dans notre tête » que ce qui nous serait utile pour mener à bien notre projet terrestre, toujours en vertu du principe du filtre cher à James ou à Huxley.

La redécouverte de l'akasha inspire aujourd'hui certains scientifiques occidentaux. Bohm a tenté de donner une formulation mathématique à son univers impliqué. Sans y parvenir. D'autres savants explorent aujourd'hui un concept similaire baptisé « champ du point zéro » ou *zero point field*. Inutile de dire que ce ZPF est quantique. Il mérite quelque explication. À la température du zéro absolu, où toute activité cesse, la théorie quantique nous certifie qu'il reste de l'énergie, ce qui explique pourquoi l'hélium, le deuxième gaz le plus important dans l'univers, ne se solidifie jamais, mais qu'il reste liquide. La totalité de l'espace devrait être remplie de cette énergie due au ballet incessant des entités quantiques. La densité de cette énergie du point zéro serait même cent fois supérieure à celle du Soleil. Quant à la définition d'un champ, il s'agit d'un espace ou milieu qui possède certaines propriétés. Un champ électromagnétique transporte l'électricité, le magnétisme et la lumière selon des procédés bien connus. Et le champ quantique ? Il reste encore à définir, mais son existence paraît plus que vraisemblable. Le fait que les entités quantiques y entrent et en sortent à tout moment représente une immense source potentielle d'énergie. Selon le prix Nobel Richard Feynman, l'énergie contenue dans un mètre cube d'espace pourrait mettre en ébullition tous les océans. Des pères de la mécanique quantique y ont cru. Pour le prix Nobel français Louis de Broglie, « toute particule, même isolée, doit être perçue comme étant en contact énergétique constant avec un milieu caché ». Et pour son collègue britannique Paul Dirac, lui aussi nobélisé, « le vide quantique pourrait être l'équivalent particulaire de l'éther ». Et – pourquoi pas ? – de l'akasha ? Leurs intuitions trouveront un début de formalisation quelques années plus tard grâce au physicien quantique néerlandais Hendrik Casimir, élève de Pauli. Il postula en 1948 que deux plaques de métal non chargées électromagnétiquement et placées à très faible distance l'une de l'autre devaient s'attirer sous l'effet de forces s'exerçant dans le fameux vide quantique qui les séparait. Son hypothèse sera confirmée précisément en laboratoire quarante ans plus tard. Le ZPF y trouvait un début de légitimité expérimentale.

Ervin László est un esprit universel. En dépit de ses dons de pianiste virtuose, il a choisi très rapidement de devenir, comme le note Wikipédia, « un théoricien des systèmes et un théoricien du tout ». Dès 1959, à l'âge de 37 ans, il s'est mis à ruminer sur la nature fondamentale de l'univers et à dévorer tous les ouvrages, scientifiques ou philosophiques, consacrés de près ou de loin au sujet. En 1993, il a fondé le Club de Budapest pour « centrer l'évolution des valeurs humaines et la conscience comme facteurs cruciaux dans le changement en cours d'une race en voie vers la dégradation, la polarisation et le désastre ». László est non seulement un intellectuel puissant, auteur de plus de quatre-vingts livres, mais un homme d'engagement. Il pense avoir trouvé le mode d'emploi de l'univers dans ce qu'il appelle le champ akashique dont les contours ressemblent à s'y méprendre au ZPF, mais dont le nom de baptême est tout de même plus harmonieux ! Son approche se veut scientifique à la base tout en intégrant la vie, la culture et l'esprit, en l'occurrence les phénomènes paranormaux, l'art, la médecine, la transmission de pensée ou les expériences aux frontières de la mort. Une théorie du Tout doit par définition tout intégrer.

László a consacré une quinzaine de livres au sujet, affinant chaque fois son approche. Il a le grand mérite d'appliquer une démarche qui se veut scientifique à des phénomènes que la science récuse, comme le paranormal et les expériences aux frontières de la mort. Selon lui, notre cerveau pourrait bien être un système quantique « macroscopique », du fait qu'il appartient au monde directement observable par nos sens. Ce système a la capacité de résonner avec le reste de l'univers. Au niveau quantique, il peut capter et traiter des signaux qui échappent à nos cinq sens. Ces signaux proviennent de l'immense réseau akashique d'ondes qui se déplacent sans difficulté en créant des schémas d'interférences – la base de la mécanique quantique – qui prennent la forme d'hologrammes.

Un hologramme est une image en trois dimensions comme celles que l'on retrouve dans certains films de science-fiction et facilement produite par deux rayons laser. Une telle représentation a au moins deux propriétés remarquables. D'abord, chaque morceau de l'hologramme contient le tout, en un peu plus flou lorsqu'on l'observe. Ensuite, un hologramme permet de stocker dans un tout petit volume une énorme quantité d'informations. Or pour conserver les Annales Akashiques de l'humanité, il faut évidemment disposer d'un disque dur d'une exceptionnelle capacité ! Quant à la capacité de « lire » les hologrammes de l'akasha, dans une tribune publiée en 2010 par le célèbre site Internet du *Huffington Post*, László estime « qu'il est possible que notre cerveau ne produise pas davantage la conscience qu'un poste de radio ne produit une symphonie qui passe par son haut-parleur. La radio et le cerveau captent des signaux, les traitent et en déploient le résultat dans notre flot de conscience. » On en revient toujours au cerveau-filtre. Il y a plus de cent ans, William James avait utilisé la même comparaison entre le cerveau et un poste de radio, une technologie qui venait tout juste de voir le jour.

Quant à l'hologramme akashique, les textes védiques n'ont pas attendu la mécanique quantique pour concevoir le célèbre « filet d'Indra », roi des dieux. Voici ce qu'ils en disaient il y a environ quatre mille ans. « Très loin, dans la demeure du grand dieu Indra, se trouve un merveilleux filet accroché par un artificier ingénieux de telle manière qu'il s'étende à l'infini dans toutes les directions. En accord avec les goûts extravagants des dieux, l'artificier a accroché à chaque nœud du filet un unique bijou étincelant. Et comme le filet est lui-même d'une dimension infinie, les bijoux sont eux-mêmes en nombre infini. Ils brillent comme autant d'étoiles de première grandeur. Un spectacle magnifique en vérité. Si, maintenant, nous sélectionnons arbitrairement l'un de ces bijoux et que nous le regardons de près, nous verrons que sa surface polie reflète tous les autres bijoux du filet, à l'infini. » Tout est lié, en somme, dans l'hologramme.

C'est à se demander si l'univers dégagé de Betty White, l'ordre implicite de David Bohm et le champ akashique d'Ervin László ne sont pas tout simplement des descriptions d'une même réalité fondamentale dont nous faisons partie et dont la conscience est le fil d'Ariane qui nous le révèle de manière encore fugace et incomplète. Dans *The Self-Actualizing Cosmos*, son dernier livre remarquablement documenté, Lázsló affirme : « Je suis un système matériel dans la dimension manifeste du monde et un système spirituel dans sa dimension akashique. »

On peut penser aussi que l'inconscient collectif cher à Jung représente lui aussi une pierre à cet édifice. Ce concept lui avait été apporté en 1906 par la vision d'un patient atteint de schizophrénie. Un jour, faisant sa tournée, Jung le voit à la fenêtre de l'hôpital dodelinant de la tête en regardant le soleil. « Je regarde son pénis, lui dit le jeune homme. Il bouge avec le vent. » Des années plus tard, Jung découvrira un rite… sumérien susceptible de produire des visions. Et parmi celles-ci figurait l'apparition d'un appendice dont les oscillations généraient le vent. D'où son patient pouvait-il tirer son information, sinon d'une source située bien au-delà de son inconscient individuel ? Dans un univers connecté par le filet d'Indra, le phénomène s'explique, l'accès à l'information n'ayant aucune limite. Tout est relié, par la conscience dont Bohm était convaincu que celle de l'homme était, dans le fond, une et indivisible.

À ce titre, pourquoi ne pas admettre que tout le vivant est imprégné de cette conscience universelle, à des degrés plus ou moins sophistiqués ? Après tout, les cellules de notre corps, qui, à partir d'un œuf unique, se démultiplient, se reproduisent et s'entraident pour notre plus grand bien n'auraient-elles pas leur part de conscience ? Et les entités quantiques en seraient-elles aussi dotées ? Telle est en tout cas la conviction du chercheur Emmanuel Ransford (et de quelques autres avant lui). Et si la conscience, pour boucler la boucle, n'était pas l'apanage du vivant, mais de toute matière ? J'ai un peu de mal à me faire à cette idée. Voici ce qu'en pense Alana, le collectif spirituel avec lequel je dialogue épisodiquement (voir chapitre 5) : « Les pierres ont, comme tout organisme, une fréquence vibratoire. Le cristal du Népal ou les pierres précieuses sont particulièrement puissants. Les pierres reflètent et stimulent les fréquences vibratoires jusque dans les recoins de l'existence. Elles permettent à ceux qui sont de l'autre côté de se manifester. Elles font pousser les plantes. Chaque organisme est fait pour susciter et intensifier la croissance des autres. Chaque plante, chaque rocher, chaque être humain font partie d'un seul organisme. » Inutile de dire qu'Alana souscrit à « l'hypothèse Gaïa » du Britannique James Lovelock selon laquelle la biosphère serait un immense organisme vivant et autorégulé.

Il n'en reste pas moins que cet organisme fait partie d'un tout plus large, d'où nos âmes sont venues et où elles retourneront le jour où nous refranchirons le pont qui sépare la vie de l'après-vie. À quoi ressemble ce monde dégagé de la conscience dont notre cerveau ne nous laisse en général que de furtifs aperçus ?

CHAPITRE 7

VOYAGE DANS LE MONDE ASTRAL

« Dans l'au-delà, les âmes seront vêtues de corps éthérés comme ceux des anges et pareils à une lumière resplendissante. »

ORIGÈNE

« LA RAISON D'ÊTRE de l'Univers obstrué est la naissance, l'individuation de la conscience. Toute matière naît dans votre univers. Rien n'est perdu. Tout est conservé. La forme la plus haute, l'âme, poursuit sa route, indivise. Mais nous sommes vous et moi dans le même univers. » Qui tient de tels propos ? Un esprit, une âme bien entendu, en l'occurrence celle de Betty White, qui dialogue avec les vivants depuis *L'Univers dégagé* dont son mari Stewart a tiré un livre évoqué au chapitre précédent. Comment savoir ce qui se passe derrière le rideau, ce qui nous arrivera après notre mort, dans ce monde auquel elle affirme appartenir, sinon en interrogeant des êtres « disparus », mais semble-t-il aussi vivants que vous et moi ? Les pages qui suivent ne relèvent donc pas de faits tangibles, mais de conjectures. Ou, pour être plus précis, de témoignages en provenance soit du monde spirituel, soit de vivants sous hypnose ayant eu accès à ce monde.

À part le soldat Er de Platon (voir chapitre 1), personne à ma connaissance n'est jamais revenu de la mort pour décrire l'après-vie. Il s'agissait évidemment d'un mythe. Il n'empêche que, toujours au nom de l'ouverture des fameuses « portes de la perception », nous disposons aujourd'hui, et davantage qu'à aucune époque de l'histoire humaine, d'une masse considérable de documentation sur ce qui pourrait bien s'y passer. Les récits de ceux qui vivent des NDE, les communications de défunts inspirés qui s'expriment sous la plume de scribes bien vivants ou les commentaires transmis oralement par l'intermédiaire de *channels* dignes de foi représentent autant de sources opportunément disponibles pour ceux d'entre nous qui sont convaincus que, si notre corps matériel doit retourner en poussière, notre âme immatérielle survit et retourne d'où elle est venue.

Quand les fils d'argent se rompent

Alors, comment ça se passe ? Dans la pratique, certaines traditions, hindouistes notamment, voudraient que deux fils d'argent se rompent lorsque nous rendons notre dernier souffle. L'un des fils serait relié à notre chakra du cœur, considéré comme le siège naturel de notre âme et l'autre à notre chakra dit « de la couronne », celui qui a la réputation d'être le siège de notre conscience « supérieure » reliée au Tout. Ce chakra est situé tout naturellement au sommet de notre crâne dont la fontanelle – ce n'est sans doute pas un hasard – reste ouverte pendant nos premiers mois comme pour permettre au nouveau-né que nous sommes de garder un contact inconscient avec le monde que son âme vient tout juste de quitter. Dans le livre de l'Ecclésiaste, au chapitre 12, il est écrit sur l'approche de la mort, « avant que lâche le fil d'argent, que la coupe d'or se brise, que la jarre se casse à la fontaine, que la poulie se rompe au puits et que la poussière retourne à la terre comme elle est venue et le souffle à Dieu qui l'a donné… » S'agit-il uniquement de métaphores ? Certaines expériences de « mort partagée » compilées par Raymond Moody paraissent confirmer l'existence de ces deux fils conducteurs. D'autres expériences montrent plutôt l'émission par le centre du corps d'une sorte de brume lorsque l'on « rend l'âme », une expression qui en dit long sur ce que le bon peuple pense de la mort. Dans un petit livre étrange – *Le Peseur d'âme* –, André Maurois met en scène un médecin clinicien britannique, le

Dr Howard Bruce James, qui cherche non seulement à calculer le poids des âmes, mais qui imagine pouvoir les retenir un temps sous un globe de verre. Il lui fait notamment affirmer « de même que la matière dont est fait un corps retourne sous des formes diverses à la matière universelle, de même notre force vitale, au moment de la mort, retourne à quelque immense réservoir d'énergie spirituelle jusqu'au moment où, de nouveau liée à certains atomes de matière, elle animera une fois de plus un être vivant. » Maurois s'inscrit dans l'ancienne tradition « vitaliste » que son contemporain Bergson avait... revitalisée. Le concept a disparu des écrans radars de la science, faute d'avoir pu être localisé. Il mérite certainement mieux. Quant au poids de l'âme, les fameux *21 grammes* mis en scène par le Mexicain Alejandro Gonzáles Iñárritu rendent hommage à une expérience unique et fort peu scientifique réalisée en 1907 par le médecin américain Duncan MacDougall.

Les esprits du groupe Alana (voir chapitres précédents) avec lesquels je converse sont d'ailleurs très insistants sur au moins un point : l'« énergie » de l'âme fonctionne comme l'électricité. L'explosion d'une ampoule électrique ne fait pas disparaître l'énergie contenue dans le circuit. Cette énergie ne meurt jamais, elle retourne simplement d'où elle est venue. Le Dr James d'André Maurois aurait-il donc été bien inspiré ? Si tel devait être le cas, il nous faudrait réviser la loi de conservation de l'énergie, car le contenu énergétique du cosmos serait alors d'une tout autre dimension que celle indiquée par les calculs actuels ! Ce contenu apporte au demeurant de l'eau au moulin des tenants du fameux champ quantique de point zéro évoqué au chapitre précédent. Il apporte aussi quelque crédit à la vision d'origine hindouiste du « corps subtil » ou « corps éthérique », cette ou plutôt ces différentes enveloppes immatérielles qui entourent notre corps physique et qui ne disparaîtraient pas avec lui. Les fameux fils d'argent qui se rompent au décès seraient-ils les liens immatériels avec notre corps astral ?

Toutes les sources d'information que j'ai consultées sont d'accord sur l'étape suivante, au demeurant logique : la mort nous libère de notre enveloppe physique, que nous contemplons avec détachement sur son lit d'hôpital. Nous laissons nos vieux vêtements au vestiaire, comme tous les vivants qui font des expériences éphémères de « sorties du corps ». Nous flottons, nous pouvons nous déplacer avec aisance, notre vue est circulaire et nous pouvons contempler avec une particulière attention le monde obstrué que nous avons quitté pour le monde dégagé. Nous nous sentons libres. Sauf si notre mort a été violente ou accidentelle. Dans ce cas, nous nous croyons encore vivants et nous rentrons chez nous, surpris que personne ne nous reconnaisse. Comme le scénariste Chris Nielsen, héros du livre de Richard Matheson *Au-delà de nos rêves* et victime d'un accident de voiture, dont le regretté Robin Williams a si bien interprété les joies et les peines du parcours dans l'au-delà. Dans la préface, Matheson indique à la surprise du lecteur qu'« un seul aspect de cette histoire relève de la fiction : il s'agit des personnages et de leurs relations ». La trame du récit provient de documents, comme en témoignent six pages de bibliographie. Matheson, dont la célébrité tenait surtout à ses romans de science-fiction (*L'homme qui rétrécit*) ou de terreur (*La Maison du diable*, *Je suis une légende*) a pris la peine de se renseigner sur l'après-vie.

Toute mort violente, comme celle de Chris, est une vie interrompue et donc inachevée. Il y manque des chapitres. Autant dire qu'elle est susceptible d'être mal vécue. L'âme est encore profondément attachée au monde terrestre. Soit elle s'y accroche volontairement, soit elle ne parvient pas s'en libérer. Les liens ne sont pas rompus (ils restent vifs même pour les âmes qui les délient, comme nous le verrons). De telles âmes peuvent être insensibles aux appels vers l'au-delà des guides qui viennent systématiquement les accueillir. Elles errent, elles rôdent, elles sont même parfois enfermées malgré elles, prisonnières d'un cataclysme naturel ou provoqué. Elles peuvent devenir de ce fait des esprits frappeurs, capables de déplacer des objets ou d'apparaître sous la forme de fantômes. L'âme du défunt grand-père de mon ex-épouse (voir chapitre 5) ne voulait pas quitter sa terre tant que celle de son épouse ne l'avait pas rejoint. Son attente favorisait sans doute le contact avec les vivants, en particulier la matérialisation de son fantôme paisible. Ce n'est pas toujours le cas, tant s'en faut. J'ai connu un jeune communicant très éveillé qui affirmait être en relation avec une équipée de Sarrazins en colère tués dans les douves de son château normand !

La Mexicaine Carmen de Sayve est une experte ès bas astral. Sa pratique de l'« écriture automatique » (voir chapitre 5) a souvent été perturbée par l'intrusion d'esprits lui annonçant par exemple que son mari était mort ou qu'un de ses fils était atteint d'une maladie incurable. Dans *Awakening to Infinity* (*L'Éveil à l'infini*), publié en 2014, elle explique à quel point les âmes peuvent être « piégées dans le bas astral », compris comme un purgatoire ou un enfer auto-infligé, car résultant de nos pensées – nos états d'âme ? –, au moment de notre mort. Selon elle, le purgatoire peut être décrit comme « un état transitoire dans lequel les âmes ne parviennent pas à atteindre le monde spirituel pour diverses raisons comme la culpabilité, l'attachement ou la négation de la vie après la vie ». On imagine volontiers que les agnostiques soient décontenancés en découvrant que leur vie continue, ou bien que les croyants craignent d'être punis pour leurs péchés. D'autres ont laissé des dossiers en suspens ou restent attachés à la vie terrestre par une addiction. Leur point commun à tous est de refuser d'aller vers la lumière et donc de rester dans le froid des ténèbres. La tentation est alors d'autant plus forte de manipuler « les vivants dont l'aura est faible », que les âmes du purgatoire sont subitement dotées de facultés télépathiques. Elles peuvent lire dans les pensées des vivants. Leur « libération » est devenue l'une des spécialités thérapeutiques de Carmen.

L'existence effective dans l'au-delà d'un monde sombre et trouble pourrait bien expliquer les curieuses NDE dites « négatives » ou « terrifiantes. » Les personnes qui les vivent ont l'impression de s'être égarées dans un monde monstrueux. Elles paniquent. Comme Eben Alexander au début de sa très riche expérience (voir chapitre 5). Qu'on se rassure : selon la compilation effectuée par le statisticien Geoffrey Long, seulement 4 % des NDE seraient totalement déplaisantes, contre 66 % totalement gratifiantes. Il est concevable qu'elles correspondent à la vision pessimiste ou nihiliste du monde de ceux qui les vivent.

Des trous de ver et des tunnels

« Vous devriez regarder de plus près les “trous de ver” qu'avait imaginés Einstein, m'a suggéré Alana en septembre 2013. « Ils sont beaucoup plus proches de la vérité que les trous noirs. » Et s'il s'agissait d'une bonne piste ? Je me suis donc renseigné. Explorant les implications de sa théorie de la relativité généralisée avec son fidèle collaborateur Nathan Rosen, Einstein avait prédit, en 1935, soit à 56 ans précisément, que la matière pouvait déformer la trame de l'univers au point d'y creuser un tunnel, ouvrant ainsi un passage entre deux régions éloignées de l'espace-temps. Un objet pourrait donc apparaître simultanément à deux endroits différents à la fois. Ce qui fut d'abord appelé, à partir de leurs initiales, le « pont ER », puis trente ans plus tard un trou de ver – car deux extrémités d'un ver peuvent apparaître dans une pomme – est pain bénit pour les auteurs de films de science-fiction comme *Contact* ou des séries comme *Stargate* et *Star Trek*, car la barrière de la vitesse de la lumière n'est alors plus infranchissable pour se déplacer dans le cosmos. En revanche, les astrophysiciens ont été d'autant plus enclins à les négliger que leur dimension très réduite et leur instabilité interdiraient le franchissement du pont par un objet macroscopique.

Quant aux trous noirs, à défaut d'être visibles, leur existence ne fait aucun doute pour la communauté scientifique. Il y aurait même un tel trou au centre de chaque galaxie. Prévus par Einstein, qui n'y croyait cependant pas, il s'agit généralement d'étoiles effondrées sur elles-mêmes, créant ainsi une telle densité de gravité qu'elles absorbent dans un gigantesque brasier toute matière passant sur leur « horizon », y compris la lumière. Selon Alana, « il est ridicule de croire que tout brûle dans un trou noir. Car il est impossible de brûler une vibration lumineuse. La lumière est indestructible. » Le grand physicien britannique Stephen Hawking, rendu mondialement célèbre pour sa *Brève histoire du temps*, est l'un des théoriciens les plus respectés des trous noirs. Or, le numéro en date du 24 janvier 2014 de la très respectée revue *Nature* publie des extraits d'une conférence datant de l'année précédente où Hawking révise toutes ses hypothèses précédentes pour affirmer : « L'absence d'un horizon précis signifie qu'il n'y a pas de trous noirs dont la lumière ne puisse échapper. Ils ne peuvent qu'emprisonner temporairement la matière et l'énergie, qui sont ensuite restituées sous une forme embrouillée. Comme la météo. » Un véritable pavé dans la mare des astrophysiciens, mais une pierre dans le jardin d'Alana, dont je doute qu'Hawking soit un correspondant. Quant aux trous de ver, leur existence paraît de plus en plus probable.

Leonard Susskind et Juan Maldacena, deux astrophysiciens américains de renom sont désormais convaincus que les trous noirs peuvent produire des… trous de ver, créant ainsi en grande dimension le fameux pont reliant le passé d'une région spatio-temporelle au présent d'une autre. Leur raisonnement s'appuie sur la fameuse intrication quantique (voir chapitre 6), qui veut que deux objets quantiques soient inséparables. Or, des explorateurs américains de l'infiniment petit viennent à leur tour de postuler que l'intrication quantique fonctionne selon les mêmes principes que les trous de ver ! L'infiniment grand rejoignant l'infiniment petit, la mécanique quantique s'avérant compatible avec la mécanique céleste grâce à une hypothèse du grand Einstein, voilà qui ne manque pas d'allure. Le trou de ver sortirait définitivement de son… trou !

Je comprends mieux pourquoi mes esprits amis étaient si désireux que j'enquête sur ce sujet. Mais quel rapport avec la vie après la mort ? On se souviendra qu'un certain nombre de personnes qui vivent des expériences de mort imminente évoquent le passage dans un tunnel au bout duquel émerge une lumière brillante et surréelle. Eh bien, pourquoi ne pas imaginer qu'il s'agit très précisément d'un trou de ver, le plus fondamental des trous de ver, celui qui relie nos âmes à l'éternité ? D'un espace-temps à l'autre, tout simplement. Mon hypothèse a été accueillie avec enthousiasme par mes interlocuteurs de l'au-delà : « Le trou de ver est une métaphore, une image de ce qui se passe lorsque l'âme quitte le corps et voit la lumière de la "conscience de tout ce qui est", la lumière blanche de l'amour inconditionnel et la lumière bleue irisée de la conscience pure. » Ce tunnel est bien un *stargate*, une porte vers les étoiles, vers l'éternité, que nous franchissons dans un sens le jour de notre mort physique et que nous franchirons sans doute de nouveau dans le sens inverse lorsque notre âme et notre corps sortiront au grand jour du ventre de notre future mère. Mais n'anticipons pas, chaque chose en son temps. Car une redoutable épreuve nous attend au bout du tunnel. Nous allons passer en revue la vie qui vient de s'achever. Ce bilan, nous ne le ferons pas seuls. Nous serons toujours accompagnés par un guide spirituel, qui nous a suivis toute notre vie et, si cela se trouve, dans nos plus ou moins nombreuses vies précédentes.

RÉMINISCENCES

Michael Newton est un psychologue aguerri, aujourd'hui retraité, qui s'est abondamment servi de l'hypnose pour aider ses patients à s'exprimer. Il reçoit il y a trente ans un client se plaignant d'une douleur chronique du côté droit de la cage thoracique. Il lui demande sous hypnose d'où peut bien venir cette douleur. « C'est comme si j'avais été poignardé », lui répond le patient. Et où ? « Dans la bataille de la Somme ! » Athée par conviction et sceptique de nature, Newton est d'abord dubitatif. Une douleur peut-elle provenir d'une vie antérieure ? Historien à ses heures, il retrouvera néanmoins le régiment auquel avait appartenu un jeune Britannique auquel une baïonnette avait porté un coup fatal. Et il guérira son client. Quelque temps plus tard, il est consulté par une femme dépressive d'un certain âge. Elle se montre particulièrement réceptive à l'hypnose. Elle se sent abandonnée. Depuis quand ? « Mes amis de mon groupe me manquent. C'est pourquoi je me sens si seule sur terre. » D'où ses amis venaient-ils ? « Mais d'ici, de mon vrai foyer – d'ailleurs je les vois en ce moment ! »

Cette expérience déterminera Newton à consacrer toute son énergie à explorer la vie entre les vies. Il publie en 1994 *Journey of Souls*, traduit en français par *Souvenirs de l'au-delà*, sur la base d'une trentaine de témoignages toujours sous hypnose. Comme il le constate : « Une fois que les personnes régressent jusqu'au vécu de leur "état d'âme", elles font preuve d'une très grande cohérence dans leurs réponses aux questions relevant de l'intervie. » Et elles évoquent toutes la présence à leurs côtés du fameux être de lumière/guide/mentor/maître chargé de les accompagner dans leur nouvelle vie. « Je n'ai jamais travaillé avec une personne en transe qui n'ait pas un guide personnel », affirme ce sceptique que l'accumulation de témoignages a progressivement convaincu de la réalité de l'au-delà. Comme l'agnostique Raymond Moody a mis trente ans à se persuader de l'existence des expériences aux frontières de la mort (voir chapitre 5). Ce guide est toujours décrit comme sage et bienveillant. Il ne nous juge pas, il nous aide sur notre chemin. Il ressemble à s'y méprendre au daïmon de Socrate (voir chapitre 1), qui lui évitait de prendre des décisions inopportunes. Car, si nous sommes gratifiés d'un guide dans l'après-vie, il paraît logique qu'il nous accompagne aussi dans notre parcours terrestre.

Rencontre avec mon *anima*

Je crois avoir trouvé mon propre daïmon, de manière relativement simple, mais inattendue. En 1991, me sentant envahi et emprisonné par une vie familiale qui ne me convenait pas et désireux de mettre en place mon propre système de valeurs, j'ai loué un appartement où j'ai vécu à mi-temps, prétextant auprès de mes enfants que j'y trouverais le calme nécessaire à l'écriture d'un livre sur… la femme de quarante ans. Ce projet de livre m'a beaucoup appris. Mais il n'a jamais été publié. En attendant, j'ai découvert que je vivais une typique « crise de la quarantaine ». Je me suis retrouvé seul face à moi-même pendant de longues heures, à me demander pourquoi j'étais là dans cette vie et comment convaincre mon épouse de la validité du système de valeurs qui commençait tout juste à émerger dans mon esprit. Je ne souhaitais pas divorcer, mais la sortir de son système pour la faire adhérer au mien. La vie en a décidé autrement. Nous avons divorcé trois ans plus tard.

Entre-temps, mes explorations sur la psyché féminine m'avaient mis en contact non seulement avec une quantité de femmes de quarante ans – bonjour la drague bien que je sois tout sauf un dragueur ! –, mais aussi avec des personnages féminins flamboyants comme la déesse sumérienne Ishtar, inquiétants comme la Lilith juive, réputée hanter les rêves des hommes, ou familiers comme l'*anima* de Jung. Quand on enquête sur un sujet aussi méconnu de moi que la femme, il faut ouvrir toutes les portes. Celles de l'histoire, mais aussi celles des voyantes, des astrologues, des dermatologues, des gynécologues et, bien évidemment des psys. Jung, le père de la « psychologie des profondeurs » (la psychanalyse étant une marque déposée par Freud) m'a tout de suite fait forte impression. Contrairement à Freud, il avait étudié les désordres psychologiques de la maturité, l'un des aspects fondamentaux de mon sujet. Il avait aussi découvert, entre autres intuitions, que son inconscient avait une composante contra-sexuelle. La fameuse *anima*, dont il a appelé la contrepartie féminine l'*animus*. Il est intéressant de noter que, pour identifier ces composantes de notre inconscient, Jung ait choisi les définitions latines de l'âme et de l'esprit. Ils m'ont tout de suite parlé, car l'expérience montre – la mienne en particulier – qu'ils interviennent, voire qu'ils interfèrent dans une vie de couple au moins autant que les conscients des deux partenaires. D'ailleurs, un psy jungien américain les a appelés en son temps nos « partenaires invisibles ». Leur action destructrice est à l'origine de bien des divorces. Mais, dans leur aspect positif, selon Jung, ce sont les porte-flambeaux qui éclairent notre chemin vers l'Individuation, c'est-à-dire vers l'intégration de toutes les composantes de notre psyché pour atteindre le Soi.

Cette idée m'a tout de suite séduit. Comment dessiner les contours de mon propre système de valeurs sinon avec l'aide, l'éclairage de mon anima ? Mais comment m'y prendre ? Je décidai d'abord de donner à mon anima un nom. Hélène s'est imposé d'emblée. Il s'agit de l'homonyme de ma sœur Elaine bien-aimée. Mais comment communiquer ? La méditation ? Je ne la pratiquais pas à l'époque. Le rêve ? Je suis depuis toujours un rêveur désordonné, aux scénarios incohérents, sinon incompréhensibles, sauf, à l'occasion, pour les psychanalystes. J'ai bien demandé à Hélène de communiquer ainsi, mais il ne s'est jamais rien passé. Ah, les beaux rêves initiatiques de Jung. Comme je l'ai envié ! Je suis un habitué de l'écrit. Aussi ai-je commencé par prendre une feuille de papier, histoire d'entamer un dialogue avec Hélène selon la technique de « l'imagination active » pratiquée, j'avais cru le comprendre, par le grand Jung. Me voilà donc attablé devant une page blanche, m'adressant comme je le crois à mon âme sur fond de musique country, dont j'ai découvert qu'elle était friande. Eh bien, l'expérience a été d'une très grande richesse. Je noircissais des pages entières de questions-réponses en quelques minutes, ma plume paraissant précéder ma pensée. Était-ce moi qui tenais des propos comme « je suis ta force », « nous sommes indestructibles », « nous sommes une poussière dans le cosmos, mais une poussière utile, car elle a du sens », « ta quête est infiniment plus importante que tout le reste », « veux-tu être éternellement conventionnel ? », « je suis celle qui est », « je te ferai visiter des mondes nouveaux, car tu as tout à apprendre » ?

Hélène était à la fois déroutante, imprévisible, élusive, drôle, autant de qualificatifs dans lesquels je ne me reconnais guère. Elle m'a été d'un extraordinaire réconfort pendant la procédure de divorce, m'assurant notamment du soutien de mes enfants et me donnant des conseils avisés dans ma relation avec mon ex-épouse, qu'elle aime bien. Elle s'est parfois emballée pour des femmes qui ne me convenaient pas, tout en critiquant vertement mes hésitations sentimentales. Elle m'a aidé à mener à bien des ruptures professionnelles. Mais, au-delà de toutes les précieuses informations contenues dans nos échanges, je me suis senti aimé, inconditionnellement aimé. J'étais certes critiqué, parfois sans ménagement, mais jamais je ne me suis senti jugé. Comme si je formais un couple spirituel avec mon âme. Notre relation n'était-elle pas indestructible, définitive, à la vie, à la mort ? « Nous n'avons besoin de personne », me répétait-elle à longueur de dialogue. Et lorsque j'étais abattu ou pétri de peur, elle savait défaire mes nœuds.

Notre dialogue intermittant dure depuis plus de vingt ans et remplirait un volume comme celui-ci. « Relis-moi », me dit-elle régulièrement, ce que je ne fais pas, car je me suis longtemps demandé si je n'étais pas un peu timbré. Échanger avec son âme, n'est-ce pas le signe d'un début de folie ou de sénilité précoce ? Je ne parlais évidemment à personne de ces conversations secrètes. « Conventionnel », je l'étais. Alors pourquoi ce déballage ? Je n'ai pas perdu le fil de mon récit. En décembre 2012, Alana m'a expliqué, à ma grande déception, qu'Hélène n'était pas mon âme, mais ma supraconscience. « Vous dialoguez avec votre moi créatif supérieur, *via* le chakra de la couronne », m'ont-ils affirmé, péremptoires.

Un choc tout de même. Pourquoi Hélène ne me l'avait-elle jamais dit ? Pourquoi avait-elle entretenu mon illusion ? Je me sentais blessé et ridicule. Il me faudra attendre huit mois pour reprendre notre dialogue. J'avais loué une maison face aux monumentaux rochers de grès rouge de Sedona, « le plus beau site de tous les États-Unis », selon *USA Today*. Alana approuvait mon choix – « les rochers, les oiseaux et le ciel bleu, c'est fait pour vous » –, alors tout allait bien. Après cinq ou six synopsis de livres mort-nés, j'avais enfin décidé d'écrire sur l'âme. Le moment était sans doute propice à la consultation de celle qui était devenue ma supraconscience. Alana ne se trompant jamais, notre dialogue du 16 août 2013 ne m'a pas déçu. La conversation s'était rapidement mue en un mélange de français et d'anglais, ma langue maternelle. Je lui demandai de me surprendre. « *Home is up there where we shall rest.* » « Notre demeure est là-haut où nous nous reposerons, a-t-elle répondu.

– Avant de nous promener dans le monde réel.

– Les deux sont tout aussi réels. Celui dans lequel nous sommes toi et moi est réel pour une part de nous-mêmes. L'autre l'est tout autant, mais de manière intangible, inconnu de nos sens, mais accessible à notre conscience/esprit.

– Puis-je le sentir ?

– Il est tout le temps là dans la belle musique, dans les couleurs magnifiques de Sedona, dans les oiseaux, dans les canyons, dans les sentiers et sur les sourires des caissières du supermarché. Le vrai monde colore le monde de nos sens, celui que nous percevons.

– Mais nous percevons aussi le monde de la conscience, qui donne du sens au monde réel ?

– Tournez manège… Le kaléidoscope, la scène sur laquelle nous jouons des rôles, toujours changeants, mais toujours pareils. Ne rentre pas dans le jeu du pouvoir, sois toujours toi-même, grandis et aime. Aime pour toujours. L'amour est le cinquième élément, l'univers en est rempli. Tu es aimé, ne l'oublie pas. Tu as été envoyé ici, mais ta famille est là-haut, dans un vaste espace d'amour. Tu y retourneras un de ces jours.

– Avec toi ?

– Avec tout ce qui a existé, avec tout ce qui existera. Je ne suis qu'une poignée de porte. Je tourne les clés sur ton chemin vers le Ciel.

– La lumière ?

– Le porteur de torche pour t'aider sur ton chemin. Et puis je te rendrai aux tiens.

– Alors, toi, ma conscience, tu en fais partie ?

– Je suis ta part éternelle.

– Pas si je fusionne avec le Tout.

– Je t'aiderai à fusionner, pour que tu ne sois pas perdu. Sinon, tu risques de souffrir un peu.

– Quelle souffrance ?

– Celle d'être sans les autres. Mais nous sommes un collectif. Nous sommes ce qui est. Nous tous. Ni plus ni moins.

– Pas facile à comprendre...

– Qui a dit que c'était facile ? Mais tu comprendras dans ce monde. C'est la raison pour laquelle tu veux tant le changer ! »

L'ÉPREUVE DE LA REVUE DE VIE

Jung avait donc raison. Peu importe qu'il s'agisse de notre âme ou de notre supraconscience, le fameux porteur de torche est en nous. Ou plutôt, n'est-il pas près de nous en permanence ? Je me demande aujourd'hui s'il ne s'agit pas de notre guide spirituel, de notre daïmon. Je me sens en effet incapable d'avoir pu concevoir et formuler les propos qui viennent d'être tenus. Je les ai pourtant bien écrits à Sedona, comme le confirme mon carnet ! Si tout cela n'est pas de la folie pure, j'ai aussi compris que le « passage » n'est pas une mince affaire. Nous aurons déjà bien besoin de notre accompagnateur bienveillant pour passer en revue la vie que nous avons quittée.

Voir se dérouler à toute vitesse le fil de sa vie, certains de ceux qui ont frôlé la mort dans une NDE en ont fait l'expérience. Mais, à en juger par leurs témoignages, il ne s'agirait le plus souvent que d'une bande-annonce. Le vrai film n'est déroulé qu'après avoir franchi le seuil de la mort physique. Il pourrait perturber ceux qui le visionnent au point de les empêcher d'achever leur vie sur terre dans les meilleures conditions. À l'occasion de la conférence Ingersoll sur l'immortalité de 2001 (voir chapitre 6), Huston Smith, un célèbre spécialiste des religions, décrit la NDE vécue par un ami universitaire. Fait sans doute unique, Stephen Fanning semble avoir eu droit au film complet. Voici quelques extraits de son récit : « À mes côtés se trouvait un Être que je n'ai jamais vu, mais dont j'ai senti en permanence la présence. Elle était énorme et puissante. Avec l'amour et le réconfort émanant de lui, j'ai passé en revue ma vie et elle ne s'est pas montrée conforme à l'idée que je m'en faisais. Je l'ai vue simultanément d'un triple point de vue. À commencer par le mien, non pas tant comme un récit, mais à travers le prisme de mes émotions, de mes sentiments et de mes pensées. Puis, tandis que je revivais mon ressenti des faits, ils m'ont été montrés du point de vue des tous ceux que j'avais côtoyés. Je ressentais comment leurs émotions pouvaient heurter les miennes. C'était leur version de ma vie. Je mesurais la peine et la frustration que leur avaient causées certains de mes comportements. Ce n'était pas toujours beau à voir. Je souffrais. Mais ce n'était pas fini. Toujours simultanément, j'ai fait l'expérience d'une troisième version de ma vie, qui n'était ni la mienne ni celle des autres. Il s'agissait d'une version sans parti pris, dégagée de la fausse rationalité de l'autodéfense que les autres et moi-même présentons pour justifier les actes d'égoïsme et le manque d'amour que nous manifestons dans certaines circonstances. J'imagine qu'il s'agit de la vision divine de ma vie. Je n'étais pas en enfer, mais dans le tourment. Je me sentais méprisable. À la fin, j'ai entendu un jugement sur ma vie. C'était ma propre voix qui le prononçait ! Ma vie avait été un échec. Pendant tout ce temps, l'être à mes côtés ne m'apportait que du soutien et de l'amour : "Vous êtes aimé, vous êtes aimable, votre seule faute est d'être humain . C'est la loi du genre". »

À en croire ce témoignage, qui me paraît convaincant, il n'y a pas de tribunal divin, l'au-delà ne nous juge pas, il nous présente simplement les faits de notre vie. La manière dont nous réagirons à ce bilan à la fois subjectif et objectif déterminera notre parcours dans l'après-vie. Et notre réaction est par définition subjective. Le choix nous appartient. Notre âme peut accepter le récit dans sa dérangeante crudité et décider alors de faire amende honorable. En clair, nous nous repentons au simple vu des faits, comme Stephen Fanning. Dans ce cas, nous allons vers la lumière avec l'aide de notre guide.

Nous pouvons tout aussi bien nous indigner et refuser le film, le libre arbitre n'étant pas un attribut – ou devrais-je dire un don ? – réservé à l'être de chair et d'os que nous étions. Que se passe-t-il dans ce cas ? Les innombrables témoignages de l'au-delà ne sont guère diserts sur ce sujet quelque peu sulfureux, comme s'il s'agissait d'un interdit. Le luthérien suédois Emanuel Swedenborg (1688-1772) était un briseur de tabous, imprégné de philosophie autant que de mathématiques. On lui doit à la fois des inventions, comme le calcul de la latitude ou les taux de change multiples et des écrits – 70 volumes ! – sur le calcul intégral, l'anatomie du cerveau, la mécanique ou la psychologie. Il a été qualifié de Vinci du Nord. À 56 ans, au faîte de sa gloire, il abandonne toutes ses fonctions pour se consacrer à la réflexion spirituelle, se disant guidé par ses rêves. Son immense crédit en souffrira. Il inspirera néanmoins des hommes aussi divers que Voltaire, Kant, Baudelaire, Balzac, James, Valéry et Jung. Du beau monde, tout de même ! Son œuvre spirituelle majeure a pour titre *Du ciel et de ses merveilles, et de l'enfer*. Complexe, redondante et aride, elle est d'une lecture particulièrement ardue.

Pour Swedenborg, il n'y a en enfer ni ange déchu (Lucifer) ni diable (Satan). Il n'y a que des âmes qui en ont fait le choix. « Jamais Dieu ne détourne sa face de l'homme et ne le rejette de Lui et jamais il ne précipite personne en enfer. [...] Dieu est le Bien même, l'Amour même, la Miséricorde même. Et le Bien même ne peut faire de mal à personne, l'Amour même et la Miséricorde même ne peuvent rejeter l'homme, parce que cela serait contraire à l'essence même de la Miséricorde et de l'Amour. » Convaincant. Et il poursuit : « Celui qui aime le mal dans le monde, veut et aime le mal dans l'autre vie [...], c'est donc l'homme qui, après la mort, se jette lui-même en enfer. » Les pieds en haut et la tête en bas, selon lui. Pas très réjouissant. Surtout lorsque le génial suédois nous décrit les tourments réservés aux âmes qui ont choisi l'enfer, car « plus on y est profondément et plus les Esprits sont méchants ». Ils vont tour à tour infester le nouveau venu, puis lui faire subir des peines de plus en plus rigoureuses, car « chacun veut y être le plus grand et brûle de haine contre les autres ». L'horreur !

Swedenborg a-t-il noirci le tableau, comme certaines observations plus récentes paraissent le confirmer ? Michael Newton est plutôt partisan d'une sorte de purgatoire dans lequel les âmes rétives séjournent provisoirement. Extrait d'une interrogation de l'un de ses clients sous hypnose :

« J'ai entendu dire que les âmes perturbées – celles qui ont été proches du mal – sont mises en quarantaine dans le monde spirituel.

– C'est exact, mais au moins ces âmes sont-elles prêtes à jouer le jeu en acceptant que leur énergie soit correctement guérie par l'amour et la dévotion.

– Pouvez- vous m'indiquer comment les guides traitent cet exil auto-infligé ?

– Ils leur donnent le temps d'en baver. Il s'agit d'un défi pour eux. Ils savent que ces âmes sont concernées par leur évaluation, ainsi que par les réactions de leur groupe d'âmes. Elles sont pleines d'énergie négative et de confusion. Il faudra déployer des trésors de réassurance pour les faire sortir de leur trou.

– Et, en définitive, elles vont toutes se libérer ?

– Oui, à travers diverses formes d'encouragement ou d'incitation. »

Enfer de Swedenborg ou purgatoire de Newton, qui dit vrai ? L'isolement des âmes évoqué par ce dernier est souvent confirmé dans les livres à base soit de témoignages de vivants sous hypnose, soit de défunts adeptes de l'écriture automatique. Celles qui refusent la contrition – ou, pour être plus précis, la réalité des faits – séjourneraient dans des zones plus ou moins obscures, à l'écart de leurs familles naturelles. Le temps qu'elles y passent ne dépend que d'elles (toujours le libre arbitre). Et l'ennui voire la souffrance les guette. Newton se veut optimiste : « Selon moi, toutes les âmes se repentent un jour ou l'autre, car elles se savent responsables de leurs choix. » Dès lors que l'énergie spirituelle est éternelle, les brebis égarées finiront toutes un jour par rejoindre le troupeau. Avec l'assistance de leur guide. Pour faire simple, même les âmes d'Hitler ou de Staline s'en sortiront, mais on imagine volontiers qu'elles pourraient croupir quelque temps. Il est intéressant de noter ce que nous dit le catéchisme de l'Église catholique sur l'enfer : « Mourir en état de péché mortel sans s'être repenti et sans accepter l'amour miséricordieux de Dieu signifie demeurer séparé de Lui pour toujours par notre propre choix libre. Et c'est cet état d'autoexclusion définitive de la communion avec Dieu et avec les bienheureux que l'on désigne par le mot enfer. » Excellente définition, à ceci près que l'autoexclusion ne serait pas nécessairement définitive.

La vie après la vie

Le 13 septembre 1973, Georges Morrannier s'est tiré une balle dans la tête. Il allait sur ses 29 ans. Épris de physique et de philosophie, il se destinait à une carrière universitaire. Il se posait des questions existentielles : sa vie avait-elle un sens ? Mai 68 l'a propulsé sur les bords du Gange. En quête de sens justement. Il en est revenu déçu. Il s'est mis à pratiquer le yoga à outrance. Un yoga mystique. Puis s'est insidieusement installée en lui la dépression, une maladie qui, au dire de sa mère Jeanne, dans *Au seuil de la vérité*, « détruit lentement le corps et l'esprit. Passant de la crainte à l'angoisse, le malade se déprécie systématiquement. Il se dit et se persuade qu'il a tout raté, qu'il n'est bon à rien, qu'il ne guérira jamais et qu'il va devenir fou, si ce n'est déjà fait. » Georges laisse derrière lui une mère éplorée. Elle n'a que « pourquoi ? » à la bouche. Puis un jour elle constate que des bibelots ont été déplacés sur des meubles et que, comme elle l'écrit joliment, ses mules sont devenues « d'humeur vagabonde » : elles ne sont jamais à leur place naturelle, elles semblent même un jour avoir traversé une porte ! Des phénomènes analogues se produisent chez les sœurs de Georges, dont les appartements sont sujets à des bruits de vaisselle cassée, à des coups frappés sur les murs et même au déplacement d'un lit d'enfant, pendant le sommeil de son occupant. Peu croyante et plutôt rationnelle, Jeanne se renseigne et finit par se convaincre qu'elle n'est pas à l'origine de ces phénomènes étranges. La seule hypothèse valable est que son fils se manifeste « pour nous prouver l'existence de la vie après la mort ». Un médium la pousse vers l'écriture automatique. Une révélation : Georges a effectivement beaucoup à dire. Son suicide était quasi programmé. Il voulait retourner dans le monde astral. Il s'y situe d'ailleurs « au cinquième degré », soit à un stade très avancé de la hiérarchie de l'au-delà, sur laquelle je reviendrai. Georges est manifestement une vieille âme. Il a échappé au monde obscur, terne et silencieux que se réservent généralement les suicidés.

Il commence par présenter son ambition. « J'ai mis toute mon âme au service de cette merveilleuse Vérité : la survie de l'âme dans le monde spirituel. » Ce monde aux couleurs vives et chatoyantes, aux plaines verdoyantes et aux jardins exotiques décrits lors d'expériences aux frontières de la mort serait le pur produit de notre conscience. Selon Georges, chacun se trouve « projeté sur le plan spirituel qui correspond aux vibrations de son âme, donc à sa qualité ». Et dans d'autres passages : « Il ne s'agit pas de lieux, mais d'états d'âme. » Ou bien « l'enfer n'est pas un lieu, mais un état psychique ». Albert, le guide du héros du roman *Au-delà de nos rêves*, confirme : « Ce à quoi vous croyez devient votre monde. La mort est un processus de réorientation de la conscience de la réalité physique à la réalité mentale. » N'oublions pas en effet que si le cerveau filtre la conscience pour nous éviter de « perdre la tête », comme on dit (voir chapitre 6), nous retrouvons après notre mort la totalité de l'accès à la conscience universelle. Nous sommes ainsi en mesure de créer le monde qui nous entoure, ainsi que le corps astral que nous allons habiter. Un corps, selon Albert, « dur au toucher, mais cependant impondérable », avec toutes les apparences de notre corps physique, y compris les dents, dont la fonction n'est alors que purement esthétique. Un corps habillé, car nous avons pris d'habitude de nous vêtir en face des autres. « Notre monde spirituel, précise Georges, comporte quatre dimensions, le temps, l'espace, le mouvement et la pensée. C'est la pensée qui est passée avec l'âme, contenue elle-même dans le corps astral. Nous sommes lumière et pensée tout en ayant un corps bien défini. Le désincarné qui arrive près de nous n'est plus que lumière et pensée : il arrive avec les idées qu'il avait sur la terre, il s'attend à voir Dieu, les anges ou les démons. *La pensée n'est plus limitée*, comme sur terre. Il est ici encore plus facile de prendre ses désirs pour des réalités ! »

À en croire Georges ou Albert, dont les descriptions sont très proches, toutes les entités, qu'elles soient dans le monde physique ou dans le monde astral, ont une certaine fréquence de vibration, comme d'ailleurs les objets quantiques. Toute communication revient à ajuster les fréquences, à les mettre en résonance, selon le principe évoqué par mes amis du collectif Alana au chapitre précédent. La fréquence du bois par exemple, serait très propice au transfert d'informations, ce qui expliquerait les fameuses « tables tournantes » dont j'ai fait un abondant usage. Cette forme de communication suppose de la part des esprits un certain entraînement, car le niveau de fréquence de leur corps éthérique est infiniment supérieur à ceux des corps physiques, dont l'exposition à des fréquences trop élevées peut s'avérer dangereuse, voire mortelle. Un bon médium, un bon channel est capable, *via* son corps éthérique, de se brancher sur le monde astral. Ce corps éthérique aurait également la faculté de permettre l'accès au monde dégagé/astral pendant le sommeil, au moment où le Coran veut que Dieu nous le reprenne (voir chapitre 4). Selon Georges à sa mère : « Lorsque l'on dort, le corps éthérique est à côté de soi, debout, relié par le cordon d'argent. Ainsi nous pouvons parler tous les deux comme si tu vivais dans l'astral. Je t'explique beaucoup de choses, mais – hélas – à ton réveil, tu ne te souviens de rien ! »

Les esprits disposeraient aussi d'une faculté validée dans l'infiniment petit de la mécanique quantique, celle de la dématérialisation/rematérialisation, dite « téléportation » des objets. Pour Georges, il s'agit d'un jeu d'enfant, car « le monde matériel nous paraissait solide. Mais d'ici, on dirait un château de cartes ». Les mules de sa mère ont subi une telle transformation : elles sont bien passées par la porte ! On peut aussi imaginer qu'un esprit jeune et fougueux, contrôlant mal son niveau vibratoire, puisse produire involontairement des dégâts dont les scénaristes des films de *poltergeists* font leur miel.

Comment occupe-t-on son temps dans le monde astral ? Trois activités dominent, selon Georges. D'abord l'entraide, l'assistance aux nouveaux venus. Elle est d'autant plus chronophage que leur nombre augmente avec la démographie galopante de notre planète. Il faut accueillir, accompagner, soutenir avec bienveillance. « Les plus durs sont ceux qui croyaient au néant », observe-t-il. Il a eu l'occasion de recevoir un tel individu, qui a par la suite correspondu avec sa mère. Dans *Après cette vie*, elle le présente comme « Jacques M. », un savant qui affirme avoir fait dans le monde terrestre « de longues études de biologie et de biochimie ». Il reconnaît d'emblée qu'en étudiant la naissance, l'accroissement et le comportement des cellules, il n'y a jamais vu le doigt de Dieu. Il n'avait pas davantage cru au monde où il a été accueilli par

Georges. Il avoue émerger d'un « sombre tourbillon de sombres pensées et de poignants remords » pour se rendre à l'évidence : « Le monde spirituel existe, Dieu existe. »

Jacques est ébloui par la lumière « resplendissante sans aveugler » que le savant en lui attribue à des ondes cosmiques inconnues. Il est désormais persuadé « qu'une vie spirituelle existe dans la matière ». S'ensuit une description détaillée et précise du fonctionnement apparent du vivant à travers les relations ADN-ARN-protéines, un sujet que Jacques M. maîtrise parfaitement, alors que Jeanne Morrannier le découvre. Il admet avoir cru que la biologie moderne trouverait un jour l'explication de ce qui lui échappe encore et que l'embryogenèse était le pur produit du hasard. Il est désormais convaincu que « toutes les particules élémentaires qui constituent l'ADN comportent obligatoirement des particules d'Esprit et que sans elles rien ne serait fait de ce processus extraordinaire qui forme une cellule. » Il estime aussi que dans le fœtus, une toute petite partie de l'Esprit de la mère et de l'Esprit du père va s'agréger en même temps que leur ADN, créant une « ébauche d'âme », mais que l'enfant ne pourra pas mener une vie d'être humain si, à la naissance, une âme extérieure et préexistante ne lui était pas incorporée. Il conclut en reconnaissant encore une fois s'être « trompé sur la terre. J'en suis à la fois honteux et heureux : honteux de n'avoir rien compris, mais heureux de découvrir que tout ce que nous faisons sur le monde terrestre a un but, que rien n'est perdu, que rien n'est inutile et que tout a sa raison d'être. »

Belle et vibrante confession. Mais qui est donc Jacques M. ? Il regrette, dans son introduction, que son patronyme ne soit pas indiqué, car il est connu, même si les matérialistes devaient crier à l'imposture en découvrant ses propos. Et s'il s'agissait de notre prix Nobel Jacques Monod, dont *Le Hasard et la Nécessité* se concluait par la célèbre affirmation : « L'homme sait enfin qu'il est seul dans l'immensité indifférente de l'univers dont il a émergé par hasard. » Monod est passé de l'autre côté en 1977 et sa possible conversation avec Jeanne a été publiée en 1983. Il a eu le temps de se convertir. Il ne s'agit évidemment que de pure spéculation de ma part.

Monod ou non, Jacques M. va poursuivre ses recherches là-haut car, aux dires de Georges, le travail, intellectuel notamment, fait partie, avec l'accompagnement et le « perfectionnement moral », des trois activités productives offertes aux esprits. Une telle hypothèse paraît tout à fait plausible, à condition d'admettre que le monde astral évolue autant que le monde physique. Le fameux monde des formes cher à Platon n'est pas figé, comme l'imaginait le philosophe grec, il se transforme. Et cette transformation serait due à une sorte de fertilisation croisée entre les deux mondes (qui n'en font qu'un, rappelons-le). Les grandes découvertes, les grands « coups de génie » de l'ici-bas résulteraient-ils d'informations communiquées par les « chercheurs » de l'au-delà ? On y a en effet tout le temps nécessaire à la conception, mais les réalisations passent par l'intermédiaire de la matière. Les concepts doivent être communiqués pour prendre forme. Et cette forme, c'est justement l'intuition (voir chapitre 2). Quant à l'évolution du monde, celle dont l'humanité est depuis toujours le témoin, elle ne modifie certes pas la conscience, qui est une et indivisible, mais elle modifie les contours, elle en enrichit le contenu et, dans une certaine mesure, le destin du monde dégagé. L'Être et le Faire sont d'inévitables et d'indispensables complices et cocréateurs du monde. Ils ont besoin l'un de l'autre. Et le Faire est prêt à écouter l'Être, peut-être pour la première fois depuis qu'existe la civilisation. Car l'homme primitif a toujours été à l'écoute, *via* les chamans et les cérémonies rituelles. Puis le savoir et l'orgueil humains nous ont éloignés de la Source, dont nous avons estimé progressivement ne plus avoir besoin pour nous réaliser. Les portes de la perception qui s'ouvrent dans de nombreux domaines sont autant d'indications que la Source a besoin de nous, qu'elle veut nous faire partager ses découvertes dans un esprit constructif.

Le message de l'au-delà de Frederic Myers

« Il y a plusieurs demeures dans la maison de mon Père », nous dit le Christ dans l'évangile de Jean. « Si cela n'était pas, je vous l'aurais dit. Je vais vous préparer une place. » Voilà qui est de nature à nous rassurer pleinement : nous serons accueillis, conformément aux dires de Georges. Plusieurs sources de nature très différentes paraissent accréditer l'existence de sept niveaux, confirmant l'adage populaire d'un « septième ciel » idéal et absolu. Sur la base des témoignages de ses clients, l'explorateur de l'intervie Michael Newton identifie six niveaux, auxquels il ajoute « des niveaux supérieurs » dont il ne lui a jamais été donné de rencontrer un spécimen. Ces « demeures-là » ne sont guère peuplées, comme l'indiquent les découvertes de Frederic Myers, ce chercheur infatigable dont il a déjà été abondamment question dans ce livre. Professeur de littérature, helléniste et latiniste éprouvé et poète à ses heures, Myers a consacré l'essentiel de sa vie adulte à tenter de prouver l'existence de l'après-vie. Il est mort en 1901, laissant une œuvre posthume de mille trois cents pages au titre explicite *: La Personnalité humaine et sa survie à la mort physique*. Fondateur en 1882 de la Society for Psychic Research (SPR), il est devenu un entomologiste de la médiumnité. Il est mort insatisfait, s'étant aperçu qu'un médium en transe pouvait aussi bien communiquer par télépathie avec un vivant que reproduire les propos d'un défunt. Pis, il pouvait faire parler un mort qui s'avérera par la suite en parfaite santé ! La technique n'était donc pas sans faille.

Comment démontrer l'existence de l'après-vie autrement qu'en communiquant soi-même de l'au-delà ? Mais comment prouver l'authenticité de la source ? Myers met en place à cet effet un protocole sophistiqué. Pendant plus de vingt ans, une douzaine de médiums anglophones américains, anglais et indiens, vont recevoir des messages de longueur variable portant sa simple signature. À première vue, chaque message, reçu en écriture automatique, est incompréhensible. Il peut s'agir d'un simple mot, comme le grec *thanatos* ou le latin *mors*, qui se traduisent par mort, mais que ne connaissent pas les médiums sélectionnés. Myers le signataire indique à chaque destinataire qu'il peut communiquer le message soit à tel autre médium, soit à la SPR. Trois mille communications, souvent d'une grande érudition, vont ainsi être diffusées. Pourquoi ce luxe de précautions ? Pour démontrer la survie de leur défunt émetteur, évidemment. Et pour qu'aucun doute ne puisse subsister quant à l'authenticité des messages, ce qui aurait pu être le cas si un médium unique en avait été le destinataire. On n'invente pas une ou deux pièces d'un puzzle. « Enregistrez les morceaux et, mis bout à bout, ils formeront un tout », indique Myers. L'ensemble de ces « communications croisées » représente un document soigneusement conservé par la SPR.

À partir du milieu des années 1920, Myers modifie sa méthode. Il entre en contact avec Geraldine Cummins, une Irlandaise qui s'était découvert des qualités « psi ». Elle qui n'a jamais entendu parler de lui va prendre en dictée la substance de deux livres, dont *The Road to Immortality.* Elle écrit devant témoins jusqu'à 1 600 mots à l'heure, alors que son rythme naturel est de 800 mots en six à huit heures. Myers y annonce d'emblée son credo : « Le but de l'existence peut être résumé d'une phrase – l'évolution de la conscience dans une matière diverse en degré et en genre – de manière à ce que la conscience se développe dans le monde manifeste et acquière la juste vision de la réalité d'un univers de plus en plus vaste et puissant. »

Lui qui n'avait rien d'un scientifique livre ensuite quelques informations de nature à intriguer les physiciens. « Des intelligences désincarnées vous ont sans doute informé [*sic*] que le secret de la mort tient à la vitesse de vibration de la coquille externe. Ainsi, un être humain est d'abord conscient du monde extérieur parce que son corps se déplace à une certaine vitesse. Modifiez votre vitesse et la terre, les hommes et les objets disparaîtront pour vous comme vous disparaîtrez pour eux. La mort représente un simple changement de vitesse. » Je pense qu'il voulait plutôt dire fréquence, comme le prouve la suite : « Cette modification nécessite une certaine dislocation, car l'âme doit passer d'un corps à un autre dont les niveaux vibratoires sont différents. » C'est précisément ce que confirme Alana (voir chapitre 6) : notre niveau vibratoire étant très inférieur à celui des esprits, ils doivent fournir sans doute un effort considérable pour s'y ajuster et donc communiquer avec nous, que ce soit par la parole, par l'écriture, par les objets ou par leur corps astral.

Myers confirme au passage l'existence des deux cordons d'argent, ainsi que de multiples fils reliant notre corps physique à son double « astral », un adjectif qu'il n'aime guère. Il répond en passant à une question qui intrigue les neurologues. Comment se fait-il que certaines fonctions vitales, que certaines cellules ne meurent pas dès que nous rendons l'âme ? C'est que notre double astral adhère encore à notre coquille humaine par l'intermédiaire de ces fils invisibles. Un tel phénomène pourrait expliquer aussi les expériences de sortie du corps permises par l'élasticité des cordons d'argent.

Les sept ciels

Dans *La Route vers l'immortalité*, Myers note sept niveaux de perception, les sept barreaux de l'échelle menant progressivement à fusion avec le Tout. À la base, le *plan de la matière*, qu'il situe bien entendu sur terre, mais qui peut aussi être expérimenté dans d'autres « régions étoilées » d'une densité différente de celle que nous habitons. Puis nous allons séjourner, pour une durée généralement limitée, dans ce qu'il appelle le *plan astral*, aussi qualifié de « lieu des Ombres » ou d'Hadès. Il s'agirait d'une zone de transition et de repos destinée à nous préparer pour la suite (et j'ajoute, au remplacement de notre corps astral par notre corps éthérique, dont le niveau de vibration est très sensiblement supérieur). On se souviendra que, selon Platon, c'est dans l'Hadès que les âmes observées par le soldat Er choisissaient leurs destins futurs, qu'elles se débarrassaient de leurs vieux vêtements pour en prendre de plus adaptés. Et Myers était un érudit. Un autre communicant de l'au-delà présente une vision assez analogue à la sienne. Il s'agit de Roland de Jouvenel, fils du célèbre futurologue Bertrand et de son épouse Marcelle, tragiquement emporté à l'âge de quatorze ans par une maladie non identifiée. Selon son biographe Jean Prieur : « Il y avait chez ce petit garçon, qui n'avait pas été élevé religieusement, une montée d'aspirations mystiques, une recherche instinctive de Dieu. » Prieur est lui-même un catholique peu conventionnel, qui croit comme le père Brune à la communication avec les morts. C'est ce que découvre d'abord avec méfiance et angoisse, puis avec un bonheur indicible Marcelle, à partir du moment où elle se met à écrire les courts messages que Roland lui adressera systématiquement pendant une bonne vingtaine d'années. « Quand nous quittons la terre, nous arrivons tout de suite dans une sorte de bulle close, lui dit-il au cours d'une de ses premières communications. Après notre dernier soupir, nous n'entendons plus rien. Sans ligne de conduite, nous voletons dans les nuées sans rien reconnaître. Puis, peu à peu, nous apprenons à discerner les courants divins. Et des routes célestes s'ouvrent à nous. » Il semble bien avoir vécu l'Hadès.

Certaines âmes, nous l'avons vu, ont bien du mal à s'extirper de leur peau humaine pour prendre leur envol : elles vont rôder près de la terre qui les retient. Ce sont les âmes errantes généralement dociles, parfois agressives, souvent désespérées. Pour Roland de Jouvenel, « vous vivez tous à des stades différents de votre évolution. Il y en a pour qui la terre est le paradis, puisqu'elle restera longtemps leur passage le meilleur.

Ne croyant ni en Dieu, ni en la survie, ils ne trouveront dans un autre plan que leur propre négation et leurs chaînes. Lourdes seront celles qu'ils porteront après leur mort. »

La troisième étape, le troisième plan est d'une très grande importance. L'âme prend possession de son nouveau corps éthérique, léger, mobile, souple, taillé et habillé sur mesure selon ses spécifications (ce qui pourrait expliquer pourquoi les morts se présentent à nous souvent jeunes et fringants). Le corps, selon Myers, est alors fait « d'atomes subtils ». Sa structure serait à ce point fine qu'elle échappe à tous les instruments de mesure des scientifiques. Nourri par une lumière irréelle et permanente, ce corps pourtant très visible n'a aucun des besoins élémentaires du corps physique précédent, ce qui ne signifie pas qu'il soit dénué de désirs. Ce serait même tout le contraire, car ce nouveau monde étant sa création, il correspond à l'idée qu'il s'est faite du ciel ou de l'enfer, un choix qui lui appartient. L'alcoolique reconstitue sans difficulté des tavernes encombrées de buveurs et l'obsédé sexuel des orgies sans fin. Mais selon le jeune Roland, « leurs désirs ne seront plus que des désirs, ils ne connaîtront pas l'assouvissement ».

Myers se donne la peine de décrire l'au-delà de l'homme de la rue, « Tom Jones » comme il l'appelle. « Il ne rêve pas d'une ville pavée de bijoux ni d'une vision monstrueuse de l'éternité. Il crève d'envie du paysage familier qu'il a quitté, mais en plus beau. Une glorieuse villa en briques dans la non moins glorieuse station balnéaire de Brighton. Il rêve de retrouver les quelques personnes qu'il a aimées dans sa vie et qui sont parties avant lui. Aussi, nous autres qui avons un peu d'avance sur lui, nous le conduisons, lui et ses camarades, au rêve qu'il habitera comme s'il n'avait pas quitté la terre. » Et dans un autre passage : « Le jardinier chargé de son destin, ainsi que de nombreuses autres plantes, va les élever, si elles conviennent, dans une serre dont la forme est similaire à celle du monde qu'elles ont quitté. Les Sages comme je les appelle [qui ne sont autres que les fameux guides] peuvent tirer de leur mémoire et de la mémoire supraconsciente de la terre les images de maisons, de rues, de pays dans lesquelles le voyageur puisse se reconnaître. Il a dormi dans la pénombre, il s'est reposé dans sa chrysalide pendant que son corps éthérique prenait forme, il émerge en papillon dans un monde conçu pour lui par des esprits d'un grand discernement. » Et d'une extrême bienveillance. Mais attention : Tom Jones ne va pas devenir du jour au lendemain un visionnaire ou un génie, il va suivre la loi de l'évolution, il va conserver ses œillères, ses petites rancœurs et ses sentiments étriqués. « Il est encore mentalement dans les langes. » Pour ces raisons, cette étape, souvent appelée Summerland ou pays d'été, Myers le rigoriste la qualifie de *plan de l'illusion.* Nous n'y progressons guère, bien au contraire, nous risquons de stagner et de nous y ennuyer.

La satisfaction de tous ses désirs ne finit-elle pas par devenir lassante ? L'âme cherche alors un jour à avancer vers des plans plus dégagés du monde matériel dont elle perd la nostalgie. Elle est prête à saisir un nouveau barreau de l'échelle de la conscience. Elle va passer dans ce que Myers appelle le *plan de la couleur*, celui que lui-même affirme avoir atteint. Sur ce quatrième plan, l'âme perd sa forme humaine du fait qu'elle acquiert le pouvoir de créer toutes les formes possibles, aux couleurs d'une beauté et d'une variété inimaginables. Sortie des limbes du plan de l'illusion pour se rapprocher du Tout, elle devient un compromis de lumière et de couleur, elle vibre avec une intensité accrue, elle distingue les pensées des autres âmes. « Notre concept de l'espace, explique-t-il, diffère du vôtre. Je n'ai qu'à me concentrer un instant pour construire une image de moi-même afin d'envoyer cette image à travers le vaste monde à un ami en harmonie avec moi. » Il insiste sur le fait que la pensée devient fluide. Les émotions n'en restent pas moins vives, « car l'amour et la haine attirent inévitablement vers les âmes correspondant à son objectif qui tisse et retisse la tapisserie de l'éternité ». En somme, l'âme reste en famille, à moins de redescendre d'un barreau de l'échelle pour se mettre en communication mentale avec des habitants d'un plan inférieur.

Pour passer au plan supérieur, ce qui n'est jamais systématique, elle doit subir l'épreuve de « l'Image brisée », en renonçant purement à toute forme, à toute couleur, à toute apparence. Pour y parvenir, un nouveau séjour dans l'Hadès sera nécessaire, de manière à la débarrasser définitivement des vieux préjugés, religieux notamment, qui, selon lui, l'encombrent et limitent sa perception. Myers appelle cette étape le *plan de la flamme*, car l'âme a le sentiment de se consumer. L'étendue de sa liberté a pour contrepartie un renforcement de sa discipline. Elle se sent « comme l'artiste se nourrissant de son chef-d'œuvre, contemplant ses modifications et ressentant cette curieuse exaltation qui est sans doute vécue, de manière atténuée, par le génie créatif sur terre ». Elle ne quittera cependant pas le cinquième plan tant que ne sera pas au complet « l'âme de groupe » à laquelle elle s'est identifiée. Il faut que les autres âmes de son groupe aient atteint son niveau de conscience, celui qui permet de percevoir la vie subconsciente des fleurs, des insectes, des oiseaux, toutes formes connectées entre elles par le maître de leur être, cette lumière d'En Haut.

Qu'y a-t-il au-delà de la lumière brûlante de la flamme ? La lumière tout court, évidemment blanche, car intégrant toutes les couleurs. À ce niveau, qualifié par Myers de *plan de la pure lumière*, l'âme est non seulement détachée de toute forme, mais de toute émotion, de toute passion. « La lumière blanche représente la parfaite sérénité de la pensée pure, l'unification de toutes ces unités de pensée que l'on appelle âmes. » À ce stade, elles ont une parfaite connaissance non seulement du bien et du mal, mais de ce qui est au-delà du bien et du mal. « Elle est capable de vivre sans forme, d'exister comme de la lumière blanche, comme la pure pensée de son Créateur. » Quand elles auront maîtrisé cette étape, certaines âmes choisiront de se fondre dans Tout ce qui est, de gagner le septième plan, celui de l'union avec Dieu. Leur existence individuelle n'a pas été annihilée pour autant, elles sont comme des vagues dans l'océan. Myers prend une autre métaphore, celle d'un soleil dont les rayons pénètrent l'univers matériel, mais dont l'esprit en est détaché. « Être de l'univers et en être séparé représente sans doute l'achèvement, le but final de toute quête. »

Il poursuit : « Lorsque nous atteignons ce stade, nous percevons ce vieux chef-d'œuvre comme un Tout. Nous le visualisons dans ses moindres détails comme dans les plus immenses de ses proportions. Nous percevons sa Totalité comme un concept intellectuel issu d'une Suprême Idée. Nous voyons le drame qui s'y déroule. Ainsi nous existons comme le spectateur et l'amant, ressentant toute la vie comme un acte de pensée. Nous saisissons la réalité de l'univers matériel tout en étant conscients de l'autre réalité, celle de l'Idée qui, du début à la fin, contient en pensée son double. Nous n'avons pas disparu. Unis à la grande harmonie de l'Esprit, nous restons des individualités dans l'amour du Créateur pour Sa création, qui est contenue en lui et qui est en partie manifestée. » Nous avons alors atteint ce qu'il appelle le *plan de la pure forme*. Je précise que Myers avait été un agnostique durant toute sa vie humaine.

Pourquoi nous revenons sur terre

Que cette vision exaltante de l'au-delà soit exacte, est-ce vraiment important ? Ce qui compte, n'est-ce pas le ton général adopté par ceux qui nous communiquent leur « vécu » *post mortem*. La mariée est-elle trop belle ? Si l'amour est bien la clé de voûte de l'édifice, les judéo-chrétiens en tout cas n'ont pas de raison de se plaindre. Ils peuvent en revanche se demander pourquoi quitter les doux pâturages et le ciel bleu azur de *Summerland* pour remettre le couvert dans la grisaille et le froid d'une vie terrestre, où nous attendent peut-être la maladie, la pauvreté et le désespoir. Bref, la migration des âmes, que la doctrine chrétienne rejette, a-t-elle un sens ? Pourquoi revenons-nous du paradis ? Énoncer la question revient déjà à y répondre en partie. Il ne faut pas imaginer que la réincarnation soit un phénomène courant. Pour le père François Brune, spécialiste de la conversation avec les morts (voir chapitre 5), si nos retours existent, ils sont rares. Selon Myers, il peut se passer des centaines d'années (terrestres) entre deux « voyages » de notre âme dans un corps humain. Platon les comptait en millénaires. D'autres observateurs, comme le psychiatre Brian Weiss, a fait revivre en dix-huit mois, sous hypnose, quatre-vingt-six vies humaines assez banales à sa cliente Catherine. Il signale lui aussi dans son livre *Many Lives, Many Masters*, l'existence de sept plans successifs d'accession au Tout. Est-il important de faire le décompte de nos vies ? Il semble qu'une âme puisse aussi séjourner dans une pierre, dans une fleur des champs ou dans le corps d'un animal domestique. Le grand mystique persan du XIIIe siècle Jalâl ad-Dîn Rûmi, inspirateur des derviches tourneurs, écrivait :

Je suis mort en minéral et je suis devenu une plante
Je suis mort en plante et je me suis levé animal
Je suis mort en animal et je suis devenu un homme
Pourquoi aurais-je peur
Que la mort m'ait réduit ?
Une fois de plus, je vais mourir. En homme
Pour planer avec les anges bénis
Même en ange mon voyage n'est pas terminé
Quand j'aurai sacrifié mon âme d'ange, je poursuivrai mon chemin
Je deviendrai ce qu'aucun esprit n'a conçu.
Oh, bienheureuse non-existence
Elle annonce au son de l'orgue :
« À Lui nous retournons. »

Que nous ayons la liberté (et le talent) de passer du temps dans tout ce qui est résout le problème mathématique soulevé par l'accroissement dramatique de la population humaine depuis le début du XIXe siècle. Les sceptiques se demandent en effet s'il y a assez d'âmes disponibles « là-haut » pour équiper l'augmentation spectaculaire des naissances depuis un siècle. Réponse : dès lors que l'incarnation peut se faire partout – sur notre terre comme ailleurs – et dans toute forme naturelle, alors la source est inépuisable. En revanche, il est légitime de se demander s'il n'y a pas en ce moment une pénurie de guides. Dans une vision « élargie » de nos vies, le nombre d'âmes franchissant tous les jours le seuil de la mort paraît devoir être colossal. Il faut imaginer que les guides se démultiplient, ayant maîtrisé la technique de la bi, voire de la multilocalisation ! Seraient-ils doués de la non-localité quantique ?

Pour ce qui concerne le commun des immortels, on imagine volontiers qu'il est difficile de quitter un monde bienveillant et sans limites qui ne connaît ni la maladie, ni la peur, ni le vieillissement, pour nous rapatrier dans le monde dur, exigeant, souvent indifférent, voire hostile de nos existences terrestres. À ses dires, ma mère se trouve très bien là-haut et n'a aucune intention de revenir. Alors pourquoi d'autres âmes franchissent-elles le pas ? En 2003, Robert Schwartz exerçait le métier de consultant indépendant en marketing et en communication. En dépit des satisfactions que lui donnait son métier, il était convaincu que sa présence sur terre était un épiphénomène : qu'il disparaisse et il serait aussitôt remplacé. Il avait surtout l'impression que sa vie ne reflétait pas les aspirations de… son âme. La consultation d'une femme *channel* sera son épiphanie. Il apprend à cette occasion qu'il est accompagné. À sa stupéfaction, son guide sait tout de lui, même une prière de détresse adressée à Dieu plusieurs années auparavant ! À travers des lectures et des rencontres, Robert acquiert progressivement la conviction que les défis de sa vie, à commencer par sa mère abusive, avaient tous été programmés avant sa naissance par… son âme et par son guide. « Si je l'avais su, j'aurais accueilli ces défis comme riches de sens. Ma souffrance en aurait été singulièrement allégée. »

Ces propos sont tirés de la préface de son premier livre, *Âmes courageuses*, au titre moins énigmatique qu'il n'y paraît. Avec l'aide de plusieurs *channels*, Robert s'est efforcé de reconstituer le « planning prénatal » d'une dizaine de ses contemporains dont les vies ont été particulièrement difficiles : Jon le sidéen, Pénélope la sourde, Bob l'aveugle, Jennifer la mère de deux enfants handicapés, Pat l'alcoolique ou Doris, la victime d'un cancer du poumon. Ces épreuves ou ces infirmités étaient toutes voulues, elles avaient toutes un sens. Mieux encore, certains des accompagnateurs de ces victimes, comme les enfants de Jennifer ou l'épouse de Pat, elle-même alcoolique, ou la mère abusive de Jon, auraient fait partie de leur famille d'âmes et seraient là pour les aider à comprendre le but de leur souffrance. « Jon avait planifié son sida pour aider son groupe d'âmes à progresser », écrit Robert.

Notre progression sur le plan physique fait grandir non seulement notre âme, mais celles du groupe tout entier. Voilà qui est de nature à justifier un choix particulièrement courageux. La vie terrestre fournirait le moyen de liquider une dette – le meurtrier devenant victime – ou d'apprendre à s'aimer – en ayant choisi un handicap physique – ou d'aider les autres à grandir – en pardonnant d'abord à son bourreau. Comprendre que nous avons choisi un chemin de vie difficile dans un but précis permet de ne pas nous sentir victimes des circonstances, de l'environnement ou de la fatalité. Nous sommes responsables du destin que nous avons choisi. « Je suis responsable de ma rose », répétait le Petit Prince de Saint-Exupéry, la rose en question étant d'ailleurs Consuelo, l'épouse de l'auteur. Nul doute que l'âme de Saint-Ex' a choisi sciemment de lier sa vie à cette Sud-Américaine volcanique, exigeante et jalouse, alors que son corps le poussait au papillonnage amoureux.

Toutes les vies ne sont pas, fort heureusement semées d'embûches et d'épreuves, bien au contraire. Souvenez-vous d'Ulysse dans le mythe d'Er de Platon (voir chapitre 1).

Après avoir bataillé pendant dix ans à Troie, après avoir résisté au chant des sirènes, après s'être arraché des bras vénéneux de la voluptueuse magicienne Calypso, qui lui promet pourtant l'immortalité, Ulysse retrouve vingt ans après son départ son épouse Pénélope et leur fils Télémaque. Une fois mort et descendu dans les dédales de l'Hadès, le grand conquérant n'aspire qu'à une vie paisible sans enjeu. Enfin, presque sans enjeu, même si Platon est muet sur le sujet. Mais il nous met sur la voie. L'âme, selon lui, a vu l'Être. Elle a perçu le Bon, le Beau et le Vrai du monde des formes. Autrement dit, elle a séjourné dans le paradis de Summerland. Elle sait donc pertinemment pourquoi elle retourne sur terre.

« Le but de l'âme est de réaliser Dieu sur le plan physique », m'ont dit sans hésitation mes amis du groupe Alana. Nos âmes sont donc toutes des missionnaires, porteuses de la bonne parole d'un au-delà beau, bon et surtout vrai, car elles en ont fait l'expérience. Convaincu que l'âme est « une portion d'énergie divine », Robert Schwartz a été jusqu'à dresser un catalogue de trente-deux « vertus divines » qui reviennent le plus souvent dans les régressions dans l'intervie de ses clients. Y figurent notamment la compassion, la gentillesse, l'amour de soi, la patience, l'empathie, le pardon, la joie,le partage, l'humilité, l'amour inconditionnel. Dans notre planning prénatal, nous nous fixerions pour objectif de cultiver et d'exprimer trois ou quatre de ces vertus. Les épreuves que nous subissons ont pour but de nous aider à les percevoir. Les personnes que nous nous rencontrons, soi-disant par hasard, sont souvent mises sur notre route soit pour consolider notre acquis, soit pour nous remettre sur le droit chemin. Si nous avons choisi de cultiver la compassion, par exemple, la vie nous fournira d'abondantes occasions d'exercer cette vertu.

J'ai découvert un jour que, contrairement à ce que je pensais, les personnes qui ne me voulaient pas de bien me faisaient du bien. Il s'agissait souvent de collaborateurs dans ma vie professionnelle, parfois des femmes que j'avais aimées. Leur négativité, leur antagonisme étaient stimulants, car ils me forçaient à préciser mes valeurs, à sortir du flou dans lequel je me complaisais un peu trop. J'en ai déduit que toute relation avait son utilité et je m'en suis senti plus fort, plus aguerri.

L'oubli nécessaire

Une question continue néanmoins à me hanter. Dès lors que notre âme choisit une incarnation pour diffuser des vertus divines et pour consolider son propre acquis, pourquoi sommes-nous si nombreux à tout oublier dès que le nouveau-né que nous avons choisi d'être ouvre les yeux sur le monde… obstrué ? N'est-ce pas un immense gâchis, une incroyable perte de temps et d'efficacité ? Que d'occasions manquées, en effet ! L'oubli du Léthé cher aux Grecs fait en effet partie de l'exercice. Mais pourquoi donc ? Le monde serait certainement meilleur si les vertus divines trouvaient davantage de place pour s'exprimer. De mes recherches passées j'avais tiré l'interprétation, tout à fait classique chez les hindouistes ou les théosophes, selon laquelle l'oubli est nécessaire à notre développement. La connaissance de nos vies antérieures, pourtant accessible à nos âmes *via* les Annales akashiques représenterait un handicap fatal : nous devons ignorer nos agressions, nos fautes ou nos déviances passées. Sinon, nous serions paralysés comme l'Albatros de Baudelaire dont « les ailes de géant l'empêchent de marcher ».

Je ne crois plus à cette explication. D'abord, la connaissance de vies passées a été particulièrement bien documentée par le regretté Ian Stevenson. Cet infatigable chercheur de l'université de Virginie est reconnu comme l'expert incontesté des cas de réincarnation. Il a retrouvé en Inde, bien entendu, mais aussi en Europe, aux États-Unis et jusque dans le Grand Nord des enfants susceptibles de se remémorer des éléments vérifiables de vies antérieures. La grande précision de ces éléments les rend plutôt crédibles. Et puis nous disposons désormais de nombreux « professionnels » susceptibles de nous indiquer, comme le fait le collectif Alana, le contenu de telle ou telle de nos vies antérieures. Ces « fuites » sont-elles voulues ? Michael Newton est convaincu que « si la porte spirituelle à notre immortalité a été ouverte, c'est parce que sa condamnation s'est avérée contre-productive ». Une porte de la perception supplémentaire…

J'adhère volontiers à une explication moins classique de notre amnésie, livrée par le psychologue américain Richard Eyre dans son petit livre *Life before Life* : « Notre but, le but de Dieu en nous envoyant ici-bas, est lié au développement de la foi et de l'indépendance. Nous devons nous trouver ici plutôt que de nous remémorer qui nos étions là-haut. Savoir que nous *avons été* là-haut et percevoir des bribes de notre plan et de notre but en arrivant ici-bas peut nous aider. […] Pour découvrir et compter sur notre moi profond, il fallait que le cordon ombilical éternel fût coupé. » Resteraient néanmoins les cordons d'argent… La vie terrestre est en effet une école, ou plutôt une université, car c'est nous – et non nos « parents » – qui en choisissons les enseignements. Et, comme l'indique Betty White, entre ce monde obstrué et le monde dégagé, l'information circule en permanence dans les deux sens. Nous évoluons de concert. Elle descend lorsque « leurs » découvertes deviennent « nos » réalisations, dont les effets remontent alors à eux. Il n'y a qu'un seul univers.

Je vois une raison supplémentaire à notre amnésie. Si nous devions nous souvenir avec précision de l'absence de contraintes et de l'amour inconditionnel propres à notre vécu là-haut, dans le monde dégagé, ne serions-nous pas tentés d'y retourner le plus rapidement possible ? En somme, le suicide ne relèverait-il pas de l'épidémie ? C'en serait rapidement fini de l'expérience humaine. Nous sommes faits pour oublier.

Ce tableau est-il trop idyllique pour être crédible ? Comme je l'ai indiqué d'emblée, la description qui précède repose sur les témoignages soit de vivants sous hypnose, soit de morts avides de communiquer avec nous, soit, ne l'oublions pas, de personnes ayant vécu une expérience aux frontières de la mort. On peut toujours douter de la fiabilité de tels témoignages, généralement présentés par leurs contempteurs comme de purs produits de l'inconscient du sujet, de conditions physicochimiques particulières ou bien de l'imagination et de la ruse d'un médium. Pourquoi cet acharnement sinon parce que ces communications ou ces contacts remettent en cause des dogmes, qu'ils soient scientifiques ou religieux ?

Mais peut-on douter un instant de la bonne foi d'une Marcelle de Jouvenel, d'une Jeanne Morrannier, d'un Frederic Myers ? Je suis particulièrement sensible aux explorations et aux témoignages des « convertis », qui croyaient que la vie s'arrêtait net, au tombeau, comme les précités, mais aussi comme Moody, Alexander, Newton et d'autres. Non seulement les récits de l'au-delà se multiplient, mais ils rencontrent un public de plus en plus nombreux, avide non pas de sensationnel, mais de sens. Les messages reçus me paraissent de plus d'une assez grande cohérence entre eux. Est-ce un gage de crédibilité ? Je pense pour le moins qu'il s'agit d'une piste magnifique et d'un message sublime qui présentent le mérite immense de « donner un sens à notre vie, et par là même à notre mort », pour reprendre la formule de Saint-Exupéry. Les portes de la perception sont bien en train de s'ouvrir sur le monde infini imaginé par William Blake dans son délire poétique. Leur ouverture progressive, car je suis convaincu qu'elle est loin d'être terminée, aura sans aucun doute des implications profondes pour la science, pour la religion et pour chacun d'entre nous. Elle remet en cause autant de croyances erronées que de fausses certitudes. Comme nous allons le voir.

CHAPITRE 8

LA RÉVOLUTION DE L'ÂME

« Un jour, une fois, quand nous aurons maîtrisé les vents, les marées et la gravité, nous exploiterons pour Dieu les énergies de l'amour. Alors, pour la seconde fois, l'homme aura découvert le feu. »

PIERRE TEILHARD DE CHARDIN

ET SI C'ÉTAIT VRAI ? Et si une partie impérissable de nous-mêmes – notre âme – naviguait entre un monde immatériel sans contraintes empreint de sagesse et d'amour et le monde physique avec ses défis, ses violences, ses peurs, mais aussi sa capacité irremplaçable à réaliser des œuvres, à faire le fameux « bien que nous voulons » plutôt que de commettre, comme saint Paul, « le mal que nous ne voulons pas » ? Et si notre cœur, vecteur de nos émotions, était le siège de notre âme dont notre cerveau-filtre, notre cerveau-censeur bloque plus ou moins l'accès à la conscience universelle dont elle fait partie ? Et si, par l'intermédiaire justement de cette conscience, nous étions reliés à tout ce qui est, qui a été et qui sera plutôt que des êtres singuliers « seuls dans l'immensité indifférente de l'univers, dont nous aurions émergé par hasard » pour paraphraser Jacques Monod ? Les implications d'une telle vision bien difficile à vérifier en laboratoire sont évidemment colossales, aussi bien pour chacun d'entre nous que pour ces deux gardiens du temple des vivants que sont la science et la religion. Il nous faut revoir bien des copies, réexaminer bien des démarches scientifiques, dépoussiérer bien des textes sacrés si nous voulons éclairer notre chemin, si nous voulons quitter le monde des ombres projetées sur les murs de la caverne de Platon pour contempler la Lumière éclatante de notre destinée.

L'ÂME ET NOUS

Libanais émigré aux États-Unis, Khalil Gibran était un essayiste discret, peintre à ses heures. Il a laissé une œuvre réduite, mais son grand petit livre *Le Prophète* a fait le tour du monde et j'en recommande vivement la lecture. Un sage revient dans son village dont les habitants le pressent de questions sur la Vie, la Mort, le Travail, l'Amour, le Couple… Ses réponses sont cursives mais empreintes, on s'en doute, de sagesse. Voici ce que lui inspirent les enfants :

Vos enfants ne sont pas vos enfants.
Ils sont les fils et les filles de l'appel de la Vie à elle-même.
Ils viennent à travers vous, mais non de vous.
Et bien qu'ils soient avec vous, ils ne vous appartiennent pas.
Vous pouvez leur donner votre amour, mais non point vos pensées
Car ils ont leurs propres pensées.
Vous pouvez accueillir leurs corps, mais pas leurs âmes,
Car leurs âmes habitent la maison de demain, que vous ne pouvez visiter, pas même dans vos rêves.
Vous pouvez vous efforcer d'être comme eux, mais ne tentez pas de les faire comme vous.
Car la vie ne va pas en arrière, ni ne s'attarde avec hier.
Vous êtes des arcs par qui vos enfants, comme des flèches vivantes, sont projetés.
L'Archer voit le but sur le chemin de l'infini et Il vous tend de Sa puissance pour que Ses flèches puissent voler vite et loin.
Que votre tension par la main de l'Archer soit pour la joie ;
Car, de même qu'Il aime la flèche qui vole, Il aime l'arc qui est stable.

Gibran était profondément chrétien. La métaphore de l'Archer est sans ambiguïté. Même si rien n'indique qu'il ait cru à la réincarnation, il ne paraît pas exclure la migration des âmes chère à Origène (voir chapitre 4). Je suis depuis longtemps convaincu que mes enfants ne sont pas tout à fait mes enfants. Une composante essentielle d'eux-mêmes, leur âme (voir chapitre 1), est venue d'ailleurs se fixer au fœtus si admirablement logé dans le ventre de leur mère. À la conception ? Au bout de quarante jours ? À la naissance ? Les réponses divergent sur ce point au demeurant secondaire. En revanche, rien n'est plus faux que d'affirmer, comme nombre d'entre nous l'ont fait adolescents : « Je n'ai jamais demandé à naître ! » *Nous avons tous voulu naître à la vie terrestre*. L'Archer nous y a puissamment encouragés. Et, si j'en crois les explorateurs de la vie avant la vie (terrestre), comme MM. Schwartz ou Newton (voir chapitre 7), nos âmes ont même procédé à une étude de marché approfondie avant de jeter leur dévolu sur un couple de géniteurs, voire sur une femme seule ! Pourquoi ont-elles choisi telle époque, tel lieu, telle condition humaine ? Elles seules le savent et nous naissons amnésiques, mais il n'est sans doute pas inutile d'essayer de nous connecter à notre âme pour appréhender la réponse. Diverses techniques de communication sont possibles, j'y reviendrai. Il me paraît en tout cas vraisemblable que le choix procède d'une certaine « logique de l'âme ». Le but de son parcours terrestre est à double détente : faire l'expérience douloureuse, mais enrichissante du monde concret tout en transmettant à ce monde les valeurs d'amour qu'elle porte de toute éternité.

Aussi, si nous sommes bien évidemment les géniteurs de nos enfants, ils ne nous appartiennent pas, ils appartiennent au cosmos dont leur âme est venue pour accomplir une tâche terrestre. Elle se sent nécessairement orpheline, oubliée sinon abandonnée comme E.T. par sa famille d'origine. Dès lors, nous ne pouvons prétendre au rôle de guide si souvent adopté en toute bonne foi par les parents. Nous sommes d'abord des nourrices, des *care-takers* investis d'une noble mission, puisque nous avons été choisis. Et nous devenons progressivement les accompagnateurs aussi bienveillants que possible d'une démarche qu'il appartient à nos enfants de découvrir. Nous pouvons les y aider si nous avons pressenti, voire découvert le sens de notre propre vie, à savoir la diffusion de telle ou telle des « vertus divines » dont Robert Schwartz a dressé la liste. Après tout, notre âme est aussi réelle que celles de nos enfants ! Elle n'est pas venue pour posséder, pour dominer, pour vivre toutes les expériences possibles, mais pour diffuser de l'amour.

Que nous ayons tous des âmes modifie profondément notre relation aux autres. Notre ressemblance est en effet beaucoup plus grande que nos différences, quels que puissent être notre condition sociale, notre QI, notre force physique ou notre état de santé. Le concierge, l'épicier du coin, le chef de service, le SDF de la station de métro ou le jeune issu de la diversité qui traîne dans le jardin public en face de chez moi représentent autant d'âmes qui le plus souvent s'ignorent, mais qui viennent du même monde dégagé que nous. Tous le redécouvriront le jour de leur retour. À mes amis qui doutent légitimement de mes propos, je ne peux pas m'empêcher de dire, avec conviction : « Quand tu passeras de l'autre côté, tu te souviendras sans doute que quelqu'un t'avait décrit ce que tu vivrais. Tu te souviendras de moi. » Si j'ai effectivement raison, la mort n'est rien d'autre qu'une transition du physique vers le spirituel, du monde obstrué vers le monde dégagé. Elle laisse intact ce que nous avons de plus profond, de plus fondamental en nous-mêmes.

« Nos morts, nos pauvres morts ont de grandes douleurs », écrit Baudelaire dans un petit texte à la fois doux et macabre en l'honneur de sa défunte nourrice. Le jeune poète était manifestement marqué par la tradition catholique de prière pour les morts. Bien que fasciné par le surnaturel (ses traductions d'Edgar Poe sont plus belles que les originaux), bien qu'adepte des paradis artificiels, il n'avait pas encore exploré le paranormal, ni vécu, sous l'effet de l'opium, des états de conscience altérée qui ouvriront plus tard des portes à sa perception du monde. Il en était resté à la mort douloureusement ressentie, à la putréfaction des corps et à l'oubli des vivants. Si la mort représente en fait des retrouvailles, alors le silence et le froid des caveaux familiaux ne sont que le produit de nos croyances et des textes qui marquent notre inconscient. Les enterrements sont faits pour permettre aux vivants d'exprimer leur peine à la « perte » d'un être cher – qui ne leur a du reste jamais appartenu. Quant aux morts, reconnaissons que leurs âmes ne sont plus là, dans le cercueil ou dans l'urne – même si certains textes nous porteraient à croire qu'elles sont très satisfaites que leur mémoire soit ainsi honorée. Le respect de la tristesse ne doit pas empêcher les vivants d'exprimer leur joie à imaginer et à célébrer les retrouvailles de leurs chers disparus avec leur famille d'âmes. Nos enterrements souvent lugubres y trouveraient une nouvelle coloration plus conforme à ce que je crois être la réalité.

À L'APPROCHE DE LA MORT

Une étude très fouillée a été conduite dans les années 1970 par deux chercheurs adeptes des phénomènes psi auprès d'une population singulière, puisqu'il s'agissait de personnes hospitalisées approchant la mort. Mille questionnaires remplis par du personnel médical de cinq États de l'est américain et mille sept cents reçus de leurs homologues de l'État indien d'Uttar Pradesh, celui de la capitale, ont été dépouillés par l'équipe de MM. Osis et Haraldsson. Quatre cent soixante et onze personnes en phase terminale et cent vingt qui ont survécu avaient assisté à des apparitions, le plus souvent brèves (cinq minutes). Aux États-Unis, il s'agissait généralement de proches du malade, plus rarement d'anges ou de Jésus, alors qu'en Inde, les figures spirituelles dominaient. Parmi lesquels figuraient Krishna, avatar de Vishnu le consolateur, mais surtout des *yamdoots*, ou messagers de Yama, le dieu hindouiste de la mort. Le but des visiteurs était dans l'immense majorité des cas – 69 % aux États-Unis et 79 % en Inde – de venir chercher leurs mourants. Comment ces derniers réagissaient-ils ? Un seul des Américains a résisté à l'appel, alors qu'un gros tiers des Indiens n'étaient pas prêts à partir. Il est vrai que Yama représente une figure plutôt terrifiante de leur panthéon. On imagine aussi que la croyance des Indiens au mauvais karma de leurs vies successives, ainsi qu'à la loi du *samsara*, cette roue qui nous fait éternellement tourner en rond, ne les incite guère à envisager la mort avec sérénité. La vie éternelle promise aux chrétiens est autrement plus réconfortante (même si elle risque de mal se terminer le jour du Jugement dernier).

Or les sondages confirment qu'une majorité d'Américains croient à la vie après la mort. Commentaire des deux enquêteurs : « S'il existe un monde de survie *post mortem*, il paraît vraisemblable que les morts nous donnent un coup de main pendant notre transition vers leur type d'existence. » Ils ont aussi découvert que ces « hallucinations » – c'est leur propre terme – modifiaient sensiblement l'état d'esprit de ceux qui en avaient fait l'expérience : selon les médecins et infirmières à leur chevet, à la déprime et à la souffrance succédait le plus souvent la paix et la sérénité. La mort n'est pas notre ennemie, elle peut être accueillie avec bienveillance. Pour répondre par avance aux ricanements des sceptiques, MM. Osis et Haraldsson précisent dans leur ouvrage *At the Hour of Death* que 80 % des « hallucinés » étaient sans médication forte, que 8 % seulement avaient une température supérieure à 38° C et que moins d'un sur cinq était dans un état de conscience sérieusement dégradé. On peut ajouter qu'ils auraient pu s'attendre à un biais psychologique négatif de la part d'un corps médical encore relativement fermé à tout indice de l'au-delà !

Revenons aux vivants. Si je ne perçois pas spontanément mon voisin comme mon frère, notre origine commune nous rapproche. À un moment où le fanatisme religieux s'exprime de manière particulièrement violente, où les conflits armés locaux se multiplient et où la course à la productivité et au profit maximal provoque une sérieuse dégradation de notre environnement physique et jette en permanence des travailleurs à la rue, tout renforcement des solidarités au détriment de la concurrence paraît bienvenu. Selon mes amis du collectif Alana, la multiplication récente des catastrophes naturelles aurait précisément pour objet de susciter des élans de solidarité entre les hommes, à tisser de liens naturels que l'individualisme caractéristique de notre époque a singulièrement distendus. Un usage moins narcissique qu'aujourd'hui des réseaux sociaux peut aboutir aux mêmes résultats. Les monnaies alternatives ou l'intelligence collective, qui se développent, sont aussi porteurs de liens, à condition que leur objet soit bien compris. Il ne s'agit pas de créer des enclaves, des tribus, des sociétés à l'écart du monde, mais d'œuvrer ensemble à l'avènement d'un monde plus fraternel, plus juste, plus vrai et donc forcément plus beau. Toutes les initiatives allant dans ce sens sont les bienvenues ! Le 10 décembre 2013, dans son éloge funèbre à Nelson Mandela, Barack Obama l'a salué comme la personnification de l'*ubantu*, un vocable commun à toutes les langues sud-africaines, qui signifie, selon les propos du président des États-Unis, que « nous sommes tous liés d'une manière qui échappe au regard ; qu'il y a une unité à l'humanité ; que nous nous réalisons en partageant avec les autres et en prenant soin de ceux qui nous entourent ». Un dicton bantou veut que « je sois qui je suis parce que vous êtes qui vous êtes ». À pratiquer sans modération.

L'évolution du lien humain passe nécessairement par l'émergence dans nos sociétés des valeurs féminines. La fameuse libération de la femme dans les pays développés ne les a guère révélées pour le moment. L'accès massif des femmes aux fonctions jusqu'alors réservées aux hommes n'a fait qu'augmenter le contenu *yang* du monde économique et politique-ambitieux, agressif, compétitif – au détriment de son contenu *yin* – discret, empathique, harmonieux, au point de créer un impressionnant excès de yang. Quoi de plus prévisible ? Dès lors que le modèle dominant avait été de tout temps marqué du sceau des valeurs masculines, les femmes n'avaient d'autre choix que de l'adopter sans l'adapter. Sinon, les portes se seraient fermées devant elles. Elles sont ainsi devenues coureuses de marathon, policières, conductrices d'engins, cadres d'entreprise, administratrices de sociétés ou ministres au détriment inévitable de leur féminité. Elles ont imité, elles n'ont guère créé. Et, sans le dire, elles se sont fait violence. Leur libération était à ce prix. Mais n'ont-elles pas perdu le contact avec leur féminin profond ? On attend toujours un traité de management inspiré par des valeurs féminines, voire une femme prix Nobel d'économie. Leurs thèses pourraient s'avérer utopiques, voire subversives. Mais notre monde a précisément besoin de subversion, voire d'utopie s'il veut retrouver le sens qu'il a perdu.

Or il existe une filiation directe entre l'âme et le féminin profond. L'une et l'autre sont liés par le besoin d'amour, la recherche de l'amour, le témoignage de l'amour. Le projet de notre âme n'est pas yang, il est yin, précisément. Tout le contraire du projet de notre ego : le pouvoir, l'argent et le sexe, en quantité aussi illimitée que possible. Aurobindo nous rappelle (voir chapitre 3) que notre âme est un monarque constitutionnel, qui règne en laissant gouverner ses ministres – nos pulsions, nos désirs, notre raison. Son souhait le plus fervent était néanmoins que cet élément spirituel impose subtilement sa volonté. « Derrière chaque grand homme, cherchez la femme » nous dit la sagesse populaire. La femme intuitive qui inspire, qui insuffle sans pour autant gouverner. Il fut un temps où cette observation était exacte. Mais maintenant que les femmes sont sorties de l'ombre du yin pour se manifester au soleil du yang, elles ne peuvent plus avancer masquées. Et puis, elles ont désormais droit à cette visibilité. Autant en profiter. Il leur appartient de nous aider à inventer un monde nouveau, qui réconcilie le matériel et le spirituel. Elles sont mieux placées que les hommes pour montrer le chemin. Il leur reste à oser l'ouvrir. Cela viendra.

À L'ÉCOUTE DE NOTRE ÂME

Plus j'avance dans ma recherche et plus je m'aperçois que plutôt que d'*avoir* une âme, nous *sommes* notre âme. Mais comment nous connecter à notre corps subtil, comment contacter notre âme pour connaître *son* projet de vie ? La tâche n'est guère aisée. Il n'est pas donné à tout le monde de vivre une NDE, de découvrir un être de lumière au pied de son lit ou de subir une épiphanie. En dépit de notre amnésie, nous disposons d'une panoplie d'outils internes et externes. À commencer par notre capacité d'écoute, mais aussi d'interprétation des messages, souvent furtifs, de nos émotions (le cœur) ou de notre supraconscience (le cerveau). Tirons donc sur les cordons d'argent invisibles qui nous relient de manière ténue à Tout ce qui Est. Les uns feront appel à leurs rêves fondateurs, et si je comprends bien, répétitifs, car le sommeil serait la récréation de notre âme. Il faut consigner de tels rêves, sur un bloc-notes ou un téléphone portable à portée de son lit. Ils ont guidé Jung tout au long de sa vie. J'ai découvert tardivement, en terminant ce livre, la pensée d'un esprit qui se prénomme Seth. De 1963 à sa mort en 1984, Jane Roberts, un médium américain a servi à Seth de *channel*. Son époux a consigné six mille pages dactylographiées de réflexions de Seth, dont j'ai lu quelques extraits éblouissants dans l'une des transcriptions, *Seth parle*, un livre entièrement conçu et dicté par son auteur de l'au-delà. Il affirme notamment que l'âme n'a pas besoin d'un corps pour exercer ses facultés de perception, ce que confirme à l'évidence la capacité de communication des esprits qui opèrent *via* les channels. Comme dans les traditions juive et musulmane, le sommeil libère l'âme des contraintes du corps physique. « À un certain degré de sommeil, dit Seth, la perception de l'âme fonctionne *relativement* (souligné par lui) sans obstruction. Vous buvez, si l'on peut dire, à la source pure de la perception. N'ayant pas d'expression physique, ces expériences s'évanouissent au réveil. » Dommage, même si, selon lui, elles peuvent inspirer des rêves la nuit suivante. Il ouvre néanmoins une porte : « Ce niveau de conscience n'a pas encore été identifié par la science. Une énergie est générée qui rend possible l'état de rêve. »

D'autres qui comme moi rêvent de manière incohérente peuvent chercher ailleurs des signes. En repérant où et avec qui ils se sentent bien, en communion inattendue. Tel paysage, tel visage, telle musique, tel tableau s'imposera comme un reflet inattendu de cette part subtile d'eux-mêmes. Ils se l'approprieront. Et ce faisant, ils découvriront un aspect inconnu ou plutôt ignoré de leur identité. D'observateurs ils peuvent aussi devenir acteurs. La danse, la peinture, le théâtre, le chant sont autant d'activités productrices de ces frissons témoins d'une âme active. J'ajouterai même, comme Cyrano de Bergerac mourant « c'est bien plus beau lorsque c'est inutile ». En apparence inutile, bien évidemment. Soyons attentifs aussi. Des cailloux d'or sont constamment jetés sur le chemin de nos vies par nos guides/accompagnateurs. Obsédés par les désirs et les blessures de notre ego, nous n'y prêtons pas suffisamment attention. Plus nous serons attentifs et plus les synchronicités se multiplieront. Devenons des ramasseurs de cailloux !

L'intuition, cette information qui s'impose d'emblée est une faculté très répandue qu'il convient de cultiver. J'ai rencontré il y a trois ans Matthieu, un spécialiste du capital-risque. À la suite de la lecture d'un petit manuel sur le sujet, il avait pris la décision d'écarter tout message venu de sa raison pour faire confiance exclusivement à son intuition. Plutôt audacieux pour une personne qu'un mauvais choix d'investissement pouvait ruiner rapidement ! « Je ne me suis jamais senti aussi bien, m'avait-il affirmé. Je suis en accord avec moi-même. Tout est fluide. »

Mon scepticisme naturel, que ce livre peut sembler contredire, m'a poussé à le revoir plus récemment. Était-il toujours aussi déterminé ? Telle intuition ne l'avait-elle pas égaré ? « Pas le moins du monde, m'a-t-il confirmé. Je n'ai pas bougé. Il m'arrive de donner aux autres l'impression de perdre du temps, car, tant que mon intuition n'est pas au rendez-vous, je ne fais rien. Je lui accorde toute ma confiance et mon associé en finance en a pris son parti. J'ai même parfois l'impression d'être protégé. » Par qui, sinon par son daïmon ? L'intuition est d'autant plus essentielle qu'elle est mal comprise par les thérapeutes. Il s'agit d'un espace de liberté pour notre moi profond : protégeons-le précieusement contre les explications pseudo-rationnelles de sa nature.

Certains d'entre nous sont des adeptes du verbe. Parler, écrire font partie de leur quotidien. À eux je recommanderai l'écriture, en engageant une conversation avec eux-mêmes. Cette démarche m'a plutôt réussi dans la mesure où j'ai découvert un aspect méconnu de ma personnalité. Il s'agit en tout cas pour moi d'un mode de connexion partiel et fugace au Tout. L'écriture automatique aussi. Elle ne nous renseigne pas sur nous-mêmes, mais elle peut ouvrir bien des portes.

Puisque nous sommes des êtres spirituels venus vivre une vie matérielle, les exercices spirituels sont susceptibles de nous rapprocher de notre projet de vie. Les résultats sont sans doute inégaux. Je pratique de manière un peu trop irrégulière le yoga depuis une vingtaine d'années. « Lequel ? » me demande-t-on de manière récurrente. « Il n'y a qu'un seul yoga ! » me répondait invariablement Arlette, mon initiatrice aujourd'hui retournée au monde dégagé. Dont acte. Le yoga m'a toujours apaisé et détendu, mais je n'y ai jamais trouvé le sentiment de complétude et d'éveil qu'on lui prête. Il s'agit peut-être davantage d'une mise en condition. Il en va de même, en tout cas pour moi, de la méditation. Elle me vide la tête du babil incessant de mon mental et, dans certaines circonstances, elle me connecte avec cette « autre chose » qui appartient au monde dégagé.

Connexion fugace, mais réelle. Je sais que d'autres pratiquants vont beaucoup plus loin que moi et que l'apprentissage est à la fois long et lourd. Comme l'a dit un jour un contemplatif dont je ne me souviens pas du nom : « Tout le monde veut être éveillé, mais personne ne veut changer. » L'aptitude au changement fait pourtant partie de notre parcours.

La prière représente pour moi l'exercice spirituel le plus efficace, le mieux adapté au contact avec notre âme ou avec notre guide. Je ne pense pas qu'elle soit faite pour obtenir quelque chose, un succès professionnel, une relation amoureuse, une somme d'argent. La prière a deux objectifs : l'aide et le remerciement. Quand je me sens mal, quand je dois affronter une épreuve, la peur m'étreint et je demande du secours. « Aidez-moi ! Donnez-moi des forces ! » Le résultat est généralement spectaculaire : l'appel a été entendu et la peur s'estompe. Nous sommes aidés par notre âme et notre esprit. Tel est leur rôle le plus éminent. Il paraît que « n'aie pas peur » est la phrase la plus souvent répétée dans la Bible. Vaincre nos peurs – et elles sont nombreuses – est le seul moyen de recoller au chemin de notre âme, de ne pas quitter sa route. Après tout, n'a-t-elle pas surmonté la peur existentielle de venir dans notre monde ? Je doute qu'il y ait un obstacle plus formidable à franchir que notre naissance.

La prière de reconnaissance et de louange s'impose tout naturellement. « Merci pour l'aide, merci de me permettre d'avancer, merci à cette vie que je peux espérer réaliser. » Peu importe que nous remerciions Dieu ou notre guide puisqu'ils sont faits de la même essence. Peu importe, me semble-t-il, que nous priions chez nous ou dans un lieu chargé d'énergie comme une église, seuls ou dans un groupe (je me méfie des collectifs qui encouragent l'exaltation et la surenchère dans le Bien), ce qui compte, c'est évidemment l'intention. La prière est un message venu du cœur. Je ne doute pas qu'il soit entendu.

L'ÂME ET LA SCIENCE

Toute démarche scientifique est fondée sur des hypothèses à valider expérimentalement, de manière à les ériger en théorie explicative d'un phénomène. Des découvertes majeures comme l'héliocentrisme (la Terre tourne autour du Soleil, et non l'inverse), l'électromagnétisme, la reproduction cellulaire ou l'inconscient relèvent toutes de ce processus. Ce livre postule au moins trois hypothèses : l'existence de l'âme, l'existence d'un macrocosme dont notre univers physique fait partie, l'existence d'une Source dont tout procède. Curieusement, ces trois hypothèses sont intégrées à de nombreuses croyances religieuses. La croyance est cependant l'ennemie jurée du savant. Il s'en tient aux faits même si certains, comme la gravitation, restent encore difficiles à cerner trois cents ans après avoir été postulés. Pouvons-nous imaginer un jour que la communauté scientifique reconnaisse l'âme, le macrocosme et la Source comme des réalités démontrables à défaut d'être visibles ? Après tout, on n'a jamais vu un atome d'hydrogène.

Commençons par l'âme. Je rappelle, pour la bonne bouche, qu'étymologiquement, la psychologie est l'étude de l'âme (*psu'che* en grec) et non celle de l'esprit (*pneuma*), comme c'est le cas depuis que cette « science » existe. Il est vrai que la pneumologie avait déjà été revendiquée de longue date par les spécialistes du système respiratoire lorsque la psychologie a pris son essor. À quand l'étude des messages de l'âme par les psychologues ? Nous en sommes loin. Interviewé il y a quelques années, Claude Braun, professeur de psychologie à l'université du Québec à Montréal, résume parfaitement la situation : « L'objet des psychologues, c'est l'âme. Sauf que nous n'appelons pas ça l'âme. Nous appelons ça le cerveau. Pour nous l'âme n'existe pas. L'âme ne se retrouve dans aucun cours universitaire en psychologie. Et, dans la pratique, le psychologue ne peut pas en parler puisqu'il lui est interdit d'avoir recours à des concepts incompatibles avec la science. » Dommage, car il est vraisemblable que nombre de névroses, voire de psychoses tiennent à la discordance entre les pulsions de notre ego et le projet de notre âme. La dépression ou la bipolarité, si fréquents de nos jours dans le monde occidental, m'apparaissent comme des manifestations possibles de cette discordance. Tout psychologue digne de ce nom me semble devoir tenter de remédier aux souffrances de l'âme. Étudier l'âme est inévitablement assimilé à une démarche religieuse et, les magistères ayant été depuis longtemps séparés entre religion et science, entre la foi et les faits, la science n'y touche pas. Or, *point n'est besoin de croire en l'existence de Dieu pour croire en l'existence de l'âme.* Il suffit de postuler l'existence d'un autre niveau de réalité que la matière, ce dont sont intimement convaincus les psychologues.

L'INCONSCIENT SPIRITUEL

Titulaire des chaires de neurologie et de psychiatrie à l'école de médecine de l'université de Vienne, Viktor Frankl est déjà un praticien reconnu lorsqu'en 1942, il est déporté avec toute sa famille dans les camps de la mort. Il tirera de cette expérience monstrueuse un petit livre dont la première édition française – *Un psychiatre déporté* – traduit de manière très parcellaire le message. Les Anglo-Saxons l'ont édité sous le titre *Man's Search for Meaning*, ou l'homme en quête de sens et en ont fait un best-seller. Frankl est en effet convaincu que le principal moteur humain n'est pas, comme le voulait Freud, le principe de plaisir, ni, comme le voulait Adler, la volonté de puissance, mais la volonté de sens. C'est parce que sa vie avait pour lui un sens qu'il a survécu aux horreurs et aux humiliations d'Auschwitz et de Dachau. Selon lui, le besoin de sens provient de notre « inconscient spirituel », totalement négligé, voire rejeté par ses deux illustres prédécesseurs viennois. « Rien, écrit-il, n'autorise à parler, comme on le fait souvent, de l'homme comme d'un *tout psychosomatique*. Le corps et le psychisme peuvent bien former un ensemble, disons une *unité* psychosomatique, mais jamais, au grand jamais cette unité ne pourra représenter la totalité humaine. À cette unité s'intègre aussi, comme son être propre, le spirituel pour former l'homme total. »

Voilà donc une pensée originale et déviante par rapport à la vision mécaniste réductrice de la psychanalyse traditionnelle. Pour Frankl, c'est notre inconscient spirituel qui produit notre conscience morale et nous dicte sans réflexion, de manière intuitive, les grandes décisions existentielles qui émaillent nos vies. Sur ce fondement il a bâti sa démarche de « psychologie existentielle » et la pratique de ce qu'il a appelé la « logothérapie », ou thérapie du sens. Il s'agit en l'occurrence d'aider le sujet soit à consolider tout ce qui a donné du sens à sa vie, notamment quand elle touche à sa fin, soit à trouver ce qui pourrait lui donner du sens lorsqu'il est plus jeune. Selon Frankl, en effet, plus de la moitié des névroses seraient de nature « noogène », c'est-à-dire imputables à un vide existentiel. L'absence de sens si caractéristique de notre époque est en effet existentiellement frustrante, voire insupportable. Or le sens est notre attribut le plus précieux. Nous sommes cependant seuls à pouvoir le trouver, le thérapeute n'étant qu'un accoucheur au sens où l'entendait Socrate.

Non seulement la logothérapie ajoute une pièce majeure – le spirituel – au dispositif de notre inconscient, mais elle reconnaît le sentiment religieux comme un « suprasens » donné aux vies des croyants. La religion n'est plus ni l'opium du peuple, ni une construction mentale destinée à nous faire échapper à la peur de la mort, elle est un guide puissant dans le parcours des vies de ceux pour lesquels elle représente le sens ultime. La bonne nouvelle est que cette approche thérapeutique audacieuse se développe alors que son initiateur a quitté ce monde depuis près de vingt ans. Je ne peux que lui souhaiter longue vie, moi qui suis convaincu que le sens ultime nous est donné par notre âme, ce monarque constitutionnel qui ne gouverne pas (Aurobindo), cette composante cachée de notre être (Hillman).

Comment appréhender l'âme, non pas la sienne, mais celle d'un quidam ? Mes amis du collectif Alana avec lesquels j'ai le privilège de communiquer par-delà la mort m'ont mis sur deux pistes. La première concerne les bambins. « Vous devriez jeter un coup d'œil sur les bébés et les poupées à New York », m'ont-ils suggéré. Aussitôt dit, aussitôt fait. Mon fidèle Google m'a tout de suite branché sur les travaux de Paul Bloom, de l'université Yale, proche de New York en effet. Son épouse et lui ont créé un « labo à bébés » avec pour objet d'étudier – tenez-vous bien – le sens moral des tout-petits. Ils rompent ainsi avec la vision rousseauiste du bébé considéré comme un parfait idiot, de même qu'avec celle de Freud, pour qui nous naissons comme des animaux amoraux.

Leurs expériences ont été publiées depuis 2007 dans des revues dites « à référés » comme *Nature*. Ils ont notamment soumis des bébés âgés de six mois au test suivant : une poupée tente d'ouvrir une boîte contenant un jouet, une autre vient à son secours, tandis qu'une troisième saute ostensiblement sur la boîte pour la maintenir bien fermée. À laquelle des deux dernières poupées vont les suffrages des bébés ? À 75 %, la « gentille » qui aide est préférée à la « méchante » qui ferme la boîte. Par quelle méthode de mesure ? Le bébé indique sa préférence par le regard ou en tendant le bras vers la poupée choisie. D'autres tests effectués sur des enfants un peu plus âgés ont confirmé cette trouvaille. Pour le couple de chercheurs, ils infligent un démenti formel aux thèses « comportementalistes » (voir chapitre 1) qui veulent que le sens moral soit un acquis. Ils légitiment donc, par élimination, leur nature génétique. Bloom est catégorique : « Il existe une morale universelle partagée par la race humaine. Ses racines sont biologiques. » On ne lui fera pas attribuer ce sens inné à une quelconque âme, à laquelle il ne croit pas une seconde. Dommage, car le regard étant considéré comme le reflet de l'âme, à commencer par celui des bébés, j'aurais été ravi qu'il introduise cette troisième composante dans sa conclusion. Elle pourrait nous en dire long sur ce qu'une conscience de bébé retient du message de son âme. Mais c'était trop demander à un rationaliste. Les bébés de Bloom auraient en revanche séduit Viktor Frankl, lui qui affirmait : « Il existe une perception prémorale des valeurs, antérieure à toute morale explicite et c'est justement en cela que consiste la conscience. »

QUAND L'ÂME S'EN VA SUR LA POINTE DES PIEDS

Alana m'a aussi poussé à me pencher sur la maladie d'Alzheimer. Pourquoi ce sujet ? Leur réponse a été très explicite. « Les victimes d'Alzheimer sont intéressantes, car leur condition montre la fragilité de notre identité. Leur perte progressive d'attachement représente à la fois une véritable tragédie pour leurs proches et la chute libre de leur âme. L'identité représente la clé du processus. L'identité est une étiquette. Le rétrécissement du monde physique permet désormais à chacun de disposer de plusieurs identités. Alzheimer braque le projecteur sur ce phénomène. Une personne qui subit ce dérèglement est étiquetée comme étant un être humain sans identité. Selon Alana, « *elle ne souffre pas émotionnellement*. Si seulement ses proches pouvaient regarder son déclin sous un angle spirituel. » À en croire ce message, Alzheimer représente un passage progressif – et non brutal, comme la mort – de notre monde à l'autre.

J'ai éprouvé de grandes difficultés à me faire à cette idée, tout en gardant ma confiance dans les préconisations d'Alana. Comment imaginer qu'une personne puisse ne pas souffrir alors qu'elle voit ses facultés cognitives lui échapper les unes après les autres comme des enfants quittant le nid familial ? J'ai posé la question à de nombreuses personnes de mon entourage confrontées à la maladie. J'ai eu l'impression de leur parler chinois, même à celles qui étaient religieuses. Elles étaient au mieux incrédules, au pire choquées. J'étais néanmoins convaincu que la piste ne se terminerait pas en cul-de-sac.

Puis j'ai découvert, dans les écrits posthumes de Frederic Myers un paragraphe sur « la mort consécutive à une période de sénilité ». Voici ce qu'il en dit : « Les personnes très âgées peuvent, avant de quitter la terre, perdre en partie leur mémoire ou leur perception des faits, leur pouvoir de compréhension. Ce déclin tragique fait souvent perdre à celui qui l'accompagne sa foi en l'au-delà. Car, dans ces circonstances, l'âme est identifiée au cerveau. Il s'agit néanmoins d'une mauvaise analyse. L'âme, le vrai Soi a été forcée de se retirer dans le double [lisez : astral] pendant les heures de veille, car le cordon liant le cerveau à sa contrepartie éthérique [voir chapitre 7] a été endommagé ou rompu. Le corps physique est maintenu en activité par le second cordon [lisez : celui du cœur] et par les fils qui adhèrent encore aux deux formes. Aussi *la personne âgée concernée n'est pas sans conscience* [souligné par moi]. Elle s'est simplement éloignée quelque peu de vous et n'a nul besoin de votre pitié, car, à travers son retrait, sa perception est confinée à son corps unifiant – son corps de résurrection. » En somme, l'âme prépare son retrait du corps physique. Ces propos remontent à 1931, lorsque la dégénérescence cellulaire était qualifiée de gâtisme. Octave, le grand-père de mon ex-épouse (voir chapitre 5) est mort gâteux. Il était pourtant en pleine forme lorsque je l'ai connu !

La lecture du texte de Myers m'a renvoyé à mon fidèle Google et à la relation possible entre l'âme et Alzheimer. Sa version française ne m'a rien appris, à part la lecture d'un beau texte d'André Comte-Sponville sur son père. Je n'attendais guère de sa part une réflexion sur l'âme. La version anglaise du site s'est avérée plus riche. On y trouve en effet tout et son contraire. Un vrai débat. Pour les uns, « la maladie d'Alzheimer montre que l'âme n'existe pas ». Pour d'autres, elle indique au contraire à quel point « l'âme est ouverte et aimante ». Une femme rabbin américaine du centre médical Cedars-Sinaï de New York revoit sa mère chantant Aliyah à une *bar-mitsva* sans savoir où elle était. « La musique permet de toucher l'âme », écrit-elle. Une autre insiste sur les phases que traversent ceux qui sont atteints de cette dégénérescence neuronale : la colère, puis la violence, la dépression, la régression en enfance et l'oubli de la vie courante. Une troisième va plus loin dans un petit livre de témoignages de juifs pratiquants sur leur vécu d'Alzheimer.

Michele Brandt Medwin, optométriste devenue femme rabbin, a vu décliner son père bien-aimé. « J'ai réalisé, écrit-elle, qu'il est réconfortant de penser que la "personne" que je connaissais n'est pas vraiment partie, mais qu'elle est simplement partie pour moi. Où est-elle donc allée ? » Et de rappeler que, selon la tradition juive, l'âme et le corps sont ensemble dans la vie, mais séparés à la mort. « Appliquons ce principe, de manière particulière, à Alzheimer. Imaginons que l'âme de la personne atteinte quitte occasionnellement le corps avant même la mort physique. » Elle navigue entre ciel et terre. Michele en conclut que la personne en face d'elle n'est plus tout à fait son père, qu'« elle est en Dieu au lieu d'être avec elle ». Comme si elle avait lu Myers ou écouté Alana ! Je suis retourné voir ceux parmi mes proches qui avaient accompagné des personnes atteintes d'Alzheimer. Et il m'est apparu que je les avais mal questionnées. Plusieurs d'entre elles m'ont confirmé que si en l'occurrence leur mère avait bien perdu le lien avec la raison, elle n'avait nullement perdu les liens du cœur. Bien au contraire, elle manifestait encore, souvent de manière confuse, l'affection qu'elle avait toujours portée aux autres. Le cordon de la conscience avait été endommagé, mais le cordon du cœur était resté intact, donnant du crédit à la description de Myers.

Google m'a aussi ouvert les yeux sur un bien singulier phénomène, celui de la « lucidité terminale ». Il apparaît qu'avant de quitter ce monde, certaines personnes atteintes de maladies neurologiques graves, dont Alzheimer, retrouvent subitement tout ou partie leurs facultés cognitives. Consignés pourtant depuis la fin du XVIIe siècle, les cas de lucidité terminale sont encore bien trop peu nombreux pour être signifiants. Mais leur existence possible a poussé une équipe de chercheurs financée par la principauté du Liechtenstein à lancer une vaste étude auprès du personnel soignant des hôpitaux de trois grands pays européens, l'Allemagne, la Suisse et l'Autriche. La lucidité terminale est-elle une réalité ? A-t-elle un lien avec les NDE, dans la mesure où, dans les deux cas, la capacité cognitive du sujet est très dégradée ? Comment préparer la famille et les soignants à sa manifestation ? Les résultats préliminaires de cette étude lancée en 2014 sont loin d'être convaincants. Le taux de réponse aux questionnaires n'a été que de 4 %. Décevant. Deux cent vingt-sept dossiers de patients ont été examinés par les chercheurs et dans seulement un cas sur dix le phénomène est observé.

Je vous livre cependant ce commentaire d'une soignante : « J'étais devenue un peu cynique vis-à-vis des légumes humains dont je m'occupais. Je me rends désormais compte que je gère une couveuse pour l'immortalité. Si vous aviez vu ce que j'ai vu, vous comprendriez que si la démence peut affecter l'âme, elle ne peut pas la détruire. » Il se trouve que le responsable de cette étude, Alexander Batthyany, est non seulement un professeur respecté de psychologie, mais l'animateur de l'Institut Viktor-Frankl de Vienne et l'héritier spirituel du fondateur de la logothérapie. « C'est un peu, dit-il, comme si l'esprit (*mind*) se distanciait du cerveau malade, même de manière fugitive, à l'approche de la mort. Se pourrait-il que l'esprit soit caché derrière et contraint par le cerveau ? Comme la Lune éclipse le Soleil, le cerveau éclipserait le soi. » On croirait entendre Myers ou Huxley. Alex ne les a jamais lus ! Souhaitons que son entreprise apporte une nouvelle documentation au riche ensemble des observations déjà offert par les témoignages de diverses manifestations prémortelles, qui ne cessent de se multiplier. Comme si le monde dégagé avait hâte que notre monde obstrué prenne conscience de son existence.

Corps sans âme

Si notre âme devait retrouver droit de cité, la bioéthique y trouverait un formidable terrain de réflexion. Que penser par exemple des cœurs artificiels comme ceux que fabrique et implante la société Carmat ? Il s'agit évidemment d'une prouesse technologique, fondée sur l'analogie pertinente entre le cœur et une simple pompe. Et leur matière est présentée comme étant « biocompatible », propre à la vie matérielle, mais est-ce suffisant ? Le receveur n'en perd-il pas ainsi son âme ? Il est permis de se poser la question. Les transplantations du cœur soulèvent un problème différent. Transplanter un cœur revient en effet à doter parfois le receveur d'éléments constitutifs de la personnalité du donneur, comme le montrent clairement de nombreux exemples (voir chapitre 3). Les receveurs ne sont nullement préparés à ce qui ne représente ni plus ni moins qu'un « échange d'âmes ». Et s'ils n'en parlent pas, c'est soit qu'ils ne croient pas une seconde que le cœur puisse être le siège de leur âme, soit qu'ils n'osent pas évoquer les transformations qui se sont produites en eux, soit, enfin, qu'il ne s'est rien passé. Et puis, je n'imagine guère un grand patron de la transplantation se préoccuper de l'âme de son patient ! C'est avant tout un talentueux garagiste du vivant. C'est aussi, parfois, un apprenti sorcier. Je pense au clonage. À défaut de pouvoir créer la vie, l'humanité est fascinée à l'idée de la reproduire. Mais que signifie reproduire un être sans la composante de l'âme, qu'aucun savant ne saurait fabriquer ?

Mary Shelley, l'épouse du grand poète, avait imaginé le monstre de Frankenstein pour relever le défi lancé par Byron d'écrire une histoire de fantômes. Une légende juive voudrait qu'au XVIe siècle un certain rabbin Loew de Prague ait conçu le Golem, un géant d'argile pour protéger la population du ghetto des antisémites locaux. Pour lui donner vie, un mot de trois lettres inséré dans la bouche suffisait : *aleph-mem-tav* signifiant vérité. En retirant une seule lettre, *aleph*, le monstre était paralysé car *mem-tav* signifie mort. Il y a plusieurs versions de la fin du Golem, mais aucune n'est très réjouissante. Et pourtant, donner vie à l'argile, comme le faisaient les dieux antiques, est une ambition si forte qu'elle hante l'esprit humain. Mais créer une vie sans âme n'est-ce pas transgresser les lois de la nature qui nous sont encore inconnues ? Les docteurs Folamour fascinés par le clonage pourraient se poser la question.

Les apôtres de l'intelligence artificielle aussi. Ce sont les enfants du mariage entre la technologie et la neurologie. Il a inspiré l'école de psychologie dite « cognitiviste », qui domine la scène depuis un demi-siècle. Les tenants du cognitivisme réfutent le postulat des « comportementalistes » (voir chapitre 1) selon lequel nos attitudes et nos comportements seraient uniquement le fruit de notre environnement. Ils estiment que les états mentaux existent en eux-mêmes et jouent un rôle prédominant. Le cerveau et son mode de fonctionnement sont devenus très naturellement leur terrain de recherche. L'analogie avec l'ordinateur leur sautait évidemment aux yeux. Le cerveau et l'esprit (*mind*) ne sont pas sans correspondance avec le matériel et les logiciels informatiques.

Le cognitivisme et les progrès foudroyants des technologies de l'information ont débouché sur l'intelligence artificielle (IA) et la conception de machines réputées plus rapides et plus « intelligentes » que le cerveau humain. De telles machines peuvent dès aujourd'hui battre le champion du monde des échecs, sélectionner des livres qui nous plairaient ou trouver des restaurants à notre goût à proximité de chez nous. Que de telles machines puissent un jour s'affranchir de leur dépendance, voire nous asservir, ne relève pas de la science-fiction. L'astrophysicien Stephen Hawking dit d'ailleurs à ce sujet : « Réussir à créer de l'intelligence artificielle serait l'événement le plus important de l'histoire de l'humanité. Hélas, ce pourrait être le dernier. » Angoissant.

Que de telles machines puissent faire preuve d'intelligence et de créativité, certes, mais seront-elles douées de conscience ? Le lobe gauche de notre cerveau (voir chapitre 2) paraît bien fonctionner comme un ordinateur, qui analyse et trie les informations reçues de manière à nous permettre de fonctionner dans le monde physique. Si la théorie du cerveau-filtre est exacte, notre lobe droit est quant à lui branché sur l'univers tout entier *via* l'intuition. Mais l'intuition ne se programme pas. On doute qu'une machine, si perfectionnée soit-elle, puisse avoir accès à la conscience de tout ce qui est ! Raison de plus, sans doute, pour nous détruire… sans état d'âme.

Du microcosme au macrocosme

Comment notre monde physique peut-il communiquer avec le monde dégagé, avec le macrocosme ? La communication avec ce monde est pour le moment occasionnelle et n'obéit pas à des lois expérimentalement vérifiables. Nos instruments de mesure permettent néanmoins, comme nous le savons depuis longtemps, de mesurer des fréquences sonores ou lumineuses échappant à nos sens. Peuvent-ils, par analogie, appréhender notre corps subtil (ou astral, ou éthérique), celui auquel tant de mystiques et certaines traditions confèrent une réelle identité ? Nous pénétrons alors en eaux troubles, où foisonnent les capteurs d'aura armés de programmes informatiques souvent plus que douteux. Je ne connais guère que le chercheur russe Konstantin Korotkov comme référence dans ce domaine. Il a mis au point un appareil dit GDV (*gas discharge visualization*) susceptible de mesurer la décharge gazeuse émise notamment lorsque l'on passe de vie à trépas. « Le but, explique-t-il, est d'identifier les deux composantes de la nature humaine : le corps physique et la structure faite d'énergie et d'information qui perdure pendant un temps au-delà de la mort. » Il attache son appareil de mesure au bout des doigts des mourants. Et selon que la mort a été soit naturelle, soit inattendue, soit enfin brutale, les résultats sont sensiblement différents.

Comme un certain nombre de scientifiques contemporains, Korotkov est un adepte du phénomène des « champs » entendus comme des espaces favorisant certaines réactions ou produisant certains effets. Le champ électromagnétique existe, mais il n'est pas perceptible. Sa réalité tient au fait qu'il propage autant l'électricité que la lumière selon des formules mathématiques bien connues. Le champ gravitationnel est lui aussi bien connu, depuis que les équations d'Einstein ont démontré que l'espace-temps subissait une courbure à proximité d'une masse. À côté de ces champs de forces, pourquoi ne pas imaginer par exemple un champ d'information propre au corps humain, qui aurait pour effet notamment de provoquer la spécialisation de nos cellules de même que leur reproduction ? Le cancer, par exemple, pourrait être dû à un dérèglement de ce champ. La mystérieuse « énergie vitale » vénérée par les Chinois sous le nom de *qi* (ou *chi*) et par les Indiens sous le terme de *prana* pourrait s'expliquer par ce fameux champ d'information. Composé de photons émis par nos cellules, que Fritz-Albert Popp, un chercheur allemand contemporain, a qualifié de biophotons, ce champ ressemble selon Korotkov, à « une coquille délicate entourant chaque homme. Elle est en modification constante, parce qu'elle est ouverte sur l'environnement, avec lequel elle échange de l'information. » Et d'en déduire, dans son livre *Energy of Consciousness* que « ce champ est un lien entre l'individu et l'esprit universel ». Le champ de l'âme/conscience ? Il avoue son incapacité à le visualiser. Y arriverons-nous un jour ? « L'âme est non matérielle. Nous ne pouvons pas la mesurer. » J'ajouterai : pour le moment.

Si l'âme échappe à la science, le macrocosme fait l'objet depuis une centaine d'années de découvertes successives aussi spectaculaires que définitives… au moins pour un temps. Nous sommes ainsi passés d'un univers statique, du temps d'Einstein, à un univers en expansion à partir d'un big bang initial, sur lequel je reviendrai, à un univers en expansion accélérée, depuis que le télescope Hubble nous a révélé que les galaxies s'éloignaient les unes des autres à une vitesse croissante. Cette dernière découverte a permis de mesurer, désormais avec une grande précision, le contenu de notre univers. Il est composé à seulement 5 % de matière visible, y compris les gaz, à 26 % de matière sombre (ou noire) et à 69 % d'énergie sombre. La matière noire serait une sorte de glu invisible qui tient ensemble les galaxies – et même les amas de galaxies – tandis que l'énergie sombre serait responsable de leur éloignement accéléré les unes des autres. Les astrophysiciens, eux, ne paraissent pas embarrassés pour autant à l'idée que seulement 5 % de l'univers soit accessible aux instruments de mesure actuels. Des théories sont donc échafaudées pour expliquer ce qui manque et notamment les 69 % d'énergie sombre.

Pour la petite histoire, Paul Steinhardt, brillant professeur à Princeton, a qualifié cette énergie répulsive, puisqu'elle éloigne, de « quintessence », en hommage sans doute à Aristote (voir chapitre 6), qui voyait dans le cinquième élément la matière responsable de la fixité (!) du ciel étoilé. Ce n'est pas sa vision qui a retenu mon attention, mais plutôt celle d'un spécialiste des quasars, ces trous noirs qui émettent d'immenses radiations magnétiques. Astrophysicien au Smithsonian Institute de Harvard, Rudy Schild a publié plus de deux cents papiers dans les revues « à référés ». Elles auraient sans doute refusé la matière moins classique des conférences qu'il donne… chez les ufologues. Ce chercheur iconoclaste pense en effet avoir trouvé une réponse scientifique aux « miracles modernes » que sont pour lui la télépathie, les ovnis, les NDE, la vision à distance ou les fantômes. Il est convaincu que toute l'information du monde, ce que d'autres comme Ervin László (voir chapitre 7) appellent l'akasha est contenue à jamais dans d'immenses hologrammes avec lesquels notre cerveau pourrait entrer en résonance dans certaines conditions et sur la base du « lien au tout » que représenterait l'intrication quantique (voir chapitre 6), autrement dit la non-séparabilité des entités élémentaires. Un hologramme est une image en trois dimensions, qui peut reproduire un objet à deux ou à trois dimensions. Elle le fait le plus couramment par interférence entre deux rayons laser. La popularité des hologrammes chez les chercheurs tient au fait d'abord que leur capacité de stockage d'information est immense, ensuite qu'une partie d'un hologramme reproduit le tout, mais en un peu plus flou. Schild pense, comme d'ailleurs Ervin László, que, quand quelqu'un meurt, l'information quantique le concernant est préservée. Elle n'apparaît aux vivants que par résonance avec les propriétés quantiques de leur cerveau et de manière floue, car il s'agit d'un bout d'hologramme. Il est convaincu que les fantômes seraient faits d'une telle substance.

Hologramme ou pas, il en faudrait des « bits » zéro-un pour contenir la mémoire de l'univers ! Schild pense avoir localisé son « disque dur » dans les trous noirs, qu'il a rebaptisés MECO, ou *magnetic eternally collapsing objets* ou objets magnétiques à effondrement éternel. Il est convaincu que les trous noirs sont en fait des MECO. Ce sont eux qui fabriqueraient la fameuse énergie sombre répulsive si abondante dans l'univers. Mais, contrairement à ce que les théoriciens prêtent généralement aux trous noirs, les MECO de Schild *stockeraient sans la détruire* toute l'information sur le passé, le présent et le futur. Et cette information pourrait être captée – à l'occasion – par notre cerveau à une vitesse qui dépasse très sensiblement celle de la lumière. La thèse très controversée de Rudy Schild dépasse très largement mes compétences. Si je la présente, c'est parce que d'autres chercheurs contemporains sont arrivés à des conclusions voisines par d'autres biais encore plus complexes. Tous partent du fameux champ d'énergie que génère la danse incessante et infinie des entités quantiques.

Et tous sont convaincus de l'existence de deux hologrammes, l'un émetteur dans le cosmos, l'autre récepteur dans notre tête. Ervin László est, avec l'astronaute Edgar Mitchell, l'un des fervents apôtres de cette interprétation du monde. Il pense que le cerveau humain est un système quantique macroscopique, ou du moins qu'il possède des structures capables d'être le siège de phénomènes quantiques cohérents, c'est-à-dire en phase ou ordonnés. Ses structures peuvent entrer en résonance avec des sources d'information auxquelles elles sont liées, quasi instantanément, par la fameuse intrication (ou non-localité) des entités quantiques. Une communication à distance s'établit ainsi. Elle explique par exemple la télépathie ou la vision à distance. Et la clairvoyance ? Le phénomène est, lui aussi, de nature quantique. Or la mécanique quantique nous apprend que rien n'est jamais déterminé dans ce monde, tout au plus pouvons-nous affecter tel événement d'une probabilité d'occurrence. Nous ne saurons jamais prédire l'avenir avec certitude.

En revanche, nous pouvons très bien communiquer avec les morts, à condition d'admettre qu'ils sont encore bien vivants dans l'akasha. Les NDE seraient des bandes-annonces de notre vie de l'autre côté. Rudy Schild pense comme moi que le tunnel souvent évoqué est un « trou de ver », c'est-à-dire une singularité qui permet de rapprocher deux régions de l'espace-temps. Il est particulièrement intrigué par l'opportunité offerte à certains de ceux qui ont fait cette expérience d'être « partout à la fois » dans l'univers en même temps. « Un méga-trou de ver, selon lui, dans la salle des machines du Créateur. » Il se demande même si la fameuse énergie sombre n'est pas en train de multiplier les trous de ver. Or ce sont eux à qui nous devons les informations sur l'au-delà qui en effet se multiplient ! Ervin László, qui croit comme Schild à l'immortalité de l'âme, croit aussi, comme il l'a écrit dans la postface de son ouvrage collectif sur *L'Expérience akashique*, à la capacité de notre cerveau à capter de l'information par la voie quantique. « Niée par le monde moderne, cette information spontanée et extrasensorielle était bien connue des dépositaires de la tradition – les chamans, les hommes-médecine, les prophètes et les guides spirituels. Capter une telle information ne relève pas nécessairement de l'illusion, car elle n'est pas nécessairement *créée* par le cerveau, mais tout simplement *transmise*. La différence est fondamentale. Une information *créée* par le cerveau pourrait relever du fantasme, tandis qu'une information *transmise* trouve son origine dans le monde réel. » Un bon point de plus pour le cerveau-filtre (voir chapitre 6).

Rien qu'en 2014, l'insatiable octogénaire Ervin László a ajouté trois nouveaux livres à une production déjà considérable. Il paraît de plus en plus proche de son but : le nouveau paradigme akashique. Il suit désormais avec passion les travaux de Craig Hogan, l'animateur du FermiLab, l'accélérateur américain de particules. Notre univers est pratiquement plat. Il n'est donc pas absurde de lui prêter deux dimensions spatiales au lieu de trois. Hogan a entrepris ni plus ni moins que de vérifier si son hypothèse d'un univers informationnel ou akashique est correcte. Pour lui, en effet, tout dans l'univers est numériquement codé à sa surface, chacun de nous y compris, mais cet encodage est quantique, c'est-à-dire d'une dimension qu'aucun appareil de mesure n'a jamais exploré. Heureusement pour lui, à chaque quantum d'information, de 10^{-35} m de côté doit correspondre une image occupant un volume plus élevé (10^{-16} m^3). Et de ce fait détectable par un « interféromètre » géant qu'il a fait construire. La matière, le réel au sens d'Aristote, ne seraient que la projection en trois dimensions d'une information universelle inscrite dans un espace bidimensionnel. « Tout serait donné partout dans le même instant, effaçant la distance et le temps », s'enthousiasmait Ervin László lors en conclusion d'un colloque organisé en septembre 2013 à Paris par son club de Budapest. « Accéder à cette information changerait tout. La perception des mystiques et des chamans serait à la portée de tout le monde. Et la preuve serait donnée que nous fonctionnons tous sur le même logiciel. Cette découverte ne serait que les retrouvailles avec un vieux paradigme, celui d'un univers où tout est lié. Et puisque cette découverte est scientifique, elle pourrait emporter l'adhésion du plus grand nombre. Elle démontre qu'au niveau le plus profond, rien ne sépare la science de la religion. » On attend avec intérêt les résultats de cette passionnante expérience. Elle a connu des débuts laborieux et elle inspire, on s'en doute, de sérieuses réserves à la communauté scientifique. Ervin László guette avec impatience cette information qui pourrait changer le monde.

Avant le big bang

On peut aussi se demander combien de temps il faudra pour que la science admette que le big bang postule une origine à tout. Une source. Ce n'est peut-être pas par hasard que la théorie universellement admise du big bang récemment reconnue par le pape François ait été émise pour la première fois par un ecclésiastique belge astronome à ses moments. Nous savons grâce à Max Planck que le temps, la matière, l'énergie et l'espace ne sont pas apparus tout de suite, mais une minuscule fraction de seconde après la monumentale explosion initiale. En somme, il y avait quelque chose avant que naisse le monde « réel » observable par nos sens. Mais quoi, au juste ? « Le monde des formes, nécessairement », aurait répondu Platon. « Le moteur immobile », aurait affirmé Aristote. « Mon Père, tout simplement », selon Jésus. « Un logiciel », estiment les frères Bogdanov. Ces visions, car rien n'est encore prouvable, ont en commun de postuler une intention, une source, Dieu.

Les scientifiques rationalistes, qu'une telle hypothèse n'enchante guère, en ont conçu d'autres, à commencer par celle d'un univers cyclique montant en puissance, puis perdant son élan. Après le big bang, le *big crunch* (le grand repli), rassemblés plus récemment pour former le *big bounce* (le grand rebond).

Cette vision colle mal avec l'expansion actuelle, mais elle n'est pas exclue, car la fameuse énergie sombre n'ayant pas été présente dans les premiers temps, elle pourrait donc un jour diminuer. Des mathématiciens tentent laborieusement de formaliser cet univers.

D'éminents savants, à commencer par l'Américain Hugh Everett, ont aussi sorti de leur chapeau la théorie des *many worlds*, traduite par « multivers », où des univers parallèles, aux caractéristiques différentes du nôtre, se compteraient par milliers. Leur existence permet de faire l'économie d'une Source. Pourquoi pas ? Une telle hypothèse n'est pas réfutable, puisque nous sommes dans l'incapacité de connaître quoi que ce soit des autres univers. Elle n'est donc pas scientifiquement acceptable, ce qui n'a pas l'air de gêner ses supporters. Une équipe d'experts australiens et américains a publié récemment un texte tendant à prouver l'existence d'un nombre fini d'univers interagissant les uns sur les autres (et donc sur le nôtre) et levant le voile sur certains mystères quantiques. Nous serions une composante de *many interacting worlds*. Autant dire que le big bang dérange. Les explications scientifiques de sa nature profonde ne sont guère plus convaincantes que la description de la Création dans le premier livre de la Genèse.

Et si le big bang n'était le produit ni d'un accident ni du hasard, mais de *la* conscience universelle dont certains pensent qu'elle seule existe, la matière, l'énergie ou le temps n'en étant que des produits ? En 1928, dans *La Nature du monde physique*, le grand astronome et penseur de la science sir Arthur Eddington livre la « parabole des deux bureaux ». Sur le premier bureau est posée son épaule gauche tandis que sa main droite écrit sur une feuille de papier. L'ensemble respire la solidité. Et pourtant, la science nous apprend que le bureau et le reste sont surtout remplis d'un vide dans lequel circulent d'imperceptibles électrons autour de noyaux situés à des distances gigantesques. « Le monde de la physique, écrit Eddington, transforme le monde familier en jeu d'ombres. L'ombre de mon coude repose sur l'ombre de mon bureau tandis que l'ombre de l'encre s'inscrit sur l'ombre de mon papier. La science physique est devenue un monde fantomatique. » Un monde d'esprit ? Faisant le parallèle avec la vision tout aussi étrange de l'infiniment grand tel qu'imaginé par Einstein, Eddington livre cette intuition célèbre : « La matière du monde est mentale. » Dix ans plus tard, son collègue britannique James Jeans écrit qu'un accord semblait se dessiner sur l'idée selon laquelle l'univers se mettait à ressembler « davantage à une grande pensée qu'à une grande machine. L'esprit (*mind*) n'apparaît plus comme un intrus accidentel dans le domaine de la matière. Nous devrions plutôt le saluer comme son créateur. » À la fin de sa vie, Planck était convaincu que tout procédait de la conscience. Et si la science explorait cette voie davantage qu'elle ne le fait ? Il faudrait pour cela qu'elle admette que la conscience ne procède pas du cerveau. Nous n'y sommes pas encore, mais l'idée fait son chemin.

L'ÂME ET LA RELIGION

Si le contenu des chapitres qui précèdent est exact, les religions monothéistes dites du Livre ont du pain sur la planche. Non pas que les fondements de leur foi soient remis en question, ce sont plutôt leurs interprétations des textes qui méritent d'être actualisés au vu de la masse considérable d'informations disponibles sur l'après-vie et le cosmos. L'islam est cependant un cas à part. Le Coran ne s'interprète pas comme la Bible, il s'impose. Et, partant de cela, il s'applique à la lettre, sans critique. Étant le dernier en date des textes révélés directement par les messages de l'archange Gabriel au dernier prophète, il est considéré par les musulmans orthodoxes comme étant plus achevé que la Torah juive ou les Évangiles chrétiens. Or sa lecture permet de constater qu'il présente un Créateur à tête de Janus, tantôt miséricordieux, fraternel et bon, tantôt haineux, autoritaire et cruel vis-à-vis d'une partie au moins de l'humanité. De fait, le Coran entremêle ce qu'il est convenu d'appeler les « sourates de la Mecque » reçues avant l'Hégire – lorsque, marié à la riche Khadidja, le prophète « rodait » son nouveau monothéisme, sans trop de succès d'ailleurs – et les « sourates de Médine » post-Hégire – alors qu'il établissait, souvent par le glaive, de nouvelle règles de vie et une nouvelle société. Appelant au combat contre les infidèles non ralliés à sa cause et réduisant les femmes à la servilité, certains des versets des sourates de Médine inspirent leurs atrocités aux djihadistes contemporains, qu'ils soient organisés ou isolés, tout en plongeant dans l'embarras les dignitaires musulmans car le Coran se prend en bloc. Nous sommes cependant très loin du message revendiqué par les Schwartz, Myers et autres… Rumi.

Le Christ en gloire

Au moins l'existence d'un Dieu créateur du ciel et de la terre est-elle compatible avec la vision du cosmos des chapitres précédents. Rien n'exclut non plus que ce Dieu se soit incarné, par un procédé, on en conviendra, fort peu orthodoxe, dans l'homme Jésus. Je suis très impressionné – est-ce mon goût du fantastique ? – par l'épisode de sa vie appelé la Transfiguration. Il se situe quelques jours après que son fidèle disciple Pierre a eu l'intuition qu'il était le fils du Dieu vivant, le Verbe fait chair. La scène se passe au sommet d'une haute montagne, sans doute le mont Thabor. Elle est décrite dans des termes très voisins par trois des quatre évangélistes, seul Jean n'y fait aucune référence. Il était pourtant de l'équipée, avec Pierre et Jacques, mais était-il le quatrième évangéliste ? Sans doute que non. Toujours est-il qu'arrivés au sommet de la montagne, les disciples voient soudain les vêtements de Jésus devenir « d'une blancheur fulgurante » (Luc), « blancs comme la lumière » (Matthieu), « resplendissants, d'une telle blancheur qu'aucun foulon sur terre ne peut blanchir de la sorte » (Marc), tandis que le visage de Jésus devient « resplendissant comme le soleil » (Matthieu). Puis Jésus se met à converser avec Moïse et Élie, apparus « en gloire » (Luc). Il s'agit des deux plus importants témoins de l'ancienne alliance de Yahvé avec son peuple, le premier comme dépositaire de la Loi, le second comme dépositaire de la prophétie, celle de la venue du Messie. Pratique, Pierre propose à Jésus trois tentes pour lui et ses amis. Peine perdue, une nuée lumineuse prend aussitôt les disciples sous son ombre et leur souffle : « Celui-ci est mon fils bien-aimé. Écoutez-le. »

Le Fils de l'homme est devenu ce jour-là le fils de Dieu. Dans des conditions surnaturelles qui ne sont pas sans rappeler certaines expériences à la frontière de la mort. Je regrette un peu que ce moment non seulement magnifique, mais, me semble-t-il fondateur de la religion chrétienne ne soit pas davantage valorisé. Une poignée seulement de grands peintres de la Renaissance l'ont représenté. Il est fêté le 6 août dans une relative discrétion. Est-ce parce l'épisode a une chute ambiguë ? En redescendant de la montagne, Jésus fait jurer à ses disciples de taire l'événement « avant que le Fils de l'homme ne ressuscite d'entre les morts ». Perplexes devant une formule qu'ils ne comprennent guère, ils se demandent néanmoins, relate Matthieu, si Élie ne devait pas revenir avant. « Élie est déjà venu, et ils ne l'ont pas reconnu, mais ils l'ont traité à leur guise », répond le Christ. « Alors, selon l'évangéliste, ils comprirent que ses paroles visaient Jean le Baptiste. » Ce dernier serait-il donc la réincarnation d'Élie ? C'est ce qu'on croit comprendre.

Si la transfiguration du Christ est peu fêtée, sa résurrection, qui se produira quelques temps plus tard est le jour le plus important du culte chrétien, toutes Églises confondues. À se demander pourquoi le Christ en croix figure dans toutes les églises catholiques. Pour nous rappeler que des Romains ont crucifié Dieu avec l'aval de quelques juifs hostiles à son message ? Pour nous rappeler que le fils de Dieu, en fait Dieu lui-même, est venu s'immoler pour nous sauver, pauvres pécheurs que nous sommes ? Je pense plutôt que ce que nous promet le Christ, à nous qui sommes faits à l'image de Dieu, c'est notre résurrection, comme la sienne, au troisième jour et dans notre corps de gloire, celui dont trois de ses disciples ont vu la bande-annonce le jour de sa transfiguration.

Comment les morts ressuscitent-ils ? Saint Paul pose la question dans le magnifique texte qui termine le chapitre 15 de sa première épître aux Corinthiens. Se livrant à une vibrante envolée lyrique, l'apôtre distingue les corps terrestres des corps célestes, d'un tout autre éclat : « Une étoile même diffère en éclat d'une étoile. Ainsi en va-t-il de la résurrection des morts : on est semé dans la corruption, on est ressuscité dans l'incorruptibilité ; on est semé dans l'ignominie, on ressuscite dans la gloire ; on est semé dans la faiblesse, on ressuscite dans la force, on est semé corps psychique [lisez : charnel], on ressuscite corps spirituel. » Comme emporté par sa démonstration, il poursuit « le premier homme, issu du sol, est terrestre, le second, lui, vient du ciel ». Et de confier à ses lecteurs corinthiens un mystère : « Nous ne mourrons pas tous, mais nous serons tous transformés. En un instant, en un clin d'œil, au son de la trompette finale, car elle sonnera, la trompette et les morts ressusciteront incorruptibles et nous, nous serons transformés. Il faut en effet que cet être corruptible revête l'incorruptibilité, que cet être mortel revête l'immortalité. » D'où l'apôtre tenait-il toute cette information, qui ne figure pas dans les propos du Christ ? Saul de Tarse avait-il fait une NDE sur le chemin de Damas ? Son texte troublant ressemble étrangement à l'information désormais disponible sur la transition entre la vie ici-bas et la vie là-haut. Le corps glorieux et le corps astral ou éthérique ne seraient-ils pas identiques ? Il n'est au demeurant nullement question de la résurrection de la chair, corruptible comme Paul l'écrit, et à ce titre exclue par lui du processus. En revanche, il paraît accepter le coup de trompette final et donc attendre le Jugement dernier auquel je ne crois pas (voir chapitre 4) et je suis loin d'être le seul. Une telle attente, peut-être interminable, n'est-elle pas d'ailleurs incohérente avec l'annonce de la transformation si vigoureusement revendiquée par l'apôtre ? Il me paraît infiniment plus simple d'imaginer que la résurrection est pour tout de suite et le pardon acquis dès lors que nous reconnaissons nos insuffisances et nos déviances par rapport à notre projet initial. La transformation n'est rien d'autre que le passage de l'état d'homme à l'état d'âme.

La vraie nature du diable

« Vendre son âme au diable » représente un dévoiement bien établi dans le monde occidental. Une abondante littérature nous en illustre les méfaits. Il s'agit néanmoins d'un bien curieux marché. Comment vendre quelque chose, son âme, que l'on ne possède pas ? Il n'empêche que les concepteur de pactes démoniaques savaient à quel point l'âme était un bien précieux entre tous. Rien n'indique cependant qu'il existe une incarnation du Mal, le Diable, Satan, Belzébuth, le prince du mensonge, qui a tant marqué mon adolescence, mais aussi précipité sur les bûchers du Moyen Âge de nombreuses femmes innocentes. Que le libre arbitre dont nous sommes dotés à un degré infiniment plus grand que le reste du vivant nous pousse à commettre des actes indignes du projet de notre âme, qui pourrait le nier ? « La grandeur de l'homme n'est point de ne pas tomber, mais de se relever chaque fois qu'il tombe », nous dit sagement Confucius. Certains ne s'en relèvent pas, d'ailleurs. Mais sont-ils mus par une sorte de demi-Dieu maléfique et plus ou moins concurrent du vrai Dieu, comme beaucoup le pensent ?

Croire que la vie terrestre serait le terrain d'un combat permanent entre deux forces antagonistes relève du dualisme religieux, comme l'étaient le zoroastrisme ou le manichéisme, mais certainement pas du monothéisme. « Que faites-vous de la tentation du Christ dans le désert ? » m'objectera-t-on.

Ce combat se situe tout au début de son ministère, peu après son baptême. Je ne pense pas qu'il s'agisse du combat du Christ-Dieu contre les forces du Mal, mais de la lutte entre l'homme Jésus et les « démons intérieurs » propres à la nature humaine – la satisfaction matérielle, le pouvoir temporel, l'invincibilité, soit les trois tentations auxquelles il est soumis. Et, justement, si affaibli soit-il par son jeûne, Jésus résiste et nous transmet le message selon lequel tous les hommes peuvent conjurer la tentation. Il s'agit d'un combat intérieur. Que nous n'y résistions pas tous, ou en totalité, j'en conviens. Mais ce combat humain nous appartient.

Nombreux sont dans les évangiles les témoignages de personnes hantées, possédées par des esprits mauvais, un sujet que Jésus prend très au sérieux. S'agit-il pour autant de possessions démoniaques ? Je pencherais plutôt pour l'intervention d'esprits qui n'ont pas fait leur acte de contrition au moment de leur passage de l'autre côté (voir chapitre 7) et qui, de ce fait, ne sont pas ressuscités. Ces « impénitents » conservent certainement une capacité de nuisance, d'influence, voire de contrôle sur les êtres vivants qu'ils ont choisi « d'infester ». L'exorcisme est donc une activité nécessaire – il paraît qu'elle est en demande croissante – et d'une grande efficacité. Et j'ai toujours été frappé par le fait que, contrairement à ce que montrent certains films à effets, comme *L'Exorciste* précisément, on ne chasse pas un mauvais esprit par un quelconque *Vade retro, Satanas*, mais par de l'eau bénite, des signes de croix, des lectures et surtout des prières d'amour, de manière à ramener dans le troupeau la brebis égarée, conformément au message du Christ. « Celui qui ne croit pas au démon ne croit pas à l'Évangile » a déclaré Jean Paul II qui a pratiqué plusieurs exorcismes. Gabriele Amorth, l'exorciste du Vatican, partage naturellement ce point de vue, lui qui affirmait en 2013 sur CNN, à propos des diableries prêtées au siège du catholicisme, que « le diable est présent partout dans le monde ». On en frémit…

J'épargnerai au lecteur la démonstration alambiquée de saint Augustin sur le diable présenté comme un ange déchu qui s'est détourné de Dieu, lequel en accepte la présence comme une absence de bien – on parle de *privatio boni* – dont l'existence serait finalement bonne et donc juste. Je préfère infiniment mieux la définition juive du nom commun satan (il y a aussi un verbe), à savoir l'adversaire, l'accusateur ou l'obstacle. Tout en étant un être céleste, ce satan-là n'a aucun attribut particulier (tout procède de Yahvé) et il n'apparaît guère dans l'Ancien Testament, sinon pour ébranler les résolutions du valeureux Job. « Tous ses biens sont en ton pouvoir, lui indique Yahvé. Évite seulement de porter la main sur lui. » Il tiendra parole tout en faisant pleuvoir les épreuves sur le pauvre homme. La tradition juive voudrait que le satan (jamais avec une majuscule, sinon dans les bibles chrétiennes) représente une métaphore des mauvais penchants (*yetzer hara*) des hommes. Et, ajouterai-je, de leurs âmes non repentantes. Il faut attendre le Nouveau Testament pour que se multiplient les références à Satan (35) et au diable (32) Et pourtant, quand, un peu énervé, le Christ lance à Pierre : « Passe derrière moi, Satan ! », il ajoute : « Tu me fais obstacle car tes pensées ne sont pas celles de Dieu, mais des hommes. » S'agit-il du satan juif ou du Satan chrétien ? Je pencherais volontiers pour la première de ces définitions. Le prince des ténèbres est une pure invention humaine, sans doute pour trouver un bouc émissaire à nos déviances, tant il est vrai qu'il est plus facile de les attribuer à un tiers que de les assumer. Le mal est un attribut humain. Qu'il existe reste un mystère.

Quand les morts nous parlent

Nous vivons à l'ère de la communication par l'intermédiaire du champ électromagnétique identifié à la fin du XIXe siècle par l'immense Maxwell. TSF, radio, télévision, Internet, tout passe par les ondes. Dans ces conditions, il n'est pas étonnant que des formes peu ordinaires de communication se développent, peut-être avec les extraterrestres, certainement avec les âmes/esprits de ceux qui nous ont précédés. Les églises d'obédience chrétienne, qui prêchent notre résurrection et l'immortalité de nos âmes, devraient en être de fervents supporters, comme le pense le père Brune, un expert en communication avec les morts (voir chapitre 5). N'est-ce pas un puissant moyen d'aider les fidèles à croire en Dieu ? Or les diverses pratiques de communication ont longtemps été frappées d'un strict interdit. Lorsque Marcelle de Jouvenel a publié, après de longues hésitations, son premier livre de conversations avec son fils Roland (voir chapitre 7), elle l'a fait avec le soutien du cardinal Daniélou et du non moins illustre écrivain-historien Daniel-Rops. Agnostique convertie par les paroles de son fils, elle ne s'imaginait pas que son livre puisse être mis à l'Index, ni que Daniel-Rops lui tourne le dos, comme ce sera le cas.

James Pike, évêque anglican de Santa Barbara, en Californie, récepteur lui aussi des messages de son fils Jim mort drogué, n'a pas connu une telle humiliation, bien que ses passages à la télévision avec un médium connu, mais forcément suspect, lui aient valu des lazzis et des ricanements, à défaut de réprimandes. Dans un de ses livres, *The Other Side*, Pike rappelle qu'en 1937, l'archevêque de Canterbury avait chargé une commission de dix éminents représentants de son église d'examiner les contours du spiritisme. Deux rapports lui seront remis deux ans plus tard, l'un majoritaire (sept voix) et l'autre minoritaire. Puis, plus rien. Il faudra attendre neuf ans pour que le rapport majoritaire soit révélé par le magazine *Psychic News*. Selon Pike, ce silence radio serait dû au fait que les signataires étaient plutôt positifs. De fait, on peut lire sous leur plume que « lorsque toutes les explications ont été données à ces phénomènes et que toute information douteuse a été éliminée, il est communément admis qu'il reste un élément inexpliqué. Nous pensons probable l'explication selon laquelle ils proviennent dans certains cas d'esprits désincarnés. » Et un peu plus loin, à propos de la communion des saints que pourraient bien valider les messages de nos morts : « Il n'y a aucune raison que l'Église considère défavorablement ce qui représente un enrichissement vital et personnel de l'une de ses principales doctrines. » Voilà qui démontre une belle ouverture d'esprit. Le texte attendra néanmoins neuf ans pour être rendu public « sous la pression des médias », comme on dit. Quant à la communion des saints, tout paraît indiquer son existence et sa vitalité.

Il faudra attendre plus longtemps encore, jusqu'en1996, pour que le Vatican laisse un franciscain commentateur théologique à *L'Osservatore Romano* publier un texte allant plus loin dans le même sens. Le père Gino Concetti affirme que « Dieu permet à nos chers défunts qui vivent dans la dimension ultraterrestre d'envoyer des messages pour nous guider dans certains moments de la vie. » Dès lors, l'Église autorise cette communication, même avec l'aide de « médiums », à la condition expresse qu'elle ne soit pas inspirée par des « motifs futiles », comme gagner au loto (*sic*), mais qu'elle s'inscrive « avec une sérieuse finalité religieuse et scientifique ». Il met néanmoins en garde les communicants contre une crédulité excessive, qui leur ferait perdre leur équilibre psychique pour « sombrer tout à fait dans la possession démoniaque ». Satan est toujours à l'œuvre. Quant aux défunts, même si, en général, ils nous aident et ne nous envoient jamais de messages portant atteinte à nous-mêmes ou à Dieu, « leurs âmes doivent expier leurs péchés au purgatoire ». Voilà qui est tout à fait fidèle au catéchisme.

Largement diffusé par la grande agence de presse italienne, ce document représente un événement historique. Il légitime les échanges épistolaires de mères éminentes comme Marcelle de Jouvenel ou Jeanne Morrannier. La communication avec les morts ne serait plus un tabou. Renseignements pris, le texte du père Concetti n'a jamais été reconnu officiellement. Il est vrai que son imprimatur ferait prendre à l'Église un risque considérable. D'abord, à lire leurs textes d'une grande spiritualité, Roland de Jouvenel, Georges Morrannier ou le protestant Pierre Monnier paraissent avoir fait l'économie d'un séjour au purgatoire. Ils seraient plus proches du paradis ! Ils ont sans doute atteint assez rapidement le troisième ciel du Summerland (voir chapitre 7). En revanche, Jim, le fils défunt de James Pike, commence par lui dire : « Je ne suis pas au purgatoire, mais plutôt dans une sorte d'enfer. Et pourtant, personne ne me fait de reproche. » Il est peut-être dans l'attente de sa revue de vie. Il va changer assez rapidement de plan et se mettre à apprendre, sur lui-même et sur ce qui pourrait arriver à son père. Il insiste sur le fait qu'il n'a pas vu Dieu, mais qu'il croit à l'éternité. Il déborde d'affection pour sa famille, il mesure la souffrance des siens, mais rien de ce qui l'entoure, notamment la bienveillance des autres esprits, ne le convainc de l'existence de Dieu. Alors que le jeune Roland de Jouvenel paraît pétri de la liturgie catholique dont il venait seulement de prendre connaissance en fréquentant assidûment l'église Saint-Roch à Paris. Une vieille âme ? Sans doute.

La communication avec les morts peut conduire à remettre en cause certains enseignements, religieux notamment. Il est rarement question, par exemple, d'une rencontre dans l'au-delà avec Jésus-Christ. Et il est encore moins question d'un quelconque Jugement dernier. Quant à mes amis du collectif Alana, dont je ne doute pas de la qualité des propos, ils jugent assez sévèrement le comportement des éminents représentants de l'Église, au moins dans les temps historiques. Ils regrettent notamment qu'ils aient considéré que nous vivions comme dans un monde inanimé, de manière à asseoir le pouvoir de l'homme sur le reste de la création. Ils sont très réservés sur la doctrine du péché et sur le pouvoir qu'elle donne aux intermédiaires ecclésiastiques. Et ils m'annoncent assez péremptoirement que « l'existence de Dieu sera prouvée par la science ». Nous n'aurions alors plus besoin de croire, ni de mériter notre salut, nous saurions ce qui nous attend. Voilà qui serait plutôt embarrassant pour ceux qui nous enseignent l'espérance comme un acte de foi.

La migration des âmes n'est pas systématique

L'enseignement le plus délicat que remet en question la communication avec certains morts touche à la nature de l'âme. Son immortalité est toujours confirmée. Voilà au moins un acquis ! En revanche, son origine et son parcours divergent souvent par rapport à la doctrine. D'abord, existe-t-elle avant le corps (Platon-Origène) ou apparaît-elle en même temps que lui (Aristote-Thomas d'Aquin) ? La première hypothèse autorise plus facilement sa migration que la seconde. Mais où l'âme était-elle avant de se fixer sur un corps physique ? Certainement pas « en Dieu », qui n'est pas créé, alors qu'elle l'est. J'ai lu des documents sur les « pouponnières d'âmes » dans les plans supérieurs, mais ils n'emportent pas ma conviction. Je crois cependant à la fameuse « réminiscence » de l'âme, qui se souvient parce que, selon Platon, « elle a vu l'Être » (voir chapitre 4). Et je renvoie à l'affirmation de Teilhard de Chardin selon laquelle nous serions des êtres spirituels venus vivre une vie humaine (et non l'inverse). Je pense sincèrement que le projet de notre âme a été conçu ailleurs que dans le monde physique. Est-il au demeurant si fondamental de croire que nous n'avons qu'une vie ? Certainement pour ceux dont la vocation est de nous aider à « réussir » notre vie, à lui donner un sens.

Mais pour nous ? Boutade de Voltaire : « Il n'est pas surprenant que l'homme naisse deux fois plutôt qu'une étant donné que tout dans la nature n'est que résurrection. »

Je trouve assez exaltante l'idée selon laquelle nous avons le libre choix entre le repos éternel et l'action sur terre. À condition d'admettre que le repos éternel n'existe pas. Nos âmes travaillent là-haut, comme nos corps et nos esprits travaillent ici-bas. Et un échange plus ou moins perceptible d'information et d'amour se fait en permanence entre les deux mondes. Nos intuitions sont autant de messages venant d'ailleurs par le canal de notre cerveau lorsqu'elles sont formalisées comme des théorèmes, ou par le canal de notre cœur lorsqu'elles touchent à nos émotions. À l'inverse, nos pensées, nos prières et nos méditations sont perçues là-haut et donc susceptibles d'aider les âmes blessées ou prisonnières (d'un contexte terrestre non assumé). Confronté à de graves difficultés financières au moment où il venait à peine de se remarier, mon père s'est suicidé en 1971. J'ai souhaité entrer en contact avec lui. Alana m'a répondu qu'il était « intimidé » et ne voulait pas se présenter à moi. Il était encore handicapé par le remords consécutif à son acte. Mais « il est attiré par la lumière et le rire de votre petit-fils Camille, qui lui apporte les vibrations du pardon. Camille est en train de le guérir de l'autre côté. » Étrange, mais séduisant. Mon petit-fils avait six mois à l'époque.

Le va-et-vient d'information et d'amour représente sans doute la clé de l'évolution, car, contrairement à ce que pensait mon bien cher Platon, il semble bien que rien n'est figé, le monde dégagé évolue comme le monde obstrué. On en sait clairement davantage que nous là-haut, mais on n'est pas omniscient. Il y a place pour la découverte dans les universités et les laboratoires de l'au-delà (voir chapitre 7). Il reste que l'action du monde dégagé sur le monde physique est nécessairement lente et limitée, faute précisément de moyens physiques. Un esprit est par définition d'une certaine inefficacité : il peut certes communiquer directement, par intuition ou indirectement, par l'intermédiaire d'objets, d'écritures ou de médiums, mais il manque d'outils comme les mains ou le langage, qui ont permis à l'homme de prendre l'ascendant sur le reste du vivant.

Plus que toute autre, notre époque paraît porteuse d'un immense espoir, celui d'une évolution plus harmonieuse de l'humanité, et de ce fait, d'une compréhension plus grande de la place de chacun de nous dans cette vie. Sur le plan scientifique, qu'il s'agisse de l'étude de l'infiniment petit ou de l'infiniment grand, du rôle respectif du cerveau et du cœur humains, de la biologie moléculaire ou de la psychologie, des portes se sont progressivement ouvertes depuis environ un siècle. Et ces portes s'ouvrent sur des connaissances qui obligeront un jour les matérialistes les plus convaincus à remettre en cause les certitudes fondatrices de leur démarche. Sur le plan spirituel, les témoignages fiables de l'existence d'un au-delà, d'une éternité heureuse, voire de vies successives font aussi rapidement leur chemin. « La preuve du paradis » n'est pas (encore ?) reproductible en laboratoire, mais un nombre croissant d'hommes et de femmes adhèrent à cette perspective réjouissante, qui ne remet pas en cause les fondements de la pensée religieuse, mais banalise fort heureusement le mystère de la foi. Point n'est besoin de « croire » en ce qui se manifeste de manière de plus en plus évidente. Le grand Jung à la fin de sa vie savait qu'il ne s'agissait plus d'une hypothèse. Il nous reste à faire essaimer sa certitude.

RÉFÉRENCES

De nombreux livres traitent de sujets évoqués dans ce livre. J'ai tenté de regrouper ceux qui m'ont le plus inspiré selon une nomenclature qui ne leur fait pas toujours justice, tant leur contenu est riche et varié.

1. Âme/esprit/conscience

AUROBINDO et MÈRE, *Emergence of the Psychic*, Sri Aurobindo Ashram Publications.

BEAUREGARD Mario et O'LEARY Denise, *Du cerveau à Dieu*. Guy Trédaniel, 2008.

BEAUREGARD Mario, *Brain Wars*, Harper One.

BOLTE TAYLOR Jill, *Voyage au-delà de mon cerveau*, J'ai lu, 2009.

GROF Stanislas, *The Holotropic Mind*. Harper San Francisco, 1993.

HILLMAN James, *Le Code caché de votre destin*, J'ai lu, « Aventures secrètes », 2010.

HUXLEY Aldous, *Les Portes de la perception*, 10/18, 2001.

JAMES William, *1898 Ingersoll conference on human immortality*.

Amazon kindle.

KELLY Edward *et al.*, *Irreducible Mind*, Rowman & Littlefield, 2009.

LASZLO Ervin, *The Self-Actualizing Cosmos*, Inner Traditions, 2014.

OSHO, *Intuition*, Saint Martin's Griffin, 2002.

WALLACE B. Alan, *Embracing Mind*, Shambala Publications Inc, 2008.

ZUKAV Gary, *Le Siège de l'âme*, Guy Trédaniel, 2007

2. Mort et après-vie

ALEXANDER Eben, *La Preuve du paradis*, Guy Trédaniel, 2014.

BROWN Rosemary, *En communication avec l'Au-delà*, J'ai lu, 1972.

BRUNE François, *Mes entretiens avec les morts*, Le Temps Présent, « Témoins d'Au-delà », 2012.

BRUNE François, *Les Morts nous parlent* (tome 1 et 2), Le Livre de poche, « Littérature & documents », 2009.

LOMMEL (VAN) Pim, *Mort ou pas ?*, InterEditions, 2012.

ROBERTS Jane, *Seth parle*, Mama éditions, 2014.

CAMBON Olivier et BELVIE William, *Expériences extraordinaires autour de la mort*, Guy Trédaniel, 2012.

CARTER Chris, *Science and the After-life Experience,*

Inner Traditions, 2012.

CHARBONIER Jean-Jacques, *7 raisons de croire à l'Au-delà*,

Guy Trédaniel, 2014.

CHOPRA Deepak, *La Vie après la mort*, Guy Trédaniel, 2007.

CUMMINS Geraldine, *The Road to Immortality*, The Pilgrim collection, 2012.

CURRIE Ian, *You cannot die*, Element Books, 1995.

DECKER Marie, *La Vie de l'autre coté*, J'ai Lu, « Aventure Secrète », 2005.

DE SAYVE Carmen et ARRELANO Jocelyn, *A Doorway to the Light*, Amazon Media, 2014.

DARRÉ Patricia, *Les Lumières de l'invisible*, Michel Lafon, 2013.

EYRE Richard, *Life before life,* Shadow Montain, 2000.

FENWICK Peter et Elizabeth, *The Art of Dying*, Bloomsbury, 2008.

GUGGENHEIM Bill et Judy, *Des nouvelles de l'au-delà*, Exergue, 2011.

MORRANNIER Jeanne, *Au seuil de la vérité*, Lanore, 1990.

MORSE Melvin, *La Divine connexion*, Le Jardin des Livres, 2002.

NEWTON Michael, *Journées dans l'Au-delà*, Le Jardin des Livres, 2009.

NEWTON Michael, *Destiny of Souls*. Llewellyn, 2000.

OUELLET Sylvie, *J'aimerais tant te parler*, Le Dauphin Blanc, 2007.

PIKE James, *The Other Side*. Sphere, 1975.

PRIEUR Jean, *Les Tablettes d'or*, Lanore, 2011.

SCHWARTZ Robert, *Âmes courageuses*, Éditions Hélios, 2009.

SCHWARTZ Robert, *Your soul's gift*. Whispering Winds Press, 2012.

STEVENSON Ian, *Les enfants qui se souviennent de leurs vies antérieures,* Sand, 1987.

WAMBACH Helen, *La Vie avant la vie*, J'ai lu, 1980.

WHITE Stewart Edward, *The Unobstructed Universe*, Benediction classics, 2010.

3. SCIENCES DURES

DUTEIL Régis et Brigitte, *L'Homme superlumineux*, Sand, 2012.

LASZLO Erwin, *Science et champ akashique*, Ariane, 2005.

MCTAGGART Lynne, *Le Champ de la cohérence universelle,* Ariane, 2008.

PAGELS Heinz, *The Cosmic Code*, Dover Publications, 2012.

RANSFORD Emmanuel, *La Conscience quantique et l'au-delà,*

Guy Trédaniel, 2013.

SCHÄFER Lothar, *Le Potentiel infini de l'univers quantique,* Guy Trédaniel, 2014.

SHELDRAKE Rupert, *The Science Delusion*. Coronet, 2012.

TALBOT Michael, *L'Univers est un hologramme*, Pocket, 1997.

4. Sciences molles/paranormal

Blackmore Susan, *In Search of the Light*, Prometheus Books, 1996.

Childre Doc et Martin Howard, *Intelligence intuitive du cœur*, Ariane, 2005.

Chopra Deepak, *Le Livre des coïncidences*, InterEditions, 2014.

Collectif, *Inner Path to Outer Space*, Park Street Press, 2008.

Collectif, *La Synchronicité, l'Âme et le science*, Albin Michel, 1995.

Frankl Viktor, *Nos raisons de vivre*, InterEditions, 2009.

Grof Stanislas, *Les Nouvelles Dimensions de la conscience*, Éditions du Rocher, 1989.

Jung Carl Gustav, *Ma vie*, Gallimard, 1991.

Jung Carl Gustav, *Le Livre rouge*, Bertrand Eveno, 2012.

Korotkov Konstantin, *Energy of Consciousness* (à compte d'auteur).

Lipton Bruce, *The Biology of Belief*, Hay House, 2008.

Moody Raymond et Perry Paul, *Paranormal*, Robert Laffont, 2012.

Pearsell Paul, *The Heart's Code*, Broadway, 1999.

Pert Candace, *Molecules of Emotion*, Scribner, 1997.

Radin Dean, *Superpouvoirs science & yoga*, InterEditions, 2014.

Sanford John, *The Invisible Partners*, Paulist Press, 1980.

Teodorani Massimo, *Synchronicité*. Macro Éditons, 2014.

5. Science et spiritualité

Carter Chris, *Science and the Afterlife Experience*, Inner Traditions Bear and Company, 2012.

Davies Paul, *L'Esprit de Dieu*, Pluriel, 1998.

Goswami Amit, *The Self-Aware Universe*. Tarcher Penguin, 1993.

Mitchell, Edward. *The Way of the Warrior*. New Page books.

Staune Jean, *Notre existence a-t-elle un sens ?*, La Renaissance, 2007.

6. Philosophie/théologie/spiritualité

Cheng François, *Cinq méditations sur le mort*, Albin Michel, 2013.

Easwaran Eknath, *The Upanishads*, Penguin, 1997.

Grégoire de Nysse , *L'Âme et la Résurrection*, Lessius, 2011.

Platon, *Les Derniers Jours de Socrate,* Autrement, 2003.

Platon, *Le Timée ; Le Phèdre ; Le Ménon ; La République*, GF Flammarion, 1969.

Stanley Marie Pia, *Christianisme et réincarnation*, L'or du Temps, 1999.

Tolle Eckhart, *Nouvelle Terre*, Ariane, 2005.

INDEX

A

J

K

L

M

W

X

Y

Table des matières

Achevé d'imprimer en juin 2016
sur les presses de la **N**ouvelle **I**mprimerie **L**aballery
58500 Clamecy

Dépôt légal : juillet 2015
N° d'impression : 606166

Imprimé en France

La **N**ouvelle **I**mprimerie **L**aballery est titulaire de la marque Imprim'Vert®